ABC der Globalisierung

ABC der Globalisierung

Von »Alterssicherung« bis »Zivilgesellschaft«

Herausgegeben vom
Wissenschaftlichen Beirat von Attac

in Kooperation mit der
»tageszeitung«
und der
Heinrich Böll Stiftung

VSA-Verlag Hamburg

www.vsa-verlag.de

www.attac.de

www.taz.de

www.boell.de

Redaktion: Claudia von Braunmühl, Jörg Huffschmid, Christa Wichterich
Koordination: Stefan Thimmel

Fotos auf den Innenklappen: Stefan Thimmel
Druck- und Buchbindearbeiten: Offizin Andersen Nexö, Leipzig
ISBN 3-89965-139-1

Inhalt

ABC der Globalisierung

Vorwort

Vor sieben Jahren wurde in Frankreich im Umkreis der Zeitung Le Monde diplomatique eine Organisation mit dem umständlichen Namen »Association pour une Taxation des Transactions financières pour l'Aide aux Citoyens« gegründet, zu deutsch etwa »Vereinigung zur Besteuerung von Transaktionen im Interesse der BürgerInnen«, besser bekannt unter dem Kürzel Attac. Gut ein Jahr später, im Januar 2000, gründete sich Attac-Deutschland.

Die namensgebende Besteuerung, wir kennen sie als Tobin-Steuer, war zu keiner Zeit der ausschließliche oder auch nur vorrangige Organisationszweck. Attac wollte und will »éducation populaire« leisten, Volkserziehung, Aufklärung über die konzerngesteuerte Globalisierung, auch da, wo das darübergelagerte Gestrüpp vorgeblicher Sachzwänge entmutigend dicht ist. Wie die französische große Schwester hat Attac-Deutschland sich einen Wissenschaftlichen Beirat gegeben, der in Wort und Schrift genau dies zu leisten versucht: im Bewusstsein der Widersprüche, Härten und Grenzen neoliberaler Globalisierung und mit der Perspektive widerständiger und oppositioneller Strategiebildung Kontrapunkte des Denkens zu setzen und Lust auf Nachdenken zu machen.

In dieser Haltung hat der Wissenschaftliche Beirat im Laufe des Jahres 2004 auf der Seite »Wirtschaft und Umwelt« der »tageszeitung« (taz) wöchentlich unter dem Titel »Lexikon der Globalisierung« ein globalisierungskritisches Stichwort veröffentlicht; kleine Tupfen des Wissens, der Demontage, des Gegenbürstens, nicht sehr systematisch und ohne einen definierten Kanon, wie er sonst wohl Lexika eigen ist. Die Serie fand überraschend viel Anklang und Nachfrage. Das ermutigte den Wissenschaftlichen Beirat zu dieser Publikation. Die Realisierung wäre allerdings unmöglich gewesen, wenn nicht die Heinrich Böll Stiftung die umfangreichen Koordinationsarbeiten großzügig unterstützt hätte.

Auch in dieser Form – darum das bescheidenere ABC – nimmt die Summe der Stichwörter nicht in Anspruch, von einem in sich geschlossenen analytischen und strategischen Konzept geleitet zu sein oder gar einen Wissenskanon schlüssig abzustecken. Eine solche Geschlossenheit weist die soziale Bewegung Attac nicht auf. Es ist auch fraglich, ob eine umfassende Vermessung des Terrains von Globalisierung derzeit zu leisten ist. Vielmehr sind hier Begriffe versammelt, die allesamt zum Vokabular der Globalisierung gehören. Den Kernanspruch an die einzelnen Stichwörter, Ideologiekritik mit Informationen und dem Aufzeigen von Perspektiven zu verbinden, haben die einzelnen AutorInnen in Sprachformen und aus Positionen und Sichtweisen umgesetzt, die in unterschiedlichen Denktraditionen begründet sind und auf verschiedene Formen von Praxis verweisen. Diese Vielfalt wird zusammengehalten von dem, was alle vereint: eine Vision der Möglichkeit von globaler sozialer Gerechtigkeit, die Geschlechtergerechtigkeit und ökologische Nachhaltigkeit einschließt.

Die Redaktionsgruppe

Alterssicherung

Jede Gesellschaft steht immer wieder vor der Frage, wie das Leben finanziert wird, wenn altersbedingt nicht mehr gearbeitet werden kann oder soll. Besitzt das Individuum nicht ausreichend Kapital oder Eigentum, muss ein Transfer zwischen den Generationen die direkte Einkommenserzielung ersetzen. Die Urform findet sich in der Familie – Kinder unterstützten ihre Eltern, wobei die Alten bis zum Tod arbeiteten. Diese Form des Generationenvertrages erodierte mit der Industrialisierung. Die familienzentrierte Lebens- und Produktionsweise verschwand und die lohnabhängige Beschäftigung setzte sich durch. Zugleich entwickelte sich eine Lebensphase des Ruhestandes, die es vorher für die Mehrheit nicht gegeben hatte. Also musste eine Rente/Pension unabhängig von persönlichen Bindungen finanziert werden.

Dafür gibt es im Grundsatz zwei Möglichkeiten. Ein privates, kapitalgedecktes System, das über → Pensionsfonds, Versicherungen, Banken etc. organisiert ist. Einkommensanteile werden gespart, auf dem Finanzmarkt angelegt und der Kapitalstock später aufgelöst. Der Transfer gelingt, wenn es genügend Käufer für die Anlageprodukte mit einer ausreichend hohen effektiven Nachfrage gibt. Alternativ hierzu ist das Umlageverfahren – es wird staatlich/kollektiv organisiert und die Beschäftigten einer Produktionsperiode finanzieren durch Lohnabzüge und/oder Steuerabgaben die Rentner. Gesamtwirtschaftlich gilt für beide Verfahren, dass die Rente oder Pension immer nur aus dem jeweiligen Sozialprodukt der laufenden Periode finanziert werden kann. Volkswirtschaftlich gibt es keine Einkommensübertragung in die Zukunft. Egal wie ein Alterssicherungssystem konzipiert ist, die Leistungen bleiben Sozialaufwand, also soziale Kosten für die gesamte Volkswirtschaft. Mit der »Alterung« der Gesellschaft steigen die Kosten für die Finanzierung der Alterssicherung. Allerdings lässt sich die konkrete Belastung im kollektiven System durch die Einbeziehung aller Einkommens- und Vermögensarten sowie Personengruppen (Stichwort: Bürgerversicherung) sozial gerecht organisieren.

Da das private System für die Bevölkerungsmehrheit nie eine ausreichende Alterssicherung garantieren konnte, wurde die umlagefinanzierte Variante in allen Industrienationen zum größten sozialen Einzelsystem. Die Kritik an der kollektiven Alterssicherung setzt mit der ökonomischen Krise in den 1970er Jahren ein: Steigende Belastungen der öffentlichen Haushalte und die wachsenden Sozialabgaben galten als Ursache der rückläufigen Wirtschaftsdynamik. Der Um- und Abbau der Alterssicherung wurde angemahnt. In den 1980er

Jahren begann die in die gleiche Richtung zielende Klage über die fehlende Generationengerechtigkeit, die seit den 1990er Jahren durch Argumentationen rund um den → Demografischen Wandel ergänzt wird. Als Lösung der Misere wird die private, kapitalgedeckte Alterssicherung propagiert. Neben dem Abbau der → Staatsverschuldung solle das volkswirtschaftliche Sparvolumen steigen und über die Kapitalanlage könnten die Unternehmen fehlende Mittel akquirieren, um ihre Investitionen auszuweiten und die Profitabilität zu heben. Für die Beschäftigten würde sich der Umbau in steigende Renditen ihrer Kapitalanlage übersetzen. Entsprechend könne der Lebensstandard im Alter trotz Abbau der staatlichen Rente gehalten oder gar erhöht werden.

In diesem Zuschnitt präsentierte die Weltbank 1994 ihre Referenzstudie »Averting the Old Age Crisis«. Die Aussagen wurden zwar früh widerlegt oder nachdrücklich in Frage gestellt, dennoch finden sich die gleichen Behauptungen in den darauf folgenden Studien von OECD, EU-Kommission, Forschungsinstituten, Think-Tanks und Finanzdienstleistern. Für letztere ist die Privatisierung der Alterssicherung ein lukratives Geschäft. Sie legen das gesammelte Kapital z.B. als Pensionsfonds »global« an und transferieren Teile des Sozialprodukts aus den Schwellenländern in die Industrienationen. Aber die Erfahrungen zeigen, dass sich damit keine nachhaltige, umfassende Finanzierung der Alterssicherung in den Industrienationen oder ein stabilerer Rahmen für die soziale und ökonomische Entwicklung in den Schwellenländern organisieren lässt. Außerdem stehen Schwellen- wie Entwicklungsländer vor dem prinzipiellen Problem, dass ihre Bevölkerung rapide altert und für die Mehrheit kein System der Alterssicherung existiert. Deren kollektive Organisation wird damit faktisch zur globalen Aufgabe, die mittels gerechter Verteilung des Sozialprodukts innerhalb und zwischen den Nationen anzugehen ist.

Christian Christen

Zum Weiterlesen

Baker, Dean/Weisbrot, Mark (1999): Social Security – The Phony Crisis, Chicago/London.

Blackburn, Robin (2002): Banking on Death – Or, Investing in Life – The history and future of pensions, London/New York.

Christen, Christian/Michel, Tobias/Rätz, Werner (2003): Sozialstaat – Wie die Sicherungssysteme funktionieren und wer von den Reformen profitiert. AttacBasisTexte 6, Hamburg.

Ehmer, Josef (1990): Sozialgeschichte des Alters, Frankfurt/M.

Arbeit

Arbeit als menschliche Lebensnotwendigkeit kennzeichnet den Prozess, in dem sich Menschen Naturprodukte für ihre Bedürfnisbefriedigung aneignen und umformen. Es ist ein Prozess zwischen Mensch und → Natur, der gesellschaftlich organisiert und bewertet wird, wodurch gleichzeitig gesellschaftliche Naturverhältnisse gestaltet werden.

In der bürgerlich-kapitalistischen Gesellschaft ist der Arbeitsbegriff eingeengt auf Erwerbsarbeit, die gegen Lohn geleistet wird. Ergebnis der Erwerbsarbeit sind Waren, die auf Märkten gehandelt werden. Auch die Arbeit beziehungsweise die Arbeitskraft wird als Ware gehandelt. Arbeitsmärkte sind daher ein spezifisches Moment kapitalistischer Gesellschaften. Arbeitskraft wird zum Zweck der Kapitalverwertung, d.h. der Profiterzielung, gekauft.

Obwohl somit auf der strukturellen Ebene Arbeit als Erwerbsarbeit abhängig und fremdbestimmt ist, gilt sie gleichzeitig als Form der gesellschaftlichen Integration der Individuen. An ihr hängen Einkommen, soziale Sicherung, gesellschaftliche Anerkennung und Selbstwertgefühl, sie ist sinn- und identitätsstiftend.

Dies gilt jedoch nicht für alle Formen von Arbeit. Denn der enge Arbeitsbegriff und die damit verbundene Fixierung auf Erwerbsarbeit beinhaltet die Ausgrenzung und Abwertung derjenigen Arbeit, die dem Marktprozess vor- und nachgelagert ist – der Versorgungsarbeit. Diese produziert keine Waren, sondern Lebensmöglichkeiten, wird nicht auf Märkten gehandelt, nicht bezahlt und gilt als Nicht-Arbeit, als »reproduktiv« gegenüber der produktiven Erwerbsarbeit. Aus Gender-Perspektive wird deutlich, dass Versorgungsarbeit bis heute vor allem Arbeit von Frauen ist. Die Strukturierung der Arbeit beinhaltet somit eine geschlechtliche Hierarchie.

Ausgehend von einem weiten Arbeitsbegriff betonen neuere Debatten noch andere Arbeiten: Eigenarbeit (Arbeit für sich selbst, allein oder mit anderen) sowie Gemeinschaftsarbeit beziehungsweise bürgerschaftliches Engagement (Arbeit an der und für die Gesellschaft).

Eine zukunftsfähige Gestaltung von Arbeit bedeutet die Transformation von einem engen Erwerbsarbeitskonzept in ein Konzept des »Ganzen des Arbeitens«. Dies beinhaltet erstens, nach der Qualität und den Rahmenbedingungen für die verschiedenen Arbeiten zu fragen. »Gute« Erwerbsarbeit muss sowohl den dauerhaften Erhalt der Produktivität der Arbeitenden (z.B. über entsprechende Löhne) als auch der ökologischen Natur im Blick haben. »Gute« Versorgungsarbeit ist nicht dem betriebswirtschaftlichen Effizienzdiktat untergeordnet (→ Effizienz), sondern orientiert sich an den Zeitbedürfnissen und -rhythmen der Umsorgten. Zweitens ist eine Befreiung von der ausschließlichen Ausrichtung auf Erwerbsarbeit in ihren jetzigen Zwängen und Abhängigkeiten – eine Befreiung in der Arbeit – eng mit der Aufhebung der hierarchischen Geschlechterordnungen (→ Geschlechterverhältnisse), der Aufwertung und Anerkennung von Sorge-Arbeiten verbunden. Dies beinhaltet u.a. die Neugestaltung der sozialen Sicherungssysteme, d.h. eine existenzielle, von Erwerbsarbeit entkoppelte Absicherung (etwa über ein BürgerInnen-Einkommen), eine deutliche Verkürzung der Erwerbsarbeitszeit sowie die Umverteilung der Erwerbsarbeit und Versorgungsarbeit zwischen den Geschlechtern (→ Feminisierung der Arbeit). Drittens geht es insgesamt darum, alle Formen von Arbeiten als produktiv zu bewerten – in Kooperation mit der Produktivität der → Natur. Die Neugestaltung von Arbeit beinhaltet somit also auch die Neugestaltung der gesellschaftlichen Naturverhältnisse (→ Nachhaltigkeit).

Adelheid Biesecker/Daniela Gottschlich

Zum Weiterlesen

Biesecker, Adelheid (2001): Kooperative Vielfalt und Gleichwertigkeit – Das Ganze der Arbeit und seine (Neu-)Verteilung, in: Lenz, Claudia u.a. (Hrsg.): Hauptsache Arbeit? Hamburg, S. 188-200.

Biesecker, Adelheid/Kesting, Stefan (2003): Mikroökonomik. Eine Einführung aus sozial-ökologischer Perspektive, München/Wien.

Bildungswerk ver.di (Hrsg.) (2004): »Leben ist nicht nur Erwerbsarbeit. Zur Neudefinition und Umverteilung aller vorhandenen Arbeit« – Ergebnisse und Resolution des Frauen-Euregio-Projektes, Osnabrück (www.bw-verdi.de).

Massarrat, Mohssen (2004): Agenda 2010: 30-Stunden-Woche für Europa, in: Wissenschaftlicher Beirat von Attac Deutschland (Hrsg.): Solidarische Gesellschaft oder Manchesterkapitalismus? Agenda 2010 – Die Globalisierung zeigt ihr Gesicht, Attac-Reader Nr. 2, S. 44-46.

Spitzley, Helmut (1998): Arbeitszeit und plurale Ökonomie – Handlungsoptionen in einer solidarischen Gesellschaft, in: Bierter, Willy/von Winterfeld, Uta (Hrsg.): Zukunft der Arbeit – welcher Arbeit? Basel, S. 159-191.

Arbeitslosigkeit

Die inter- und transnationale Verflechtung der Weltwirtschaft und die mit dem Stichwort Globalisierung bezeichneten Strategien der Akkumulation von Reichtum und Macht insbesondere bei Großkonzernen sind nur eine Ursache der hohen und wachsenden Arbeitslosigkeit. Arbeitslosigkeit ist nicht erst und nicht nur das Produkt der Globalisierung – weder in den kapitalistischen Industriegesellschaften noch in den Ländern der so genannten Dritten Welt. Der Zustand der Vollbeschäftigung auf der Grundlage dauerhaft existenzsichernder Arbeitsverhältnisse ist unter den Bedingungen einer kapitalistisch regulierten Marktwirtschaft seit jeher ein Ausnahmezustand. Er umfasste in der Bundesrepublik Deutschland in der gesamten Zeit nach dem Zweiten Weltkrieg nur insgesamt 13 Jahre (1960-1972) und er verdankte sich in dieser Zeit nicht zuletzt auch der damals noch vergleichsweise geringen Erwerbsquote von Frauen.

Arbeitslosigkeit entsteht aus der Diskrepanz zwischen dem zunehmenden Zwang zur Erwerbstätigkeit in Verbindung mit einem zunehmenden Bedürfnis nach außerhäuslicher Berufstätigkeit (insbesondere von Frauen) auf der einen Seite und der Fähigkeit »der Wirtschaft«, dementsprechend Arbeitsplätze bereitzustellen, auf der anderen Seite. In langfristiger Perspektive verringert sich der nach Kriterien der Kapitalakkumulation bestimmte Bedarf an menschlicher Arbeitskraft – und zwar in erster Linie durch die Substitution von Arbeit durch Technik. Darin liegt die Möglichkeit zur sukzessiven Verringerung der Arbeitszeit. Gleichzeitig könnte die »Freisetzung« menschlicher Arbeitskraft im Bereich der materiellen Produktion und mittlerweile auch in Teilen des Dienstleistungssektors das Aktivitätsspektrum von Menschen jenseits ihrer »Indienstnahme« für die Kapitalakkumulation erweitern. Auch das »Recht auf Faulheit« könnte demokratisiert, also im Prinzip für alle Wirklichkeit werden.

In denjenigen Teilen der Welt, in denen die Industrialisierung noch in den Anfängen steckt, könnte die wirtschaftliche Entwicklung – auf dem gegebenen Stand der Technik – von vorneherein sehr viel humaner gestaltet werden, als dies im 18. und 19. Jahrhundert in Europa der Fall war. Der Zwang zur Erwerbstätigkeit könnte – auf der Grundlage einer bürgerschaftlichen Grundsicherung – in die Form der freiwilligen Teilhabe und Beteiligung an der arbeitsteiligen Kooperation gebracht werden. Diese Kooperation könnte und müsste sich allerdings von der Dominanz der Produktivität und Rentabilität als den entscheidenden Wertmaßstäben der Arbeit lösen und sich stattdessen an Kriterien von Kreativität, → Solidarität, Gerechtigkeit und → Nachhaltigkeit orientieren.

Stattdessen verschärft die → Globalisierung in ihren gegenwärtig dominanten Formen der Kapitalakkumulation die Vernichtung von Arbeitsplätzen – mit der Folge einer beschleunigten Substitution von Arbeit durch Technik, perfektionierter Methoden der Rationalisierung von Arbeitsprozessen und der Verlagerung von Arbeitsplätzen sowie eines verschärften Drucks auf die (Re-)Privatisierung und Informalisierung aller Arbeit. Die Verlagerung der Reichtumsakkumulation auf spekulative Transaktionen an den globalen → Finanzmärkten beschleunigt zusätzlich die Produktion einer »relativen Überbevölkerung«, die dem Stigma der Überflüssigkeit preisgegeben oder in die »Zone der Prekarität« (→ Prekarisierung) abgedrängt wird. Vor allem aber fungiert die Globalisierung als ein politisch inszenierter Sachzwang, der wirksame Maßnahmen zur Verringerung der Arbeitslosigkeit jedenfalls in den Teilen der Welt verunmöglicht, in denen sich politisches Handeln auch selbst auf die »Verbesserung der Wachstums- und Wettbewerbsbedingungen« der globalisierten Ökonomie beschränkt.

Es gibt Alternativen zur Arbeitslosigkeit – sie liegen allerdings nicht auf der Achse des sich zunehmend verbreitenden Wettbewerbs- und Wachstumswahns (→ Wachstum). Vor allem wenn »Wettbewerb« und »Wachstum« nur noch in immer wieder neuen und verschärften Varianten von Lohn- und Sozialdumping buchstabiert werden, werden sie das Problem der Arbeitslosigkeit allenfalls in das nicht minder brisante Problem der zunehmenden Prekarisierung und → Informalisierung der Arbeit und damit in Arbeitsarmut und Arbeitsverelendung verschieben. Die Beseitigung der Arbeitslosigkeit ist aber nicht nur ein ökonomisches und ein politisches Problem. Sie ist auch eine Herausforderung, eine neue Kultur der sozialen Kooperation zu entfalten, die sich wohl weniger auf dem Weg der Regulation »von oben nach unten« als auf dem des Empowerments »von unten nach oben« bewerkstelligen lässt. Die Einbindung der globalisierten Ökonomie in neue Formen ihrer politischen und sozialen Kontrolle ist dafür eine notwendige, aber keine hinreichende Bedingung.

Ingrid Kurz-Scherf

Zum Weiterlesen

Enquetekommission des Deutschen Bundestages (2004): »Globalisierung der Weltwirtschaft«, Kapitel 4.

Negt, Oskar (2001): Arbeit und menschliche Würde, Göttingen.

Armut

Mit dem → Neoliberalismus und seinem Konzept des → Standortwettbewerbs verbindet sich der Glaube, durch die Globalisierung der Ökonomie könne weltweit Wohlstand geschaffen und Armut für immer überwunden werden. In Wahrheit wirkt Globalisierung als »soziales Scheidewasser«, das die Menschen überall auf der Welt in GewinnerInnen und VerliererInnen, diese jedoch wiederum in Marginalisierte (Dauerarbeitslose, Deprivierte und Langzeitarme) einerseits sowie in GeringverdienerInnen (prekär Beschäftigte, Überschuldete und Kurzzeitarme) andererseits spaltet. Während die Dauerarbeitslosen (→ Arbeitslosigkeit) der »soziale Bodensatz« sind, verkörpern NiedriglohnempfängerInnen, oftmals MigrantInnen und ethnischen Minderheiten entstammend – das »Treibgut« des Globalisierungsprozesses.

Armut gehört zu jenen Begriffen, die zwar fest im Alltagsbewusstsein verankert sind, unter denen aber jede/r etwas anderes versteht. Auch die Sozialwissenschaft hat keinen allgemein verbindlichen Armutsbegriff hervorgebracht. Für die meisten Wohlhabenden ist Armut ein politischer Kampfbegriff, der hilft, »Sozialneid« ihnen gegenüber zu schüren. Wie die Sozialgeschichte der Armut zeigt, unterlag diese einem permanenten Wandel. Was darunter verstanden wurde, war vom jeweiligen Wohlstandsniveau, von der Produktivkraftentwicklung und den Besitz-, Einkommens- bzw. Vermögensverhältnissen wie den hierauf basierenden Normen und Werten, ihrem Rückhalt in der Bevölkerung und den soziokulturellen Traditionen einer Gesellschaft abhängig.

Aufgrund einer Ungleichzeitigkeit der Entwicklung verschiedener Länder und Kontinente finden sich je nach Region bzw. deren gesellschaftlichen, ökonomischen, ökologischen und politischen Rahmenbedingungen ganz unterschiedliche Ausprägungen der Armut. Differenziert man zwischen »absoluter« und »relativer Armut«, dominiert Erstere in der so genannten Dritten Welt, die gerade nicht von der → Globalisierung profitiert, vielmehr zum Teil gezielt ausgeplündert und in größtes Elend gestürzt wird. Letztere wiederum herrscht in den Industriestaaten vor, wo das »physische« Existenzminimum zwar selten unterschritten, das »soziokulturelle« Existenzminimum aber immer häufiger nicht mehr garantiert wird.

Bereits seit geraumer Zeit bilden die Bundesrepublik und andere Länder des Westens eine duale Armutsstruktur aus: Neben den armen Erwerbslosen, die aufgrund zu niedriger oder fehlender Lohnersatzleistungen auf das Existenzminimum zurückgeworfen werden, wächst die Zahl der erwerbstätigen

Armen, deren Lohn für ein Leben im gesicherten Wohlstand nicht reicht. Die Langzeit- bzw. Mehrfacharbeitslosigkeit älterer und/oder gering qualifizierter Personen verfestigt sich zur Dauerarbeitslosigkeit, und die Betroffenen bilden ansatzweise eine soziale Schicht völlig Deklassierter, d.h. vom Arbeitsmarkt wie von der gesellschaftlichen Teilhabe Ausgeschlossener (»underclass«). Gleichzeitig nimmt die Zahl jener Personen/Haushalte zu, deren Einkommen trotz kontinuierlicher Lohnarbeit in Form eines oder mehrerer Arbeitsverhältnisse nicht oder nur knapp über der relativen Armutsgrenze liegt (»working poor«). In der Bundesrepublik existiert spätestens seit Hartz IV ein breiter Niedriglohnsektor, der längst nicht mehr nur typische Frauenarbeitsplätze umfasst. Einerseits reicht das Armutsrisiko bis in kleinbürgerliche Mittelschichten hinein, was z.B. die Überschuldung von ExistenzgründerInnen und Selbstständigen dokumentiert. Zudem weitet sich jene Zone aus, in der Perspektivlosigkeit, Not und Verelendung die Lebenslagen der Menschen bestimmen.

Obwohl es hierzulande weder die Armengettos am Rande der Großstädte – wie etwa in den USA – noch das Phänomen der Straßenkinder nach südamerikanischem Muster gibt, macht sich die soziale Exklusion (Ausgrenzung) vieler Menschen bereits in frühester Jugend bemerkbar. Man spricht deshalb auch von einer »Infantilisierung der Armut« (Richard Hauser), die mit einer Feminisierung und Ethnisierung der Armut einhergeht: Betroffen sind immer mehr Kinder, besonders solche alleinerziehender Mütter und mit Migrationshintergrund. Von der Aushöhlung des »Normalarbeitsverhältnisses« durch prekäre Beschäftigungsverhältnisse, Werkverträge und so genannte Scheinselbstständigkeit über den durch die Mobilitäts- und Flexibilitätserwartungen der Wirtschaft im globalisierten Kapitalismus beschleunigten Zerfall der »Normalfamilie« bis zur »regressiven → Modernisierung« des → Sozialstaates verschlechtern sich die Arbeits- und Lebensbedingungen der heute Erwerbstätigen wie der ihnen nachfolgenden Generationen.

Christoph Butterwegge

Zum Weiterlesen

Butterwegge, Christoph/Klundt, Michael/Zeng, Matthias (2005): Kinderarmut in Ost- und Westdeutschland, Wiesbaden.

Diamond, Jared (2001): Arm und Reich. Die Schicksale menschlicher Gesellschaften, 2. Aufl. Frankfurt/M.

Dietz, Berthold (1997): Soziologie der Armut. Eine Einführung, Frankfurt/M./New York.

Jütte, Robert (2000): Arme, Bettler, Beutelschneider. Eine Sozialgeschichte der Armut, Weimar.

Sell, Stefan (Hrsg.) (2002): Armut als Herausforderung. Bestandsaufnahme und Perspektiven der Armutsforschung und Armutsberichterstattung, Berlin.

Benchmarking

Es kann nicht schlecht sein, von den Besten zu lernen. Diese Devise ist maßgeblich für das Instrument des Benchmarkings. Es wurde – ebenso wie das hierauf basierende Ranking – in den 1980er Jahren in den USA als eine wettbewerbsorientierte Managementmethode für Unternehmen entwickelt. Einzelne Stufen der gesamten Wertschöpfungskette, z.B. der Produktionsprozesse im Maschinen- und Automobilbau, wurden verglichen. Eine Ausweitung erfolgte nicht nur auf praktisch alle Produktions- und Dienstleistungsprozesse, damit auch auf den internationalen Finanzmarkt. Benchmarking wie Ranking, in dem allein eine Rangordnung des Gesamtergebnisses präsentiert wird, haben als Steuerungsinstrumente der permanenten »Verbesserung« in eine Reihe weiterer politisch-sozialer Bereiche Einzug gehalten.

Eine besondere Rolle hat in diesem Zusammenhang die Organisation für wirtschaftliche Zusammenarbeit und Entwicklung (OECD) eingenommen. Sie führte zwischen ihren Mitgliedsstaaten immer wieder Vergleiche durch, die sich zunächst auf die Wirtschaftspolitik, dann aber auch auf weitere Politikfelder wie Umwelt, die Restrukturierung öffentlicher Verwaltungen und Bildung erstreckten. In der bundesdeutschen Debatte ist die so genannte PISA-Studie, bei der Schulsysteme und die Leistungsfähigkeit von SchülerInnen international verglichen wurden, das bekannteste Beispiel für solche Messinstrumente. Mittlerweile wurden Benchmarking-Verfahren und so genannte Vergleichszirkel, in denen die jeweilige »beste Praxis« ermittelt wird, auch in Bereichen wie der kommunalen Beschäftigungsförderung, der Sozialhilfe, der geschlechtlichen Gleichstellung und Versorgung von Pflegebedürftigen eingeführt. Besonderes Augenmerk auf der internationalen Ebene wird den Vergleichen der so genannten Wirtschafts- und Demokratieentwicklung geschenkt. Strikt ökonomisch und wettbewerblich orientiert ist beispielsweise der Global Competitiveness Report des Weltwirtschaftsforums. Die Vergleiche der Demokratieentwicklung bei Freedom-House, einer amerikanischen Menschenrechtsorganisation, zielen auf die Entwicklung freiheitlicher Rechte im nord-westlichen Verständnis ab. Im Bertelsmann Transformation Index wird die Zielrichtung des Vergleichs als »Weg zur marktwirtschaftlichen Demokratie« pointiert.

An den letztgenannten Beispielen wird im besonderen Maße die Problematik des Benchmarkings und ähnlicher Verfahren deutlich. Zentral für jeden Vergleich ist die politische Festlegung von Kriterien und Gewichtungen, an denen »gute Praktiken« auch gemessen werden. Im Zeichen neoliberaler

→ Globalisierung sind diese Maßstäbe insbesondere an Effizienzüberlegungen (→ Effizienz) und Verwertungsinteressen sowie an einem westlich geprägten Demokratiemodell orientiert. Darüber hinaus gehen in die Vergleichsmessungen – mitunter auf nicht transparente Weise – qualitative Einschätzungen von so genannten ExpertInnen ein, welche die scheinbare »Objektivität« zusätzlich beeinträchtigen. Schließlich zeigt sich in der politischen Auseinandersetzung, dass derartige Vergleiche nicht in ihrer (möglichen) Differenzierung wahrgenommen, sondern als Steinbruch und Vereinfachungsformeln in öffentlichen Debatten genutzt werden.

Nun argumentieren BefürworterInnen des Verfahrens, dass auch Umwelt- und Sozialstandards in den Kriterien für »beste Beispiele« festgelegt werden könnten, das Steuerungsinstrument also auch positiv zu nutzen sei. Das ist zunächst grundsätzlich richtig und dann eben eine Frage politischer Kräfteverhältnisse. Darüber hinaus bleibt jedoch festzuhalten, dass Benchmarking auch als Methode problematische Eigenschaften hat. Ein Vergleich vieler Elemente bildet soziale Wirklichkeit bevorzugt in Zahlen ab. Die Orientierung an den Benchmarks leitet zudem Lernprozesse in die Wege, die nivellierenden Charakter haben. Mit der Ausrichtung an den »Besten« in diesem Steuerungsinstrument ist die qualitative Unterschiedlichkeit politisch-sozialer Prozesse und Zielsetzungen allein durch die Wahl des Verfahrens entlegitimiert. Die Logik des Instrumentes verlangt Angleichung. In der Gesamtsicht und vor dem Hintergrund der verbreiteten Logik des globalisierten Standortwettbewerbs politisch organisierter Einheiten dient Benchmarking aus sozial- und umweltpolitischer Sicht derzeit vor allem der Anpassungsreaktion »nach unten«.

Detlef Sack

Zum Weiterlesen

Bertelsmann Stiftung (Hrsg.) (2004): Bertelsmann Transformation Index 2003. Auf dem Weg zur marktwirtschaftlichen Demokratie, Gütersloh.

Oppen, Maria/Sack, Detlef/Wegener, Alexander (Hrsg.) (2005): Das Ende der Binnenmodernisierung? Kommunen zwischen Wettbewerb und Kooperation, Berlin.

Töpfer, Armin (Hrsg.) (1997): Benchmarking – Der Weg zu Best Practice, Berlin.

Berater

Die Verselbständigung von Unternehmen und Staat gegenüber den Bürgern hat eine Vielzahl von Beratertätigkeiten mit sich gebracht, z.B. in so unterschiedlichen Bereichen wie Umwelt und Vermögensanlage. Bankmitarbeiter und Aktienanalysten beraten bei Wertpapierkäufen und -verkäufen. Neuerdings gewinnen Politik-, Medien- und Kommunikationsberater an Bedeutung, da sie frühere Formen des Lobbying und der Öffentlichkeitsarbeit ablösen. Die längste Tradition und die höchstentwickelte Professionalisierung weisen drei Gruppen von Beratern auf: Unternehmensberater, Wirtschaftsprüfer und Anwaltskanzleien. Sie spielen bei der → Globalisierung eine in der Öffentlichkeit meist unterschätzte Rolle.

Der Prototyp des Unternehmensberaters wurde durch das 1926 in Chicago gegründete Beratungsunternehmen McKinsey entwickelt. Das Ziel lautet: Mehr Gewinn mit weniger Personal. Für die Umsetzung sind die Arbeitsorganisation und insbesondere das Motivations-, Kontroll- und Vergütungssystem des Managements entscheidend. Der Abstand zwischen weitgehend rechtlosen Beschäftigten und privilegiertem Topmanagement geht im McKinsey-Modell der Tendenz nach wesentlich weiter, als es die jeweilige Rechtslage demokratischer Staaten, auch der USA, zulässt. Die Produktionskosten sollen auf die »Stakeholder« verlagert werden, also auf Arbeiter und Angestellte, auf die Umwelt und auf die → Standorte (Kommunen) und den Staat. Gegenwärtig geht es darüber hinaus vor allem um die Erschließung von → Offshoring-Potenzialen: z.B. Niedriglohnsektoren im In- und Ausland und steuerfreie Zonen. Inzwischen wurden weitere Beratungsfirmen gegründet, die größten sind Booz Allen Hamilton, A.T. Kearney und Boston Consulting Group, in Deutschland u.a. Roland Berger Strategy Consultants. McKinsey ist selbst ein Weltkonzern und beherrscht immer noch 40% des globalen Beratungsmarktes.

Die Wirtschaftsprüfer sind die »Schriftgelehrten des → Neoliberalismus«. Nach der Weltwirtschaftskrise erhielten sie in den westlichen Industriestaaten hoheitliche Aufgaben: Im staatlichen Auftrag prüfen und testieren sie die Unternehmensbilanzen. Da etwa dreiviertel der Prüfer gleichzeitig Steuerberater sind und die Prüfungsrichtlinien in Selbstverwaltung erstellen, wurden die Wirtschaftsprüfer von einer Kontrollinstanz zu einem verlängerten Arm der Unternehmensvorstände. Sie entwickeln aufwändige Steuerumgehungskonstrukte. Sie werden vom Vorstand berufen und honoriert, der Folgeauftrag hängt vom Wohlverhalten gegenüber dem Auftraggeber ab. Der

Weltmarkt der Wirtschaftsprüfung ist nach einem Fusions- und Konzentrationsprozess gegenwärtig weitgehend unter den »Big Four« aufgeteilt: KPMG, Price Waterhouse Coopers, Ernst & Young sowie Deloitte & Touche. Sie bilden globale Konzerne mit jeweils etwa 100.000 Beschäftigten.

Auch Rechtsanwälte insbesondere im Bereich des Wirtschafts- und Steuerrechts entwickeln ähnliche Tendenzen. Wirtschaftskanzleien mit bis zu 3.000 Anwälten sind selbst große Wirtschaftsunternehmen, so genannte law firms. Sie haben ihre Zentrale meist in den USA, seit dem Zusammenbruch des Sozialismus haben sie Filialen in Europa eingerichtet, teilweise durch Aufkauf hiesiger Kanzleien. Sie gestalten grenzüberschreitende Verträge, verhandeln die Steuererklärungen von Unternehmen mit den Finanzbehörden und spielen die Rolle politischer Lobbyisten für ihre Mandanten. Die größten, auch in Deutschland tätigen Kanzleien sind Allen & Overy, Freshfields Bruckhaus Deringer und Clifford Chance Pünder.

Die genannten Berater haben gemeinsam, dass sie sich am extrem unsozialen US-Wirtschafts- und Arbeitsrecht und an den → Deregulierungen der New Economy orientieren. Sie erschließen zunehmend das Beratungsfeld Staat und Kommunen; in den USA seit der Präsidentschaft von Ronald Reagan, in Deutschland seit der → Privatisierung der ehemaligen DDR-Betriebe. Seitdem spielen die Berater bei der Privatisierung öffentlicher Unternehmen eine entscheidende Rolle, z.B. bei → Cross Border Leasing, beim (Teil-)Verkauf von Stadtwerken und öffentlichen Verkehrsbetrieben, bei der Einrichtung von Mautsystemen (Toll Collect) und bei der »Reform« der Sozialsysteme und des Arbeitsmarkts (Hartz I bis IV, Bundesagentur für Arbeit).

Der Staat hat zweifellos erheblichen Beratungsbedarf. Doch seine Beratung sollte sich an demokratischen und menschenrechtlichen Standards orientieren und darf nicht vom Maximalgewinn des privilegierten Großinvestors ausgehen, sondern sollte der Erhaltung der Gemeinschaft und der gerechten Verteilung des erarbeiteten Ertrags dienen.

Werner Rügemer

Zum Weiterlesen

Mitchell, Lawrence (2003): Der parasitäre Konzern, München.
Rügemer, Werner (2004): Die Berater. Ihr Wirken in Staat und Gesellschaft, Bielefeld.

Bretton-Woods-Institutionen

In Bretton Woods in New Hampshire, USA, fand 1944 eine Konferenz zur Schaffung eines Währungssystems statt, in deren Gefolge die Finanzinstitutionen IWF (International Monetary Fund, deutsch: Internationaler Währungsfonds) und die Weltbankgruppe gegründet wurden. Ursprünglich hatte der IWF die Aufgabe, das relativ starre Währungssystem zu stabilisieren, indem er Devisenengpässe zwischen den Industriestaaten ausgleicht. Der Weltbank kam damals die Aufgabe zu, Entwicklungskredite sowohl in die lateinamerikanischen Staaten als auch zum Wiederaufbau Europas zu vergeben.

Nach dem Ende des Währungssystems von Bretton Woods 1973 übernahm der IWF die Aufgabe, kurzfristige Zahlungsbilanzschwierigkeiten seiner (gegenwärtig: 184) Mitglieder zu überbrücken. Hierzu verfügt der IWF über Einlagen von über 310 Mrd. US-Dollar, die er überwiegend zu marktüblichen Zinsen kurzfristig vergibt. Er beschäftigt rund 2.700 Menschen vor allem am Hauptsitz in Washington, 24 Exekutivdirektoren leiten das Tagesgeschäft; Geschäftsführender Direktor ist gegenwärtig Rodrigo de Rato aus Spanien. Das höchste Gremium ist der jährlich tagende Gouverneursrat, an dem die Finanzminister oder Zentralbankpräsidenten der Mitgliedsländer teilnehmen. Die Mitgliedsländer haben Stimmen entsprechend den Kapitalanteilen, die sie im IWF hinterlegt haben. Die aktuell höchsten Quoten halten die USA (17,46%), Japan (6,26%) und Deutschland (6,11%), die 80 ärmsten Länder haben einen Stimmanteil von rund 10%. Weiter gilt: Aufgrund einer 15%-Sperrklausel kann gegen die Stimme der USA bzw. der EU-Länder keine Entscheidung gefällt werden.

Die Gremien und Stimmrechtsverteilung in der Weltbankgruppe entsprechen weitgehend derjenigen des IWF. Unter dem Dach der Weltbankgruppe sind rund 10.500 Menschen beschäftigt, 8.000 davon in Washington. Das Kreditvolumen der Weltbankgruppe beträgt rund 23 Mrd. Euro und verteilt sich auf mehrere Banken, die je nach dem Entwicklungsstand von Ländern zinsgünstige (und für die ärmsten Länder auch zinslose) Kredite zu langen Laufzeiten (bis zu 50 Jahre) vergeben. Ebenso vergibt die Weltbank Kredite an private Investoren vor allem dann, wenn keine staatlichen Ausfallgarantien vorhanden sind. Ebenfalls Teil der Bank ist die multilaterale Investitionsgarantieagentur (MIGA), die gegen multilaterale Investitionsrisiken versichert, sowie das internationale Zentrum zur Beilegung von Investitionsstreitigkeiten (ICSID). Nach der Ernennung des ehemaligen stellvertretenden US-Verteidigungsministers Paul Wolfowitz zum Weltbankpräsidenten Anfang 2005 bestehen Zweifel, ob die Weltbank den Kurs der Öffnung und Evaluierung ihrer Entwicklungsprogramme fortsetzt (etwa ein Drittel der Programme scheitert, der Bericht der so genannten Meltzer-Kommission spricht sogar davon, dass zwei Drittel für die ärmsten Länder scheitern) oder ob sie unsensibel große Infrastrukturprojekte zu Gunsten der US-Industrie fördern wird, wie in den 1960er Jahren bereits geschehen.

Gemeinsam ist IWF und Weltbank, dass sie ihre Kreditprogramme an → Strukturanpassungsprogramme koppeln, die der Logik des → Washington Consensus folgen. Die auf IWF-Direktive erlassenen Maßnahmen führten wiederholt zu massiven Verwerfungen bis hin zu Straßenschlachten mit zahllosen Toten (»IWF-Riots«), u.a. aufgrund explodierender Preise für Grundversorgungsgüter (etwa der Brotpreise, die in Venezuela 1989 um 200% anstiegen). Doch auch die nachfolgende Evaluation der Programme zeigt deutlich deren Scheitern. Unstrittig ist ebenfalls die fatale Rolle des IWF bei der Südostasien-Krise, etwa als auf dessen Empfehlung in Thailand Mehrwertsteuersätze erhöht wurden und so die aufgrund der Währungsturbulenzen einsetzende Rezession noch verschärft wurde.

Die Hauptforderungen von → NGOs sind: Die Bretton-Woods-Institutionen müssen anderen UN-Organisationen (wie der Internationalen Arbeitsorganisation ILO, dem Umweltprogramm UNEP und der Entwicklungsorganisation UNCTAD) untergeordnet werden; IWF und Weltbank dürfen ihre Kreditvergabe nicht an Strukturanpassungsprogramme koppeln, Entwicklungsländer müssen ihre → Finanzmärkte flexibel gestalten können (z.B. durch Devisenkontrollen); der IWF soll sich komplett aus der Entwicklungsfinanzierung zurückziehen; eine Stimmrechtsreform muss Entwicklungsländern deutlich mehr Einfluss zukommen lassen; ein internationales Insolvenzrecht muss überschuldeten Entwicklungsländern die Möglichkeit einer Entschuldung ermöglichen; private Investoren müssen immer an einem Kreditausfallrisiko beteiligt sein (bail-in).

Harald Klimenta

Zum Weiterlesen

Chomsky, Noam (2001): Profit over People. Neoliberalismus und globale Weltordnung, Hamburg/Wien.
Copur, Burak/Schneider, Ann-Kathrin (2004): IWF & Weltbank, AttacBasisText 12, Hamburg.
Eichengreen, Barry (2000): Vom Goldstandard zum Euro, Berlin.
Stiglitz, Joseph (2002): Die Schatten der Globalisierung, Berlin.

Cross Border Leasing

Von 1993 bis 2003 wurden etwa 700 Transaktionen realisiert, die als Cross Border Leasing bekannt wurden. → Investoren gründeten jeweils einen Trust (= Briefkastenfirma) in der US-Finanzoase Delaware. Dieser kaufte meist für 99 Jahre staatliche und kommunale Anlagen in Europa, z.B. Trinkwassernetze und Wasserwerke, Kanalisationen, Straßenbahnen, Messehallen und Kraftwerke. Dafür erhalten die Investoren Steuervorteile, weil dies in den USA als steuerbegünstigte Auslandsinvestition gilt. Nach US-Recht handelt es sich um einen Kauf, in Europa wurde es als Leasing dargestellt. Da aber die Verträge allein US-Recht unterliegen und der Gerichtsort New York ist, muss man vor allem für den Konfliktfall von einem Kauf bzw. Verkauf ausgehen.

Die Investoren zahlten zwischen 250 Mio. und 1,4 Mrd. Euro pro Anlage. Sie gaben etwa 5% davon als einmaligen Barwertvorteil an die Städte ab. Diese scheinbar mühelos verdienten Beträge zwischen zwölf und 70 Millionen Euro sollen der Sanierung der Haushalte dienen. Die Städte mieten die Anlagen zurück und haben alle Pflichten und Rechte eines Betreibers. Sie haben nach etwa 30 Jahren die Option, aus dem Vertrag auszusteigen oder für die restlichen etwa 70 Jahre mit dem Investor einen Dienstleistungsvertrag (service contract) abzuschließen.

Die Investoren brachten 15% des Kaufpreises als Eigenkapital auf, 85% liehen sie sich von Banken (Darlehensbanken), die an den 30 Jahre laufenden Krediten verdienen. Der Kaufpreis wurde abzüglich des Barwertvorteils an andere Banken übergeben: Die Schuldübernahmebanken zahlen daraus 30 Jahre lang für die Stadt die Leasingraten an den Trust. Dieser zahlt damit die Darlehen zurück. Die Depotbanken legen einen anderen Teil der Summe während der 30 Jahre so an, dass die Stadt nach 30 Jahren ihre Anlagen zum Kaufpreis zurückkaufen kann. Die Banken können in dieser Zeit mit den Summen wirtschaften, während die Städte ein hohes Risiko eingehen, da sie letztlich zahlungspflichtig bleiben, etwa wenn die Banken in Konkurs gehen.

Solche Verträge wurden in fast allen westeuropäischen Staaten abgeschlossen. Deutsche Städte sind mit etwa 200 Verträgen die »Musterknaben«. In Frankreich, England, Italien, Spanien, den Niederlanden, Schweden und Norwegen hat keine einzige Stadt Anlagen verkauft, in Österreich und der Schweiz sind es einige wenige. Allerdings haben einige Länder zentralstaatliche Einrichtungen wie die Luftraumkontrollsysteme verkauft, z.B. AustriaControl und Luchtverkeersleiding Nederland, ebenso die Deutsche Flugsicherung GmbH, ein Tochterunternehmen des Verkehrsministeriums.

Die durch Cross Border Leasing in Gang gesetzten Geldkreisläufe sind für die New Economy der 1990er Jahre charakteristisch. Der realökonomische Effekt ist Null – keine neue Dienstleistung, keine neue Produktionsstätte, kein neuer Arbeitsplatz –, die Gewinne hoch. Zugleich erleiden die betroffenen Staaten hohe Steuerverluste. Auch wenn die Entwicklung von den USA ausging, haben sich europäische Unternehmen und Banken intensiv daran beteiligt; so gehörten DaimlerChrysler Financial Services und die Deutsche Bank zu den Arrangeuren, die Landesbanken wie die WestLB, die Sächsische und die Bayerische Landesbank zu den Darlehens- und Schuldübernahmebanken.

Im November 2004 beschloss der US-Kongress, dass Transaktionen, die nach März 2004 abgeschlossen wurden, nicht mehr steuerlich anerkannt werden. Im Februar 2005 gaben die Steuerbehörde Internal Revenue Service (IRS)und das US-Finanzministerium bekannt, dass auch die bestehenden Verträge gestoppt werden können. Wenn deshalb die Investoren keinen Vorteil mehr haben, suchen sie nach Anlässen zum Ausstieg. Die günstigste Version besteht darin, den europäischen Partnern Vertragsverletzungen nachzuweisen und Schadenersatz herauszuschlagen. Der würde um ein Vielfaches höher liegen als der Barwertvorteil. Wenn die Städte den Schadenersatz nicht zahlen können, hätten die Investoren das Recht, die Anlagen zu »verwerten«, sie zu verkaufen oder die Preis- und Gebührengestaltung selbst in die Hand zu nehmen. Ob und wie dies im Konfliktfall geregelt wird, ist ungeklärt.

Unabhängig von diesen Risiken ist die Gestaltungsfreiheit der Städte stark eingeschränkt. Sie sind verpflichtet, die Anlagen so im Wert und in der Grundstruktur zu erhalten, wie sie zu Beginn des Vertrages bestanden. Es ist also nicht möglich, eine Anlage zu verkleinern, einem veränderten Bedarf oder auch revolutionären technischen Neuerungen anzupassen. Eine überdimensionierte Anlage zu erhalten, kann mehr kosten, als der Barwertvorteil anfangs eingebracht hat. Durch die 2004 eingeleitete Überprüfung der Verträge seitens der US-Behörden wächst der Aufwand für die Städte – durch aufwändige Berichtspflichten und zusätzliche Rechtsberatung. Außerdem besteht die Gefahr der → Privatisierung, wenn die Städte nach 30 Jahren in den Dienstleistungsvertrag eintreten und dem Investor das Betreiben überlassen.

Werner Rügemer

Zum Weiterlesen

Rügemer, Werner (2005): Cross Border Leasing. Ein Lehrstück zur globalen Enteignung der Städte. 2. aktualisierte Auflage, Münster.

U.S. Congress (2004): American Jobs Creation Act 2004, Washington.

Daseinsvorsorge

Daseinsvorsorge bezeichnet ganz allgemein das Bemühen, dauerhaft sicherzustellen, dass lebensnotwendige Güter verfügbar bleiben bzw. lebensermöglichende Umweltbedingungen (in einem umfassenden Wortsinne) erhalten werden. Gemäß einer Definition der Europäischen Kommission, die 2003 ein Grünbuch zu Dienstleistungen von allgemeinem Interesse herausgegeben hat, umfassen diese »Leistungen der Daseinsvorsorge marktbezogene oder nichtmarktbezogene Tätigkeiten, die im Interesse der Allgemeinheit erbracht und daher von den Behörden mit spezifischen Gemeinwohlverpflichtungen verknüpft werden«. In Deutschland gehören dazu Wasser- und Energieversorgung, Gesundheits-, Bildungs- und Sozialwesen, öffentlicher Verkehr, Post und Telekommunikation, Kulturförderung sowie die Abfallbeseitigung.

Wie diese Leistungen dauerhaft und flächendeckend bereitgestellt werden können, wird intensiv politisch debattiert. Traditionell war die Daseinsvorsorge Aufgabe der öffentlichen Hand, die sie in hoheitlicher Gewalt sicherzustellen hat und meist durch staatliche Unternehmen regelte. Im Zuge der neoliberalen → Globalisierung werden jedoch nicht nur im globalen Maßstab neue Märkte erschlossen, sondern auch bestehende Binnenmärkte im neoliberalen Sinne transformiert, was auch die Organisation der Daseinsvorsorge unter einen → Liberalisierungs- und in Folge → Privatisierungsdruck geraten lässt. Das → GATS (General Agreement on Trade in Services) zielt explizit darauf, den Bereich der Daseinsvorsorge in globalem Maßstab für den freien Wettbewerb zu öffnen.

Die Befürworter einer Öffnung der Daseinsvorsorge für den freien Markt erhoffen sich von den Privatisierungen → Effizienzsteigerung und Kostensenkung sowie eine Entlastung – so zumindest das offizielle Argument, dem die bisherigen Erfahrungen aber eher widersprechen – der öffentlichen Hand und in Folge der Bürger. Zudem argumentieren sie, dass die staatliche Aufsicht über Qualität etc. von der Privatisierung unbeeinträchtigt bleibe, da hier staatliche Autorität fortbestehe.

Dem wird seitens der Kritiker entgegnet, dass ein Rückzug des Staates zu einer massiven Veränderung der daseinsvorsorglichen Infrastruktur und der solidarischen Logik des Daseinsvorsorgeprinzips führen würde, die forthin nicht mehr nach dem Maßstab des Gemeinwohls, sondern nach der Profitabilität der Einzelleistungen ausgerichtet würde – und damit all das, was zwar im Sinne des Gemeinwohls, nicht aber direkt marktgängig ist, unter Druck geraten würde. Beispiele für konkrete Bestrebungen, Teile der Daseinsvorsorge zu privatisieren, sind die Privatisierung der kommunalen Wasserversorgung im Zuge des Verkaufs und Rückleasings von Wassernetzen (→ Cross Border Leasing), die Privatisierung des öffentlichen Nah- und Fernverkehrs sowie des Bereichs der Telekommunikation im Zuge der Entstaatlichungen (Telekom, Post). Und hier stellt sich dann in der Tat die Frage, wie sinnvoll es sein kann, wenn statt einer Kommune mit gewählten Repräsentanten eine US-amerikanische Investment-Firma zu entscheiden hat, wann Maßnahmen zur Verbesserung der Wasserversorgung in eben dieser Kommune zu erfolgen haben, oder aber wenn die Gewinnmarge eines privaten Verkehrsdienstleisters das zentrale Kriterium für die Linien- und Fahrplangestaltung eines Bus- oder Zugstreckennetzes ist.

Die Debatte um die Gestaltung der Daseinsvorsorge geht jedoch über diese Themenbereiche hinaus und verweist auf die allgemeine Thematik der Beschränkungen des Primats der Politik über die Ökonomie. Denn wo, wenn nicht hinsichtlich der Frage, welches Dasein möglich sein und bleiben soll, liegt die Zuständigkeit der Politik auf der Hand? Daher sollte die Diskussion um Daseinsvorsorge nicht nur auf praktische Fragen nach dem nackten oder dem pragmatisch minimal wünschbaren Dasein verkürzt werden und sich in ihrerseits ökonomischer Rationalität unterworfenen Debatten um die billigste Wasserversorgung, Nahverkehrsorganisation etc. verstricken. Vielmehr gilt es, darüber hinaus den Versuchen entgegenzuwirken, auch Bildung, Kultur und Wissenschaft immer stärker in eine Marktlogik zu drängen, aus dem Verantwortungsbereich der Politik zu entlassen und damit die daseinsvorsorgliche Rolle wie auch den politischen Schutzbedarf zu unterschätzen, die bzw. den diese Bereiche haben. Denn auch ihre kulturelle Gemeinwohlorientierung sollte eine Gesellschaft, die um ihr Dasein besorgt ist, fest in der eigenen Hand behalten.

Jens Badura

Zum Weiterlesen

Deutscher Bundestag (Hrsg.) (2002): Schlussbericht der Enquete-Kommission »Globalisierung der Weltwirtschaft – Herausforderungen und Antworten«, Drucksache 14/9200, Berlin.

Europäische Kommission (2003): Grünbuch zur Daseinsvorsorge, Brüssel.

Fritz, Thomas (2004): Daseinsvorsorge unter Globalisierungsdruck. Wie EU und GATS öffentliche Dienste dem Markt ausliefern. Blue 21 Arbeitspapier, Berlin.

De-Globalisierung

Dass die neoliberale Globalisierung alternativlos sei, ist seit Margaret Thatchers Diktum »There Is No Alternative« zum alltäglichen Topos der Legitimation von → Liberalisierung, → Privatisierung und → Deregulierung geworden. Globalisierungskritische Kräfte traten in verschiedenen Weltregionen gegen das TINA-Prinzip mit dem Slogan »Eine andere Welt ist möglich« an. Sie verstehen sich als Widerstandsbewegung gegen die konzerngesteuerte Globalisierung, aber auch als Suchbewegung nach Delegitimierung, Demontage und Alternativen.

Nach der gescheiterten WTO-Konferenz 1999 in Seattle artikulierte sich als Gegenmodell eine Position globaler Reformen. Säulen dieser Strategie sind eine staatliche Re-Regulierung des transnationalen Kapitalismus, eine keynesianische Wirtschaftslenkung, Demokratisierung und zivilgesellschaftliche Machtkontrolle der → Bretton-Woods-Organisationen und der Welthandelsorganisation (→ WTO) sowie neue Finanzierungsinstrumente durch → Schuldenerlass und die Einführung internationaler Steuern (→ Tobin Steuer). Ziel ist, globale Gerechtigkeit durch innergesellschaftliche und internationale Umverteilung zu erreichen. Vor diesem Hintergrund forderte Susan George nach dem 11.9.2001 einen neuen »planetarischen Vertrag« gegen Umweltzerstörung, ökonomische Krisen, soziale Spaltung und Entdemokratisierung.

Dagegen stellte der philippinische Soziologe Walden Bello auf dem Weltsozialforum 2002 in Porto Alegre sein Konzept der De-Globalisierung aus einer dezidierten Perspektive des Südens. Ziel ist die Eröffnung alternativer Entwicklungswege und eine Demokratisierung der Ökonomie jenseits des »one size fits all«-Modells von Markt und → Liberalisierung und jenseits des kapitalistischen Wachstumsimperativs. De-Globalisierung setzt in Bellos Konzept bei einer Entmachtung der übermächtig gewordenen internationalen Finanzinstitutionen und der WTO an. Die Bretton-Woods-Institutionen zu schwächen, zu demontieren und in flexiblere kleinere Institutionen zu dezentralisieren, die WTO zu delegitimieren und »zum Entgleisen« zu bringen, die Finanzmärkte zu kontrollieren und mittelfristig neue, nicht vom US-Dollar abhängige, regionale oder kontinentale Währungssysteme aufzubauen – das sind Rahmenbedingungen dafür, dass neue Süd-Süd-Wirtschaftsbeziehungen entwickelt werden können. Aber es sind auch Voraussetzungen dafür, dass in lokalen Räumen Möglichkeiten entstehen, um aus der Exportproduktion auszusteigen, (Land-)Eigentum neu zu verteilen, mit regionalen Kreislaufökonomien zu experimentieren und Binnenmärkte zu dynamisieren. Entscheidend ist, dass diese Perspektive mit den dominanten Mustern nationaler wie internationaler Arbeitsteilung und mit dem Dogma des → Freihandels bricht, welches exportorientiertes → Wachstum und Marktzugang über gesellschaftliche Bedürfnisse und Versorgung stellt.

Obwohl an Forderungen nach einer Neuen → Weltwirtschaftsordnung aus den 1970er Jahren angeknüpft wird, ersetzt das Konzept der De-Globalisierung das neoliberale Weltregime nicht einfach durch einen großen Gegen-Entwurf. Es markiert vielmehr Voraussetzungen, unter denen lokale AkteurInnen, Nationalstaaten und Regionen des Südens Handlungsfähigkeit und Souveränität zurückgewinnen können.

Damit ist es offen für Kämpfe auf der lokalen und nationalen Ebene und für die Auffüllung durch andere alternative Ansätze wie Re-Lokalisierung oder Re-Regionalisierung unter sozial-ökologischen Vorzeichen oder unter dem Primat von Autarkie und Subsistenz. Während die Dynamik globaler wohlfahrtsstaatlicher und neokeynesianischer Ansätze »von oben nach unten« (→ Keynesianismus) verläuft und Nationalstaaten flankiert durch → Global Governance Regime als zentrale politische Akteure sieht, setzen solidarisch orientierte Lokalisierungskonzepte auf emanzipatorische Kräfte, die sich aus ihren unmittelbaren sozialen Kontexten und Praktiken entwickeln. Dazu gehören auch Politiken und Strategien der (Wieder-)Aneignung der Wirtschaft, von Ressourcen, von gesellschaftlich geschaffenem Reichtum und von öffentlichen Gütern von Landbesetzungsbewegungen in Brasilien über die Anti-Privatisierungsbewegung in Südafrika bis zu den Umsonst-Kampagnen in den Überkonsum-Gesellschaften des Nordens.

Am umfassendsten hat John Holloway widerständige Praktiken zu einer radikalen Macht-, Staats- und Kapitalismuskritik verdichtet. Die Brüche und sozialen Widersprüche, die »imperiale Überdehnung« (Bello) der US-amerikanischen Herrschaftsansprüche und die Krisenhaftigkeit der vom Finanzkapital dominierten Märkte sind die Ankerpunkte für Visionen von einer De-Globalisierung.

Peter Strotmann/Christa Wichterich

Zum Weiterlesen

AWWO-Diskussions-Papier: http://www.attac.de/awwo/

Bello, Walden (2005): De-Globalisierung – Widerstand gegen die neue Weltordnung, Hamburg.

George, Susan: http://www.tni.org/george.

Holloway, John (2004): Die Welt verändern ohne die Macht zu übernehmen, Münster.

Zeller, Christian (Hrsg.) (2004): Die globale Enteignungsökonomie, Münster.

Demografischer Wandel

Über die Demografie und damit verbundene Probleme wie den anhaltenden Geburtenrückgang, abnehmende Fertilitätsraten (Fruchtbarkeitsraten von Frauen im gebärfähigen Alter) oder den Bevölkerungsschwund wurde in Deutschland seit dem Zweiten Weltkrieg noch nie ähnlich rege diskutiert wie gegenwärtig. Einerseits dreht sich die Debatte um die Folgen des demografischen Wandels (Bedrohung der sozialen Sicherungssysteme durch die »Vergreisung« der Gesellschaft). Andererseits stehen die Ursachen des Geburtenrückgangs und ihre Beseitigung durch eine aktive Bevölkerungspolitik zur Diskussion.

Dabei geht es nicht nur um objektive Daten und Fakten, sondern vor allem um deren Einschätzung. Umstritten ist sowohl die demografische Entwicklung selbst als auch die Frage, wie man sie zu bewerten hat, die vom Blickwinkel des Betrachters abhängt. Was aus der Sicht eines Betroffenen positiv sein kann, z.B. eine steigende Lebenserwartung, stellt aus neoliberaler Sicht eine negative Tendenz dar, nämlich eine Belastung des Wirtschaftsstandortes (→ Standort) durch das Steigen der Rentenzahlungen, soweit diese durch höhere Versicherungsbeiträge zu finanzieren sind.

Die demografische Entwicklung, d.h. die Veränderung der Bevölkerungs- und der Altersstruktur, kann nur bis zu einem bestimmten Grad wissenschaftlich exakt prognostiziert werden. Mit diesbezüglichen Prognosen wird ganz gezielt Politik und den Menschen vor allem Angst gemacht. Denn es drängt sich ihnen die Frage auf, ob »unsere Renten« noch sicher, das bisherige Einkommen bzw. der materielle Wohlstand zu gewährleisten, aber auch, ob die Deutschen noch vor dem »Aussterben« zu bewahren sind.

In der öffentlichen Wahrnehmung erscheint die demografische Entwicklung vorwiegend als Krisen- bzw. Katastrophenszenario. Einerseits spricht man von einer »Bevölkerungsexplosion« in der so genannten Dritten Welt, obwohl Länder wie die Volksrepublik China aufgrund ihrer rigiden Maßnahmen zur Geburtenkontrolle mittlerweile selbst über Nachwuchsmangel klagen, andererseits wirft man den deutschen Frauen vor, dass sie lieber Karriere im Beruf machen, als Kinder zu bekommen. Meist wird die demografische Entwicklung dramatisiert, um auf diese Weise den Um- bzw. Abbau des → Sozialstaates, Rentenkürzungen und andere Maßnahmen zu legitimieren. Demografie fungiert dabei als Mittel der sozialpolitischen Demagogie. Die Höhe der Renten hängt aber nicht von der Biologie, sondern der Ökonomie und der Politik ab. Entscheidend ist, wie viel gesellschaftlichen Reichtum eine

Volkswirtschaft erzeugt und auf wen man ihn wie verteilt. Bei einer stagnierenden bzw. sogar sinkenden Bevölkerungszahl müsste im Falle eines nach wie vor recht kontinuierlich wachsenden Bruttoinlandsprodukts für alle genug da sein.

Es ist zu erwarten, dass die Art, wie über den Geburtenrückgang, fehlende (deutsche) Kinder und die negativen Auswirkungen für den »Wirtschaftsstandort D« bzw. das soziale Sicherungssystem geschrieben und gesprochen wird, die mediale Öffentlichkeit künftig noch stärker beeinflusst. Damit geht die Gefahr einer weiteren Verquickung bzw. Überlappung rechtsextremer und etablierter Positionen der »politischen Mitte« einher. Politiker demokratischer Parteien und bürgerliche Medien liefern regelrechte Traumvorlagen für Rechtsextremisten, die mit ihrem Werben für eine Geburten fördernde Familien- bzw. eine nationale Bevölkerungspolitik wiederum Druck auf die Etablierten ausüben und das öffentliche Klima weiter vergiften.

Deutschland braucht nicht »mehr Kinder«, sondern eine andere, sozial gerechte Politik, die – statt heutige und kommende Generationen zu entzweien – allen Gesellschaftsmitgliedern ermöglicht, ohne Angst vor Arbeitslosigkeit, Armut und Ausgrenzung zu leben. Wer die »Vergreisung« als Hauptproblem der Bundesrepublik betrachtet, wird eher die Armut an Kindern als die Armut von Kindern bekämpfen. Es geht aber nicht darum, Eltern generell besser zu stellen als Kinderlose, sondern Kinder besser zu stellen, die entweder keine wohlsituierten Eltern haben oder von ihnen vernachlässigt werden.

Christoph Butterwegge

Zum Weiterlesen

Birg, Herwig (2001): Die demographische Zeitenwende. Der Bevölkerungsrückgang in Deutschland und Europa, München.

Butterwegge, Christoph (u.a.) (2002): Themen der Rechten – Themen der Mitte. Zuwanderung, demografischer Wandel und Nationalbewusstsein, Opladen.

Butterwegge, Christoph/Klundt, Michael (Hrsg) (2003): Kinderarmut und Generationengerechtigkeit. Familien- und Sozialpolitik im demografischen Wandel, 2. Aufl., Opladen.

Frevel, Berhard (Hrsg.) (2004): Herausforderung demografischer Wandel, Wiesbaden.

Hummel, Diana (2000): Der Bevölkerungsdiskurs. Demographisches Wissen und politische Macht, Opladen.

Deregulierung

Deregulierung bezeichnet den Abbau staatlicher Steuerung, die wirtschaftliche Aktivitäten reguliert und Marktmechanismen einschränkt. Durch eine Aufhebung von Rechtsnormen und eine Vereinfachung von Verwaltungsverfahren sollen zusätzliche Wachstumsfelder für die Wirtschaft erschlossen werden. Akteure einer verstärkten Deregulierungspolitik sind sowohl nationale Regierungen (in Deutschland z.B. verschiedene Deregulierungskommissionen), die EU (z.B. die EU-Dienstleistungsrichtlinie) oder internationale Organisationen wie der IWF (→ Bretton-Woods-Institutionen) und die → WTO.

Die Aufhebung einzelner Gesetze oder Verordnungen ist ein normaler Prozess bei der Anpassung staatlicher Regulierung an veränderte Verhältnisse. In den letzten Jahren wird jedoch immer mehr eine allgemeine Deregulierung gefordert und mit Schlagworten wie »zuviel Bürokratie«, »Fesseln der Wirtschaft« und »Wachstumsbremse« begründet. Ausgehend von der Maxime des freien Wettbewerbs zielt Deregulierung in diesem Kontext vor allem auf eine Delegitimierung politisch motivierter Wirtschaftssteuerung ab. Der Staat – so ihre Befürworter – solle sich auf die Rolle beschränken, Rahmenbedingungen für marktwirtschaftliche Selbststeuerung zu schaffen.

In dieser Funktion ist Deregulierung neben → Privatisierung und → Liberalisierung eine zentrale Säule neoliberaler Wirtschaftspolitik. Denn sie zielt vorrangig auf diejenigen wirtschaftlichen Bereiche ab, in denen staatliche Regulierung unternehmerische Spielräume einschränkt und damit privatwirtschaftliche Gewinne vermindert. So soll z.B. eine Deregulierung des Kündigungsschutzes Unternehmen ermöglichen, Arbeitskräfte flexibel und rein nach wirtschaftlichem Bedarf einzustellen und zu entlassen. Gleichzeitig verstärkt sie aber die → Prekarisierung der Beschäftigten und schwächt ihre Position und die der Gewerkschaften zu Gunsten der Kapitalseite.

Ein verstärkter Druck zur Deregulierung entsteht durch die neoliberale → Globalisierung. Liberalisierte Finanz-, Waren- und Dienstleistungsmärkte (→ Finanzmärkte) erzeugen Konkurrenzen zwischen Unternehmen verschiedener Länder, die es vorher in dieser Form nicht gab. Im Sinne des »nationalen Wettbewerbsstaates« (Hirsch) stehen die Staaten dadurch in einem Wettbewerb um möglichst unternehmerfreundliche Standorte (→ Wettbewerbsstaat, → Wettbewerbsfähigkeit), und sie selbst verwenden das Stichwort »Standortkonkurrenz« (→ Standort) als Druckmittel für weitere Deregulierung. Umwelt- und Sozialdumping sind die Folge. Zusätzlich stehen auf der internationalen Ebene relativ schwache Organisationen in den Bereichen Umwelt- oder Sozialpolitik (z.B. das Entwicklungsprogramm der UNO UNDP, die Internationale Arbeitsorganisation ILO) wirtschaftlichen Abkommen (z.B. das → GATS in der → WTO) gegenüber, die Regulierungen als wettbewerbsverzerrend ansehen und ihren Abbau erzwingen. In Entwicklungs- und Transformationsländern benutzen IWF und Weltbank ihre Position als Gläubiger, um Deregulierungspolitik durchzusetzen.

Bei einer Bewertung des Begriffs und des Konzepts der Deregulierung stellt sich nicht allein die Frage nach mehr oder weniger staatlicher Regulierung, sondern vor allem nach deren Funktion und Aufgabe. Denn staatliche Regulierung verfolgt mehrere Ziele: Unter rein ökonomischen Gesichtspunkten wird sie in einer kapitalistischen Volkswirtschaft mit Marktversagen begründet. Regulierung dient darüber hinaus der Absicherung von Eigentumsrechten (→ Eigentum), des Wettbewerbs und schließlich auch des Erhalts von Privilegien bestimmter gesellschaftlicher Gruppen. Diese Regulierungen sind kaum von Deregulierung betroffen. Daneben gibt es vielfältige Gesetze, Verordnungen und Richtlinien, die z.B. sozial-, umwelt- oder gesundheitspolitisch begründet werden. Kündigungsschutz, Ladenöffnungszeiten, Preisregulierungen, Grenzwerte bei Abgasen und Gesundheitsschutzvorschriften gehören genauso dazu wie viele Regulierungen, die den Außenhandel betreffen (Zölle, Quoten, Investitionsauflagen u.a.). In dieser Form ist Regulierung ein wichtiger Steuerungs- und Umverteilungsmechanismus und damit Kernbestandteil der Demokratie. Deregulierungspolitik unter neoliberalen Kennzeichen delegitimiert genau jene Regulierungen, die den Interessen von ArbeitnehmerInnen und EmpfängerInnen von Sozialleistungen dienen oder einer ungehemmten Kommerzialisierung aller Lebensbereiche entgegenstehen. In dieser politischen Funktion muss der Nutzen und die Funktion von Deregulierung in Debatten um »Reformen« und »Bürokratieabbau« immer wieder kritisch hinterfragt werden.

Christina Deckwirth

Zum Weiterlesen

Bayerische Staatsregierung, Deregulierungskommission (2003): Entbürokratisieren, deregulieren, flexibilisieren. Vorfahrt für Unternehmen und Arbeit, München.

Hirsch, Joachim (1995): Der nationale Wettbewerbsstaat. Staat, Demokratie und Politik im globalen Kapitalismus, Berlin.

Schmidt, Helmut (1997): Wer Arbeitslosigkeit wirksam bekämpfen will, muss deregulieren. Die Lust, alles bis ins kleinste Detail zu regeln, behindert den wirtschaftlichen Aufschwung, in: Die Zeit, 15/1997.

Effizienz

Effizienz bedeutet allgemein den sparsamen Einsatz vorhandener Ressourcen als ein Mittel, ein gegebenes Ziel mit möglichst geringem Aufwand zu erfüllen oder mit einem gegebenen Aufwand möglichst viel zu erreichen.

In der vorherrschenden mikroökonomischen Theorie, der Neoklassik, erhält Effizienz ihre positive Bedeutung im Zusammenhang mit Knappheit. Ausgehend von der Diskrepanz zwischen als unendlich angenommenen Bedürfnissen und demgegenüber knappen Gütermengen bezeichnet Effizienz kein Mittel, sondern das Ziel, mit gegebenen Ressourcen ein maximales Ergebnis bzw. ein angestrebtes Ergebnis mit dem kleinstmöglichen Mitteleinsatz zu erzielen.

Ökonomische Effizienz geht von rational handelnden Individuen aus, die ihren eigenen Nutzen beziehungsweise Gewinn maximieren wollen. Die individuellen Optimierungsstrategien finden – so die Theorie – ihren gesamtwirtschaftlichen Ausgleich über den Markt und führen automatisch zur Optimierung der gesellschaftlichen Wohlfahrt. Wenn der Zustand eintritt, dass durch weiteren Tausch kein Tauschpartner besser gestellt würde, ohne dass ein anderer sich verschlechterte, ist ein gesamtwirtschaftliches Gleichgewicht im Sinne einer optimalen Ressourcenallokation erreicht. Doch dies hat nichts mit einer gerechten Güterverteilung zu tun, für jede Ausgangsverteilung gibt es ein Optimum. Auch die ökologischen und sozialen Kosten des Wirtschaftens werden nicht berücksichtigt. Diese ökonomische Effizienz hat keine soziale oder ökologische Dimension und ist kurzfristig ausgerichtet.

Umso problematischer muss die neoliberale Strategie (→ Neoliberalismus) eingestuft werden, Effizienz zum Maßstab von Politikgestaltung zu machen und weltweit und auf alle sozialen und politischen Bereiche auszudehnen. Unternehmensberatungen dienen dabei genauso als »Transporteure« wie die Dienstleistungsverhandlungen in der → WTO (→ GATS). Als effizient gilt, »was sich rechnet«. Längst hat das betriebswirtschaftliche Konzept des Qualitätsmanagements z.B. den Gesundheits- und Pflegebereich erfasst. Dahinter verbirgt sich jedoch keine qualitative Verbesserung in der Versorgung der Kranken. Vielmehr geht es darum, möglichst viele PatientInnen in kürzester Zeit »abzuwickeln«, steht doch durch so genannte Fallpauschalen für jede Behandlung nur noch ein fester Betrag zur Verfügung. Billiges Pflegepersonal aus Ländern der so genannten Dritten Welt dient darüber hinaus dazu, Kosten (auch für die Ausbildung) zu sparen. Die so entstehenden Effizienzgewinne werden privatisiert (in die Taschen der Krankenhausleitung), die Folgekosten auch (sie werden verlagert in die privaten Haushalte, wo entlassene Kranke unbezahlt gesund gepflegt werden müssen). Mit Wohlfahrt im Sinne von Lebensqualität hat diese kurzfristige Maximierungsrationalität nichts zu tun.

Doch auch der aus dem ökologischen Diskurs stammende Begriff der Öko-Effizienz, der rein quantitativ auf die Reduzierung der Ressourcen- bzw. Schadstoffmenge zielt, greift zu kurz. Er reflektiert weder Lebensstile und Bedürfnisse – wie es Suffizienzstrategien tun, die auch fragen, ob wir das entsprechende Produkt überhaupt brauchen – noch die Verträglichkeit mit den Regenerationsprozessen der → Natur, welche im Zentrum von Konsistenzstrategien stehen. Letztere verweisen darauf, dass Effizienzstrategien alleine nicht ausreichen, um das Wirtschaften dauerhaft naturverträglich zu gestalten.

Für ein Gesamtpaket aus Effizienz-, Suffizienz- und Konsistenzstrategien, das den dauerhaften Erhalt der Produktivität der Arbeitenden wie auch der ökologischen Natur sichert, muss vielmehr ein »Effizienzbegriff« entwickelt und angewandt werden, der es erlaubt, verschiedene Handlungsalternativen im Hinblick auf ihre Zukunftsfähigkeit zu unterscheiden (→ Nachhaltigkeit). Gemessen an einem solchen Kriterium stellt sich das oben beschriebene lebensbedrohliche Kosten-Nutzen-Kalkül in der Krankenpflege als höchst ineffizient heraus, während vielmehr Schonung von ökologischen Ressourcen und die Orientierung an natürlichen und sozialen Zeitrhythmen als Möglichkeiten effizienten Handelns erscheinen.

Adelheid Biesecker/Daniela Gottschlich

Zum Weiterlesen

Biesecker, Adelheid/Kesting, Stefan (2003): Mikroökonomik. Eine Einführung aus sozial-ökologischer Perspektive, München/Wien, Teil III (Soziale Wohlfahrt und gesellschaftliches Handeln), S. 413ff.

Fritz, Thomas (2003): Die letzte Grenze. GATS: Die Dienstleistungsverhandlungen in der WTO. Sachstand, Probleme, Alternativen, hrsg. v. WEED, Berlin.

Galow-Bergemann, Lothar (2004): Der Nächste bitte... Bemerkungen zur aktuellen Durchkapitalisierung des Lebens am Beispiel der Krankenhäuser, in: Lohoff, Ernst u.a. (Hrsg.): Dead Men Working – Gebrauchsanweisung zur Arbeits- und Sozialkritik in Zeiten kapitalistischen Amoklaufs, Wien.

Hofmeister, Sabine (1999): Über Effizienz und Suffizienz hinaus, in: Politische Ökologie 62 (Stoffwechsel), 17. Jahrgang 1999, S. 34-38.

Huber, Joseph (1995): Nachhaltige Entwicklung: Strategien für eine ökologische und soziale Erdpolitik, Berlin.

Eigentum

Über den Begriff »Eigentum« wurden seit der Aufklärung bedeutende Auseinandersetzungen geführt. Proudhon schrieb 1840, »Eigentum ist Diebstahl.« Demgegenüber wird in unserer heutigen Zivilrechtsordnung Eigentum als Ausschlussbefugnis gegenüber Dritten formuliert. Eigentum steht neben Leben, Körper, Gesundheit und Freiheit. Diese kontroversen Sichtweisen markieren die Bandbreite der Eigentumsvorstellungen. Artikel 14 des Grundgesetzes schützt das Eigentum. Allerdings soll es sozial vernünftig verwendet werden. Für den Verfassungsrechtler Wolfgang Abendroth war das sozialpflichtige Eigentum die zentrale Kategorie der Sozialstaatsidee.

Für Marx führte das Privateigentum an den Produktionsmitteln zu einer Entfremdung des produktiven Arbeiters von den Produkten seiner Arbeit sowie zur Verschleierung des gesellschaftlichen Charakters der Produktion. Im Austausch von Waren findet ein Abstraktionsprozess statt gegenüber den konkreten Gütern und den konkreten historischen Herstellungsbedingungen. Es bleibt nur ein Prinzip: Profit als verdinglichter Fetisch.

In den realsozialistischen Staaten wurde daraus die Konsequenz gezogen: Abschaffung des Privateigentums an den Produktionsmitteln und Überführung in Staatseigentum. Planung und Verwaltung des Staatseigentums unterstanden i.d.R. den kommunistischen Parteien. Dadurch aber wurde die spezifische entfremdende Macht, die sich zwischen Produktionsmittel und Produzent zwingt, nicht beseitigt. Die Ursachen von Entfremdung und gesellschaftlicher Ungleichheit bestanden weiter. Marx' Ziel der Vergesellschaftung der Produktion wurde gerade nicht verwirklicht. Sozialistisches Eigentum als Mittel gesellschaftlicher Entwicklung und Solidarität blieb ein Wunschtraum und wurde zur politischen Ideologie.

Die sozialen Folgen eigentumsfixierter neoliberaler Ökonomie im Zuge der → Globalisierung sind verheerend. Die 200 reichsten Personen auf der Erde besitzen soviel wie ca. 40% der Weltbevölkerung. Der Gegensatz von gesellschaftlich hergestelltem Reichtum und privater Aneignung durch die in Privateigentum stehenden Unternehmen beinhaltet das Monopol der Arbeitsplatzangebote durch private Unternehmen. Im Zuge struktureller wirtschaftlicher Flauten lagern die privaten Unternehmen die sozialen Folgekosten der entlassenen Arbeitskräfte aus ihrem Verantwortungsbereich aus und bürden sie dem Staat auf. Auch der in der Bundesrepublik gegenwärtig betriebene Sozialabbau und seine Maßnahmen (Hartz IV/Agenda 2010) sind Folgen des veralteten Systems des Privateigentums am Unternehmen. Im Zuge der Globalisierung dient Kapital weniger der Vermehrung von Gebrauchswerten als der Mehrung von Tauschwerten, von Geld. Dieses wird nach den Prinzipien des → Shareholder Values (Höchstertrag für Kapitaleinsatz) verwendet, die Folgen für die Beschäftigten, Kunden, Umwelt bleiben dabei außen vor. Trotz abgemilderter Formen nimmt das Managerversagen bis hin zu kriminellen Handlungsweisen zu.

Für Michael Hardt und Antonio Negri führen die ökonomischen Veränderungsprozesse von der materiellen Produktion zu immaterieller Arbeit in der Computertechnologie und Medienwelt zu einer Auflösung überkommener Eigentumsstrukturen. Technologisches Wissen ist nicht mehr privat aneignungsfähig. In der materiellen Produktion können Maschinen auf einem Fabrikgelände geschützt und bewacht werden, Computerprogramme sind hingegen kopierbar. Längst haben sich die Strategien privater Aneignung fremder geistiger Leistung den neuen Bedingungen angepasst. Modernes Eigentumsrecht verwandelt sich z.B. bei Literatur und Musik in ein ausgeklügeltes System differenzierter Verwertungs- und Nutzungsrechte. Für die Übertragung von Patenten, Handelsmarken, Mustern, biotechnologischen Forschungsergebnissen und Softwareprogrammen gilt das gleiche. Hat die Privatindustrie die Verwertungsrechte einmal exklusiv erworben, erfolgt der Weltmarktzutritt für diese natürlich auch exklusiv. Der Kampf der Großindustrie gegen die Produktpiraterie markiert deren Bedeutung.

Die Widerspruchsebenen erweitern sich, vom Arbeiter vs. Privatunternehmer zum Urheber geistigen Eigentums vs. großindustrieller Verwerter. Rechtlich vollzieht sich ein Wandel vom Arbeitsrecht zum Urheber- und Verwertungsrecht und organisatorisch von der Gewerkschaft zur VG Wort und GEMA. Rechtlich gesehen geht es heute darum, die Beziehung zwischen den Schöpfern immaterieller Güter zu den Konsumenten immer direkter zu gestalten, den Einfluss der privaten Aneigner zu reduzieren. Nur so kann die Vielfalt der gesellschaftlich produktiven Einfälle auch direkt gesellschaftlich genutzt werden. Die veralteten Formen des Eigentums sind zur Fessel und zum Rückwärtsmotor gesellschaftlicher Entwicklung geworden.

Heinz Düx

Zum Weiterlesen

Düx, Heinz (2003): Globale Sicherheitsgesetze und weltweite Erosionen von Grundrechten, Zeitschrift für Rechtspolitik, S. 189ff.

Hardt, Michael/Negri, Antonio (2002): Empire. Die neue Weltordnung, Frankfurt/M.

Historisch-Kritisches Wörterbuch des Marxismus, Stichwort Eigentum; Uwe Wesel.

Welti, Felix (2002): Eigentum und Zugang. SPW. 1, S. 37-39.

Eigenverantwortung

Gesellschaft lässt sich beschreiben als ein komplexes Netz von Zurechnungsstrukturen und -praktiken, das beständig neu gewoben wird. Es ist eine für jeden sozialen Zusammenhang konstitutive Frage, wer »in Gesellschaft« was tun, wer wofür zuständig sein soll, und um diese grundlegenden Zuständigkeitsfragen – zwischen Kollektiv und Individuum, Staat und Bürger – ranken sich seit jeher massive gesellschaftliche und politische Konflikte. In diesem Kontext steht der Begriff der Eigenverantwortung für das historische Projekt der Befreiung des Einzelnen von (hoch-)herrschaftlicher Freiheitseinschränkung, für die Durchsetzung der beiden für die europäische Moderne wesentlichen Freiheitsbestimmungen: die Freiheit der Subjekte von ihrer Bevormundung durch einen vordemokratischen Staat verbunden mit der Freiheit zur selbstbestimmten Gestaltung der individuellen Lebensverhältnisse. Hierin bestand der normative Kern der »bürgerlichen Revolution(en)« in Europa, und ihr liberales Programm der verallgemeinerten Garantie »negativer« und »positiver« Freiheitsrechte lässt sich dementsprechend als historisch neuartige Konstruktion von Normen der Zurechnung gesellschaftlicher Verantwortung verstehen.

Wenn wir uns gegenwärtig – als BürgerInnen demokratisch-kapitalistischer Wohlfahrtsstaaten – wiederum mit einer neuen Verantwortungsrhetorik konfrontiert sehen, dann spiegelt sich darin eine Zurechnungsprogrammatik, die das frühliberale Anliegen von »Freiheit von« und »Freiheit zu« auf den Kopf stellt. Im neoliberalen politischen Diskurs unserer Tage wird der entwickelte Wohlfahrtsstaat zu einem Wiedergänger vorbürgerlicher, obrigkeitsstaatlicher Regime stilisiert, von dessen gefräßiger Herrschaft das bevormundete Individuum befreit werden müsse. Dessen Eigenverantwortung wird, im Sinne der notwendigen Wiederherstellung eines geraubten Vermögens, unversehens zu einem Muss, zu einem Verhaltensimperativ, der den als sozialstaatlich »entmündigt« und »deformiert« dargestellten, »passivierten« und »infantilisierten« Menschen mit zunehmender Schärfe entgegenschlägt. Das neoliberale Freiheitsversprechen beinhaltet zugleich auch klare Verhaltenserwartungen, wie die neu gewonnene, dem Sozialleviathan, also der absoluten Vorherrschaft der Gesellschaft, abgerungene Freiheit einzusetzen sei: nämlich in einer verantwortlichen, die Gemeinschaft schonenden, sprich: vor unverantwortlichen Verantwortungsansprüchen verschonenden Weise.

Was soeben beschrieben wurde, stellt nicht allein eine Charakterisierung der Leitlinien einer neuen Verantwortungsverteilung zwischen Staat und

Bürger im Rahmen des Siegeszugs »aktivierender« Sozialpolitik in den fortgeschrittenen, finanzierungskrisengeschüttelten Wohlfahrtsstaaten des Westens dar. Es umschreibt zutreffend auch gegenwärtige Strukturen und Praktiken der Verantwortungszurechnung zwischen Entwicklungsländern und der westlichen Staatengemeinschaft, die sich ganz ähnlich als Philosophie einer »aktivierenden« Entwicklungspolitik bezeichnen lässt. Auch hier kursiert das Deutungsmuster schädlicher, entmündigender, passivierender, die Selbsthilfekräfte zerstörender und die Selbstverantwortungsbereitschaft korrumpierender Fremdhilfe. Auch hier wird das »Mehr Eigenverantwortung wagen« gefordert, ohne es wirklich sozial verantwortlich zu fördern. Auch hier wird das Konzept der Eigenverantwortung im Zuge seiner politischen Instrumentalisierung effektiv seines emanzipatorischen Gehalts beraubt.

Denn die Zurechnung von »Eigenverantwortung« – sei es auf einzelne Individuen oder auf ganze Staatsgesellschaften als Objekte der Subjektwerdung – ist nur dann gerechtfertigt, wenn die individuellen und gesellschaftlichen Voraussetzungen gegeben, die materiellen und kulturellen Ressourcen vorhanden sind, um in eigener Verantwortung, gewissermaßen auf eigene (Zu-)Rechnung, handeln zu können. Und zudem muss die Verantwortungsübernahme, das »um sich selbst Kümmern«, von den als Subjekten gedachten Objekten selbst auch gewollt werden, sie muss – um gesellschaftlich verantwortet werden zu können – letztlich selbst Gegenstand freier Wahl sein. Ob die Politik der neuen Eigenverantwortlichkeit, die hierzulande und anscheinend auch im globalen Maßstab um sich zu greifen beginnt, diesem fundamentalen liberalen Kriterium genügt, darf bezweifelt werden. Der gesellschaftliche Such- und politische Entscheidungsprozess über die Umgestaltung des sozialen Zurechnungszusammenhangs ist jedenfalls in eine Phase der Beschleunigung getreten. Es wäre unverantwortlich, sich an ihm nicht gebührend zu beteiligen.

Stephan Lessenich

Zum Weiterlesen

Honneth, Axel (Hrsg.) (2002): Befreiung aus der Mündigkeit. Paradoxien des gegenwärtigen Kapitalismus, Frankfurt/M./New York.

Lessenich, Stephan (2003): Soziale Subjektivität. Die neue Regierung der Gesellschaft, in: Mittelweg 36, Jg. 12, H. 4, S. 80-93.

Miegel, Meinhard (2002): Die deformierte Gesellschaft. Wie die Deutschen ihre Wirklichkeit verdrängen, Berlin.

Elite

In der komplexen modernen Gesellschaft lässt sich Kapitalmacht nur durch zusätzliche nicht-ökonomische (symbolische) Ressourcen in Herrschaft umsetzen. So bilden sich »Führungsspezialisten« heraus. Diese Eliten verkörpern kollektive »Strömungen von Gefühlen«, sie geben ihnen eine Sprache in Gestalt pseudo-logischer »Rationalisierungen« in Ethik, Religion und Politik und sie kämpfen um »Macht und Ehre« in der neuen, »verwalteten Welt« (Vilfredo Pareto). So entsteht eine chronische Krankheit namens Oligarchie (Robert Michels), die Führungszirkel dazu bringt, nicht mehr sachgesetzlich bzw. gemäß einem Wählerwillen zu agieren, sondern um persönlicher Vorteile willen (Paradox der Demokratie).

Die Probleme der Elitenbildung, des Elitenhandelns und der Elitenmacht sind aus heutiger Sicht eng mit der historischen Erfahrung des Faschismus verbunden. Der Nationalsozialismus schleuste erstmals in größerem Umfang Personen aus dem Kleinbürgertum in Elitepositionen, unter kräftiger Mitwirkung der alten Eliten aus Beamtenschaft, Militär und Wirtschaft. Nach 1945 verschwanden diese kleinbürgerlichen »cadres« fast vollständig, während die alten Eliten immer noch oben schwammen (Wolfgang Zapf). Diese Differenzierung in Hilfseliten (Funktionseliten) und »wahre« Eliten bestimmt bis heute die Fragestellungen der empirischen Elitenforschung.

Der Elitenbegriff wurde immer wieder durch den Begriff der herrschenden Klasse in Frage gestellt. Das Konzept einer »Machtelite« (C. Wright Mills) bot hier einen Kompromiss. So verstanden bilden gesellschaftliche Eliten ein differenziertes → Netzwerk der Macht, in welchem Funktionen der Ausübung von Geldmacht, der Verwertung von Kapital, der Verteilung von gesellschaftlichem Reichtum und der Akkumulation von Wissen sowie technisch-zivilisatorischen Kompetenzen zusammenspielen.

In der Tradition des amerikanischen »power structure research« sollte der Blick aber vor allem auf Machteliten gelenkt werden, die auf der Basis des globalen finanzkapitalistischen Systems in einem »nicht-euklidischen«, d.h. erweiterbaren, offenen, beweglichen geopolitischen Raum zu operieren begonnen haben (Saskia Sassen). Es handelt sich hier einerseits um eine neue globale Dienstklasse von Chief Executive Officers transnationaler Konzerne und Institutionen, von am Globalisierungsprozess beteiligten Bürokraten, von »globalisierenden« Politikern und Experten und von Führungskräften in Handel und Medien (Leslie Sklair). Andererseits agieren hier Individuen mit einem ultra-hohen Nettowert, die globalen Superreichen, die so etwas wie eine planetarische neue Aristokratie zu formen beginnen. Damit ist eine Abwanderung von nationalstaatlicher Souveränität in eine informell organisierte globale herrschende Klasse verbunden, wie sie sich derzeit im transnationalen Milieu von »elite media« (Noam Chomsky), Think Tanks und Stiftungen studieren lässt.

Ausgerechnet in diesem Milieu heißt es aber auch, Elite sei das Ergebnis einer Bestenauslese. Doch was auf Olympiaden und Mathematikklausuren noch zutreffen mag, lässt sich auf die gesellschaftlich wirklich relevanten Eliten nicht anwenden. Denn diese beanspruchen dauerhafte, sogar vererbbare Besetzungen von Positionen, verbunden mit Privilegien, die sich verselbstständigen. Dass diese Machteliten sich nicht auslesen oder gar ablösen lassen, zeigt sich schon daran, dass sie so genannte Gegeneliten gezielt von Herrschaftspositionen ausschließen. Der Mythos einer »Zirkulation der Eliten«, einer Meritokratie, in welcher die Bestenauslese vollkommen demokratisiert sei, soll letztlich nur dem gehobenen Hilfspersonal, den (meist aus den Mittelschichten stammenden) Dienstklassen der Verwertung, Verteilung und Wissensakkumulation Sand in die Augen streuen.

Bei Eliteuniversitäten beispielsweise geht es darum, das Bestenpotenzial einer Gesellschaft im Globalisierungswettbewerb in die Verfügung der Herrschenden zu schleusen und damit Widerstandspotenzial (Gegeneliten) zu verhindern. »Je mehr eine herrschende Klasse fähig ist, die bedeutendsten Männer [sic!] der beherrschten Klassen in sich aufzunehmen, desto solider und gefährlicher ist ihre Herrschaft« (Marx). Das Gerede von Eliten und Meritokratie hat immer verschleiert, dass es tiefe, stabile, vererbbare Herrschaftsstrukturen, dass es herrschende Klassen gibt. Die wahren Eliten, die Machteliten, werden nicht ausgelesen, sie lesen aus und lassen auslesen. Diese Schicht meinte Carl Schmitt, als er sagte: »Elite sind diejenigen, deren Soziologie keiner zu schreiben wagt.«

Hans Jürgen Krysmanski

Zum Weiterlesen

Hartmann, Michael (2004): Elitensoziologie. Eine Einführung, Frankfurt/M.

Krysmanski, Hans-Jürgen (2004): Hirten & Wölfe. Wie Geld- und Machteliten sich die Welt aneignen – oder: Einladung zum Power Structure Research, Münster.

Sassen, Saskia (2001): The Global City. New York/London/Tokyo/Princeton.

Sklair, Leslie (2001): The Transnational Capitalist Class, Oxford.

Zapf, Wolfgang (1965): Wandlungen der deutschen Elite. Ein Zirkulationsmodell deutscher Führungsgruppen 1919-1961, München.

Empire

Von einem Empire (Imperium, Reich) zu sprechen, blieb in neuerer Zeit bis Anfang der 1990er Jahre Historikern überlassen, die sich mit den Imperien des Landeigentums mit starkem Staat (Rom, China), des Handels (Arabische Reiche, Venedig, Genua, Holland, Spanien) und des imperialistischen Kapitalismus (Britisches und Französisches Kolonialimperium oder das »Kontinentalreich« des deutschen Faschismus) befassten. Hier spielte seit jeher die Ausdehnung direkter und zudem gewaltförmiger politisch-militärischer und rechtlich formalisierter wie auch ökonomischer Herrschaft im Raum eine so wesentliche Rolle, dass von einem Imperium gesprochen wurde, dessen Souveränität begründendes Kraftzentrum im Staat lag. Seit jeher ist umstritten, ob komplexere Einflussordnungen, die ihre Herrschaft im Raum auch oder vorrangig informell und indirekt ausüben bzw. das Mittel der Gewaltausübung zu Gunsten der Mobilisierung von Zustimmung weitgehend zurückhalten, als Empire bezeichnet werden können. Ebenso kontrovers ist die Frage, ob die expliziten Zielsetzungen wie z.B. »Wohlfahrt«, »Freiheit«, »Demokratie«, »Sicherung von Privateigentum« und die tatsächlichen Praxen imperialer Politik – die auf Strukturen ökonomischer Ausbeutung zielen – und deren Eingriffstiefe bei einer Beurteilung solcher Ordnungen herangezogen werden sollten. Vor allem die USA gelten als Streitfall. Häufig wurde hier statt vom Empire von → Hegemonie oder Dominanz im internationalen System gesprochen. Demgegenüber steht die Ansicht, dass gerade die USA das Muster indirekter Einflussnahme und informeller Durchdringung anderer Staaten zum zentralen Merkmal einer modernen imperialen Ordnung eines American Empire entwickelt hätten, welchem in diesem Fall die Länder des Westens und zahlreiche Peripherie-Staaten in Lateinamerika, Afrika und Asien zugerechnet werden müssten.

Nach dem Zusammenbruch des Staatssozialismus wurde die Frage nach dem »Empire« neu auf die Tagesordnung gesetzt. Es steht zur Debatte, ob sich ein neues planetares politisches Subjekt (z.B. eine »transnationale Bourgeoisie«) und eine neuartige globale politische Ordnung (»Empire«) etablieren können oder ob ein einzelner traditioneller Akteur aufgrund seiner hegemonialen Position diese globale Rolle zu übernehmen vermag (»American Empire«). Bemerkenswerterweise verbreitete sich zwischen 2001 und 2004 in den USA die Rede vom American Empire weit hinein in die Massenmedien und den politischen Mainstream; imperiale Politik ist seit »Nineeleven« weitgehend Konsens in der Bush-Administration.

Ein gegenwartsbezogener Begriff muss davon ausgehen, dass Imperien immer eine große territoriale Basis voraussetzen. Da sie seit der zweiten Hälfte des letzten Jahrhunderts durch eine globale Reichweite ausgezeichnet sind, wird die Geopolitik einer »grenzenlosen« (Hannah Arendt) Expansion von Macht und Eigentum das zwingende Thema aller imperialen Projekte (»producing world order«). Imperien besitzen die Fähigkeit zur Raumgestaltung vom Zentrum aus und können ungleiche Verteilungen von Ressourcen, ob Kapital, Recht, Kultur oder Gewalt, und Aktivitäten im Raum schaffen und halten. Mit den Mitteln außerökonomischen Zwangs erstellen und sichern sie die Bedingungen und den Prozess der ökonomischen Aneignung – aktuell mit dem Gewicht auf Akkumulation durch Enteignung. So finanzieren sie sich übrigens auch zumeist. Sie können hierzu direkte/formelle als auch indirekte/informelle (»Penetration«) Mittel einsetzen, was sie notfalls in »cäsaristischer« (undemokratischer) Manier und mit einem signifikanten, allerdings nicht unbegrenzten Einsatz von Zwang auch tun. Die Beziehung zwischen dem Raum der Kapitalakkumulation selbst (»space of capital«) und dem Raum der Reproduktion ihrer Bedingungen (»space of state«) steht im Mittelpunkt des imperialen Gebäudes. Die Fähigkeit und Ambition, Weltordnung zu bilden, unterscheidet heute Imperien von anderen Ordnungen.

Im Übrigen setzen Imperien immer deutliche moralpolitische Unterscheidungen: Für ihre Protagonisten sind sie »gute« Unternehmungen gegenüber dem »Außen« oder dem »Bösen«, dessen Entstehung oder Entwicklung etwa zum Hegemonialkonkurrenten es ggf. auch durch Intervention zu verhindern gelte. Dabei machen sie eine Kultur der eigenen Superiorität, der Aberkennungspolitiken und der Respektversagung stark, bieten aber zugleich als eigene Leistung das Management der globalen Akkumulation, Zugang zu ihr und deren politisch-militärische Sicherung, zu stabilen Zukunftsperspektiven, endlich auch zu einer bestimmten zivilisatorischen Moral und einer zumeist differenzierten Kultur. Der Begriff des Empire ist daher keineswegs überholt – doch wer nach dem letzten »amerikanischen Jahrhundert« nunmehr Subjekt und Formgeber sein wird, ist offen.

Rainer Rilling

Zum Weiterlesen

Bender, Peter (2005): Weltmacht Amerika – Das Neue Rom, München.
Hardt, Michael/Negri, Antonio (2002): Empire, Frankfurt/M.
Pieterse, Jan Nederveen (2004): Globalization or Empire? New York/London.
Rilling, Rainer (2004): Über starke Ökonomie und starke Politik, in: UTOPIEkreativ 169, S. 975-985.

Energiepolitik

Energiepolitik ist kein neues Politikfeld, denn der wirtschaftliche Aufstieg von Industriestaaten ist mit dem Energiesystem untrennbar verbunden. Energiepolitik besteht aus einer Vielzahl von Entscheidungsprozessen mit widersprüchlichen Zielen, ist häufig auf einen Energieträger ausgerichtet und eng mit der politischen Struktur verfilzt. Traditionelle Energiepolitik gilt der Förderung und/oder Substitution eines Energieträgers, ist angebotsorientiert, weder planvoll noch integriert und hat wenige Akteure. Dies gilt in noch größerem Maße für Entwicklungsländer.

Das globale Wohlstandsgefälle lässt sich ebenfalls als Gefälle beim Energieverbrauch ablesen. Arme Länder verbrauchen zwar wesentlich weniger Energie pro Kopf als reiche und nutzen zum Teil andere Energiequellen, aber in der Regel nimmt die Abhängigkeit von Energieimporten ständig zu. Die Struktur des Energieverbrauchs von Entwicklungsländern unterscheidet sich deutlich von derjenigen der Industrieländer. Der Anteil erneuerbarer Energieträger ist deutlich größer. Entwicklungsländer setzen zudem einen kleineren Teil der verfügbaren Energie für den Verkehr ein und den größeren für die Industrie – und das oft sehr ineffizient. Energiepolitik wird daher ein unverzichtbarer Bestandteil der Entwicklung wie der Armutsbekämpfung.

Das Energiesystem besteht aus der Produktion, Umwandlung und Nutzung von fossilen (Kohle, Öl, Gas), nuklearen und erneuerbaren Energieträgern (Wasser, Sonne, Wind, Biomasse). Für die jeweiligen Energieträger sind für die Sektoren Industrie, Verkehr und Haushalte weltweit ähnliche Techniken der Umwandlung und Nutzung z.B. von Strom und anderen Sekundärenergien realisiert worden. Die Stromwirtschaft ist über hundert Jahre alt. Ihre industrielle und gesellschaftliche Organisation ist sowohl in den Industriestaaten als auch in den Entwicklungsländern das Resultat mehrerer Einflussfaktoren. Die wichtigsten sind Technik, Wirtschaftlichkeit, staatliche → Regulierung sowie ökologischer Problemdruck.

Die Ziele der Energiepolitik stellen ein magisches Vieleck dar. Zu den ursprünglichen Zielen, sichere, wirtschaftliche und ausreichende Energieversorgung, kamen nach den Ölpreiskrisen der 1970er Jahre Ziele wie sparsamer und rationeller Energieeinsatz, eine breit gefächerte Versorgung und geringe Umweltbelastung hinzu. Weitere Ziele sind die Sozialverträglichkeit und Konfliktträchtigkeit der Energieproduktion.

Die Entwicklung der Energiepolitik kann als eine wechselnde Festlegung auf den jeweils vermeintlich »billigsten« Energieträger skizziert werden. Der

Preis für Energie wie z.B. Erdgas, Strom und Wärme wird jedoch keineswegs auf dem Weltmarkt oder auf nationalen Märkten gebildet, sondern ist für Verbraucher durch staatliche Beihilfen, Subventionen, Abgaben und Steuern bis zur Unkenntlichkeit verfälscht. Ferner sind die umweltzerstörenden Folgen der Umwandlung und Nutzung von fossilen und nuklearen Energien – externe Kosten – bisher nur in wenigen Ländern mittels einer ökologischen Steuer- und Finanzreform in die Energiepreise integriert. Da die Vorkommen von Kohle, Öl, Gas und Uran jedoch letztlich begrenzt sind, können erneuerbare Energieträger auch nach Ansicht von → Multinationalen Konzernen wie Shell ab 2020 »volle Wirtschaftlichkeit« erreichen.

Die globalen Rahmenbedingungen für den Umgang mit Energie, wie sie durch den weltweiten Energiebedarf, das Bevölkerungswachstum, die Ressourcenknappheit oder die Umweltauswirkungen gegeben sind, erzwingen die Suche nach einer sozial- und umweltverträglichen Alternative. Die Energiewirtschaft steht deswegen aus ökologischen Gründen an einem Scheideweg. Neben den Kathedralen der Elektrizität haben verschiedene Typen von Umwandlungstechniken, die mit völlig anderen sozialen Beziehungen zwischen Energieerzeugern und -verbrauchern einhergehen, eine historische Chance. Verstärkte Bemühungen zur Energieeinsparung als Hauptinstrument gegen die drohende Klimakatastrophe und zur Verminderung der Emissionen des Treibhausgases CO_2 kennzeichnen die aktuelle Etappe der Energiepolitik. Das fossile Zeitalter und das Atomzeitalter können schon heute durch das Solarzeitalter abgelöst werden. Dies ist jedoch nicht nur ein technisches, sondern mehr noch ein soziales und politisches Problem.

Lutz Mez

Zum Weiterlesen

Mez, Lutz (2003): »Energiepolitik« in: Andersen, Uwe/Woyke, Wichard (Hrsg.): Handwörterbuch des politischen Systems der Bundesrepublik Deutschland, 5. Aufl., Opladen, S. 162-167.

Mez, Lutz (2001): »Die Kathedralen der Elektrizität. Warum sich die Stromerzeugung mit Hilfe von Großkraftwerken überall durchgesetzt hat und wieso ihre Zeit nun vorbei ist«, in: der überblick, H. 4, Dezember, S. 20-24.

Reiche, Danyel (Hrsg.) (2005): Grundlagen der Energiepolitik, Frankfurt/M.

Entwicklungsfinanzierung

Entwicklungsfinanzierung ist der derzeit gebräuchliche Sammelbegriff für die verschiedenen Formen der Entwicklungshilfe. Im engeren Sinne betrifft dies nur die öffentlichen Transferleistungen der nördlichen Industriestaaten und der multilateralen Entwicklungsbanken an die Entwicklungsländer. Im weiteren Sinne werden vom entwicklungspolitischen Mainstream auch private Finanztransfers wie Bankkredite und Direktinvestitionen privater Unternehmen im Ausland dazu gerechnet.

Entwicklungspolitische Finanzleistungen sind, historisch betrachtet, eine Fortsetzung der Verwaltungskosten der imperialistischen Kolonialmächte in ihren ehemaligen Kolonien unter veränderten Bedingungen. Zugleich sind sie ein Produkt des Kalten Krieges. Mit dessen Geburtsurkunde, der Truman-Doktrin, derzufolge der Ausdehnung des kommunistischen Einflusses mit wirtschaftlichen und militärischen Mitteln entgegengewirkt werden sollte, erfolgte zugleich die Proklamation der Entwicklungshilfe im heutigen Sinne. Aus der Perspektive der ehemaligen Kolonialvölker können diese Leistungen jedoch auch als eine Art Wiedergutmachung für die in der Kolonialzeit entstandenen Schäden betrachtet werden. Zumindest völkergewohnheitsrechtlich besteht ein Anspruch auf diese Zahlungen, weshalb die UNO bereits vor dreieinhalb Jahrzehnten den Beschluss gefasst hat, die Industrieländer sollten 0,7% ihres Bruttosozialprodukts (heute: Bruttonationaleinkommens – BNE) in Form öffentlicher Entwicklungshilfe an den Süden überweisen.

Mit der Entwicklungshilfe verband sich im Sinne der → Modernisierung der südlichen Gesellschaften stets das Ziel der Einholung des Rückstands der Entwicklungsländer gegenüber den Industriegesellschaften, weshalb oft von nachholender Entwicklung oder auch von »Westernisierung« die Rede war. Andere Konzeptionen, die sich mit Entwicklungshilfe verbanden, folgten eher den Zielen einer globalen Sozialpolitik. Vielfach galt sie aber auch lediglich als neokoloniale Flankierung einer imperialistischen Expansionspolitik unter veränderten Vorzeichen (Finanzierung infrastruktureller Vorleistungen für private Investitionen, Expansion von Märkten, Arbeitsplatzbeschaffung im Norden).

Nachdem die Entwicklungshilfe in den 1960er und 1970er Jahren kontinuierlich angewachsen war, fiel sie im Zeichen des neokonservativen Rollback unter Reagan und Thatcher in den 1980er und 1990er Jahren stark ab. Seit der Jahrtausendwende haben sich die im Rahmen der Entwicklungsfinanzierung erbrachten Leistungen wieder erholt, wozu eine Reihe globaler Initiativen beigetragen hat. Dazu gehören vor allem der Millenniumsgipfel der Staats- und Regierungschefs im Jahre 2000, der mit der Millenniumserklärung eine Reihe entwicklungspolitischer Ziele (MDGs; darunter die Halbierung der Armut bis zum Jahr 2015; → Millennium-Entwicklungsziele) beschlossen hat; ferner die Konferenz über Entwicklungsfinanzierung (»Financing for Development«) im März 2002 in Monterrey/Mexiko, auf der ein mulilateraler Konsens formuliert wurde. Wenngleich der Monterrey-Konsens nicht als Alternative zum → Washington Consensus missverstanden werden darf, enthielt er neben der Forderung einer schrittweisen Aufstockung der internationalen Entwicklungsfinanzierung erstmals auch die Aufforderung, nach neuen, innovativen Finanzierungsinstrumenten und -mechanismen zu suchen. Um die MDGs zu erreichen, wird allgemein eine Verdoppelung (Weltbank) bis Verdreifachung (Sachs-Report) der öffentlichen Entwicklungshilfe von 2004 (79 Mrd. US-Dollar) für notwendig gehalten.

Seither hat eine spürbare Belebung der internationalen Debatte um neue Finanzierungsinstrumente für die Millenniumsziele stattgefunden. Dazu werden u.a. gerechnet: Kapitaltransaktionssteuern nach dem Tobin- oder Spahn-Modell (→ Tobin-Steuer), die Neuausgabe von Sonderziehungsrechten des IWF (→ Bretton-Woods-Institutionen) zu Gunsten der Entwicklungsländer, die von England vorgeschlagene Internationale Finanzfazilität (IFF), Kerosinsteuern oder auch die von der EU diskutierte Abgabe auf Flugtickets. Wenngleich sich mit diesen Instrumenten teilweise auch Regulierungsabsichten verbinden, folgen sie in der Hauptsache dem Kalkül, in Zeiten knapper öffentlicher Kassen neue Wege zur Aufbringung entwicklungspolitischer Finanzmittel zu erzielen (siehe den 2004 im Auftrag von Jacques Chirac erstellten Landau-Bericht).

Vorläufiger Höhepunkt der Debatte um neue Wege der internationalen Entwicklungsfinanzierung war der MDG+5-Gipfel im September 2005 in New York, auf dem auf höchster Ebene eine Zwischenbilanz über die Umsetzung der Millenniumsziele fünf Jahre nach ihrer Verabschiedung gezogen wurde.

Rainer Falk

Zum Weiterlesen

Informationsbrief Weltwirtschaft & Entwicklung, Sonderdienst-Serien »Die Zukunft der Entwicklungshilfe« (2001/02) und »Countdown 2015« (2004/05); www.weltwirtschaft-und-entwicklung.org

Martens, Jens (2005): »Verdoppelung der Hilfe – Halbierung der Armut«. Die IFF – neue Zauberformel der Entwicklungsfinanzierung?, VENRO in Kooperation mit dem Global Policy Forum Europe, Bonn-Berlin.

Feminisierung der Arbeit

Der Begriff Feminisierung der Arbeit wurde seit den 1980er Jahren von der ILO (International Labour Organization) benutzt, um den weltweit wachsenden Frauenanteil an der Beschäftigung zu bezeichnen. Dies stand zunächst in engem Zusammenhang mit der »neuen internationalen Arbeitsteilung«, der Verlagerung arbeitsintensiver Produktionsschritte aus den Industrienationen in Freihandelszonen in den Ländern des Südens. Der komparative Vorteil dieser Länder bestand neben Sonderkonditionen für die Exportproduktion in billigen Arbeitskräften. Diese waren zu etwa 80% junge Frauen, die direkt aus den Dörfern in die Fabriken kamen, fingerfertig, ausdauernd und unorganisiert. Auch die Verlagerung arbeitsintensiver Dienstleistungen – Datenverarbeitung, Call Centers – aus dem Norden in Länder des Südens und Ostens fand auf Basis eines Überangebots preisgünstiger weiblicher Arbeitskräfte statt.

Neben dem quantitativen Aspekt zunehmender Erwerbsarbeit von Frauen bezeichnet der Begriff der Feminisierung von Arbeit jedoch auch die qualitativen Veränderungen von Arbeit. Durch → Deregulierung wurden Erwerbsarbeitsmärkte flexibilisiert und Beschäftigungsformen fit für die globale Standortkonkurrenz gemacht. Senkung von Lohn und Lohnnebenkosten wird durch informelle, ungeschützte, prekäre Beschäftigung erreicht. Frauen, die immer noch als »Zuverdienerinnen« definiert sind, ihre Erwerbsbiografien durch Geburten, Kinder- oder Altenbetreuung unterbrechen, durch Teilzeitarbeit versuchen, Berufstätigkeit und Familienarbeit zu vereinbaren, finden sich überproportional in solch flexiblen Beschäftigungsformen wieder, in Gelegenheits- und Heimarbeit, als Springerin, Mini-Jobberin und Honorarkraft. Die Mehrzahl der erwerbstätigen Frauen im Süden arbeitet informell (→ Informalisierung), 83% aller Teilzeitarbeitenden in Europa sind weiblich.

Wegen ihrer zunehmenden Integration in die Erwerbsarbeitsmärkte werden Frauen häufig die Jobgewinnerinnen der → Globalisierung genannt. Für diese »Gewinne« zahlen viele jedoch einen hohen Preis: Die neuen Frauenjobs gehen oft mit ausbeuterischen Arbeitsbedingungen und geringem Verdienst einher, bieten weder soziale oder rechtliche Sicherheit noch Aufstiegschancen. Wegen der derzeitigen Verlagerungswelle von Exportindustrien nach China findet in anderen Ländern schon wieder eine De-Feminisierung industrieller Produktion statt. Nach Angaben der ILO stellen Frauen weltweit 60% der Working Poor, weil sie in unsicheren, informellen Arbeitsverhältnissen »kleben« bleiben.

Die Feminisierung der Beschäftigung bedeutet somit keineswegs eine Gleichstellung auf den Erwerbsarbeitsmärkten. Sondern es ist gerade die Lohndiskriminierung von Frauen, die ihnen die »Jobgewinne« bringt. Neue Statistiken der Vereinten Nationen belegen, dass sich die geschlechtsspezifischen Lohnunterschiede – im Weltdurchschnitt 25% – nicht nennenswert verringern. Auch die Segmentierung des Arbeitsmarktes in frauen- und männerspezifische Tätigkeiten ist kaum aufgebrochen. Selbst dort, wo Mädchen einen Bildungsvorsprung gegenüber Jungen und junge Frauen bessere Qualifikationsabschlüsse haben, übersetzt sich das nicht in gleiche Beschäftigungs- und Einkommenschancen.

Durch die Feminisierung der → Migration – fast die Hälfte aller Migrierenden sind Frauen – kommt es auch zu einer neuen internationalen Arbeitsteilung der Sorgearbeit und personennaher Dienstleistungen, nämlich zwischen Frauen aus verschiedenen sozialen Klassen, Ethnien und Kontinenten. Migrantinnen, von offiziellen Statistiken nicht erfasste, arbeiten zu Niedrigstlöhnen als Hausangestellte, Kinder- oder Altenbetreuerin in Mittelschichthaushalten und lassen ihre eigenen Kinder in der Betreuung weiblicher Verwandter oder Bekannter zurück. Auch in anderen Pflegeberufen, z.B. in Krankenhäusern, spannen sich »globale Versorgungsketten« um den Erdball.

Insgesamt aber ist die geschlechtsspezifische Arbeitsteilung trotz der wachsenden Erwerbstätigkeit von Frauen nahezu unberührt geblieben: Frauen verbringen doppelt so viel Zeit wie Männer mit unbezahlten Sorge- und Reproduktionsarbeiten in Haushalten und Gemeinschaften. Von einer Gleichverteilung von bezahlter und unbezahlter Arbeit sind Frauen und Männer trotz der globalen Umstrukturierungen weit entfernt.

Christa Wichterich

Zum Weiterlesen

ILO (2003): Global Employment Trends, Geneva.

Standing, Guy (1999): Global feminisation through flexible labour: a theme revisited, in: World Development, Vol. 27, No. 3, S. 583-602.

UNRISD (2005): Gender Equality, Striving for Justice in an Unequal World, Geneva.

Wichterich, Christa (2003): Femme global. Die Globalisierung ist nicht geschlechtsneutral, AttacBasisTexte 7, Hamburg.

Finanzmärkte

Finanzmärkte sind grundlegende Einrichtungen jeder Geldwirtschaft. Auf ihnen werden externe Finanzierungen organisiert und Geldvermögen Ertrag bringend angelegt. Darüber hinaus können finanzielle Risiken durch Termingeschäfte an den Finanzmärkten abgesichert werden. Hauptakteure auf ihnen sind Banken, Börsen und Großanleger wie Investment- oder → Pensionsfonds und Versicherungen (institutionelle Anleger).

Die Entwicklung auf den Finanzmärkten im letzten Vierteljahrhundert ist durch ihr explosionsartiges → Wachstum und eine strukturelle Verschiebung der Außenfinanzierung von der Bank- zur Wertpapierfinanzierung – vor allem über Anleihen und Aktien – gekennzeichnet. Damit diese funktioniert, müssen die Finanzmärkte liquide sein.

Neben dem Markt, auf dem Wertpapiere erstmals ausgegeben und gekauft werden (Primärmarkt), muss es einen Sekundärmarkt geben, auf dem bereits ausgegebene Wertpapiere, deren Finanzierungsfunktion also abgeschlossen ist, gehandelt werden. Dieser Sekundärhandel macht ein Vielfaches des Primärhandels aus. Er erfolgt oft nicht mit Blick auf zukünftige Dividenden- oder Zinseinkommen, sondern in Erwartung von Kursänderungen der Wertpapiere. Derartige Preisänderungserwartungen sind der Kern der Finanzspekulation. Diese entfernt die Finanzmärkte immer weiter von ihrer nach wie vor nützlichen Finanzierungsfunktion. Sie handelt zunehmend nicht mit den ursprünglichen Wertpapieren, sondern mit abgeleiteten Ansprüchen (Derivaten) und nimmt immer mehr den Charakter von Wetten an. Mittlerweile gibt es ein unübersehbares Sortiment von Spekulationsinstrumenten, wie z.B. → Hedge-Fonds.

Nach der neoklassischen Finanzmarkttheorie (der Theorie der rationalen Erwartungen) ist die Finanzspekulation nützlich, weil sie die Preise immer wieder schnell auf ihr fundamentales Gleichgewichtsniveau bringt. Die neuere Theorie des »Behavioral Finance« geht demgegenüber von Herdenverhalten und kumulativen Prozessen aus, die den Ausbruch und Verlauf von Finanzkrisen erklären. Seit der → Liberalisierung des internationalen Kapitalverkehrs und der → Globalisierung von Finanzmärkten waren es vor allem Länder der Dritten Welt, die zum Objekt von Finanzspekulation wurden und durch den IWF (→ Bretton-Woods-Institutionen) daran gehindert wurden, diese wirksam zu bekämpfen. Finanzkrisen haben sehr hohe Wohlstandskosten in den betroffenen Ländern verursacht und wesentlich zur Destabilisierung der Weltwirtschaft beigetragen.

Die Ursache für das enorme Wachstum der Finanzmärkte ist die langfristige Verlangsamung des Wirtschaftswachstums in den Industrieländern bei gleichzeitiger Umverteilung der Einkommen zu Gunsten der Gewinne. Weil diese wegen unzureichender Nachfrage nicht produktiv re-investiert werden, strömen sie auf die internationalen Finanzmärkte. Dadurch kommt es zu einer grundlegenden Verschiebung bei den Triebkräften der Finanzmärkte von der Investitionsfinanzierung zur Finanzinvestition: Während früher die Suche industrieller oder sonstiger → Investoren nach Finanzmitteln bestimmend für das Geschehen auf den Finanzmärkten war, sind es jetzt die GeldbesitzerInnen, die nach rentablen Anlagemöglichkeiten suchen. Sie übernehmen als Finanzinvestoren Unternehmen mit dem Ziel, möglichst schnell möglichst hohe Gewinne und Kurssteigerungen zu realisieren. Eine langfristige Stärkung der Unternehmen spielt bei dieser Orientierung auf → Shareholder Value deshalb keine Rolle, weil die Finanzinvestoren ihre Eigentumsanteile verkaufen, ehe die nachteiligen Folgen der Kurzfristorientierung zum Tragen kommen.

Um die Finanzmärkte auf ihre ökonomischen Finanzierungs- und Vermögenssicherungsfunktionen zurückzuführen, sollten ihr Aktivitätstempo (z.B. durch eine Devisentransaktions- oder → Tobin-Steuer oder die Wiedereinführung von Kapitalverkehrskontrollen) gedrosselt und riskante Geschäfte durch eine härtere Finanzaufsicht eingeschränkt werden. Vor allem aber ist es erforderlich, durch eine andere Wirtschafts- und Verteilungspolitik in den Industrieländern dafür zu sorgen, dass die sozial und volkswirtschaftlich schädliche falsche Verteilung zu Gunsten der Gewinne und zu Lasten der Massenkaufkraft, die der Grund für die Fehlentwicklungen der Finanzmärkte ist, gar nicht erst entsteht.

Jörg Huffschmid

Zum Weiterlesen

Chesnais, François (Koord.) (1996): La mondialisation financière. Genèse, cout et enjeux, Paris.

Deutscher Bundestag (2002): Schlussbericht der Enquete-Kommission Globalisierung der Weltwirtschaft – Herausforderungen und Antworten, BT-Drucksache 14/9200 vom 12.6.2002 (Kapitel 2: Finanzmärkte).

Huffschmid, Jörg (2002): Politische Ökonomie der Finanzmärkte, Hamburg.

Kindleberger, Charles P. (1996): Manias, Panics and Crashes. A History of Financial Crises (1978), London.

Shiller, Robert (2000): Irrationaler Überschwang: Warum eine lange Baisse an der Börse unvermeidlich ist. Frankfurt/M./New York.

Fiskalpolitik

Durch Fiskalpolitik werden öffentliche Güter bereitgestellt. Außerdem kann sie der konjunkturpolitischen Stabilisierung sowie der Umverteilung von Einkommen dienen. In allen drei Fällen bedient sich die Fiskalpolitik des Instruments öffentlicher Haushalte, d.h. der Einnahmen- und Ausgabenpolitik.

Der grundlegende Unterschied zwischen öffentlichem und privatem Sektor besteht darin, dass letzterer Waren nur anbietet, wenn sie mit Gewinn verkauft werden können. Andernfalls droht der Konkurs. Dagegen stellt der öffentliche Sektor Güter bereit, die sich nicht gewinnbringend verkaufen lassen, aber als gesellschaftlich notwendig anerkannt sind. Ein weiterer Unterschied besteht darin, dass die Nachfrage des privaten Sektors zyklisch schwankt und – so die keynesianische Sicht – langfristig zu gering ist, um Vollbeschäftigung und die Vollauslastung der bestehenden Produktionskapazitäten zu gewährleisten (→ Keynesianismus). Das kann daran liegen, dass die Kosten zur Finanzierung zusätzlicher Investitionen im Verhältnis zu den erwarteten Gewinnen sehr hoch sind. Andere Gründe können die Unsicherheit über zukünftige Absatzchancen sowie unzureichende Massenkaufkraft sein. Letzteres wird insbesondere der Fall sein, wenn Löhne mit dem Ziel einer höheren Profitrate gesenkt werden.

Ein weiteres Ziel der Fiskalpolitik besteht darin, das Problem privaten Nachfragemangels zu lösen und den Verteilungskampf zwischen Lohnarbeit und Kapital, also den Beziehern von Lohn bzw. Gewinneinkommen, zu neutralisieren. Durch eine Ausweitung der öffentlichen Nachfrage können Nachfragemängel des privaten Sektors ausgeglichen werden. Dadurch werden einerseits → Arbeitslosigkeit sowie der hiervon ausgehende Druck auf das Lohnniveau verringert. Andererseits wird eine Erhöhung der Löhne vermieden, die über eine Zunahme der Massenkaufkraft, aber zu Lasten der Profitrate, ebenfalls das Nachfrageniveau erhöhen könnte. Da die Steuereinnahmen in Konjunkturkrisen zurückgehen, müssen steigende Staatsausgaben zunächst über Kredite finanziert werden. Ein Ausgleich langfristig, d.h. unabhängig von konjunkturellen Schwankungen bestehenden Nachfragemangels sollte, um eine unbegrenzte Zunahme der Staatsschulden und die damit verbundene Macht der privaten Geldgeber zu verhindern, durch Steuereinnahmen finanziert werden (→ Steuerreform).

Damit dehnt sich der Verteilungskampf, der durch fiskalpolitische Intervention neutralisiert werden sollte, über Arbeitsmarkt und Fabrik auf den öffentlichen Sektor aus. Er dreht sich nun nicht mehr nur um Lohn, Arbeitszeiten und Arbeitsbedingungen, sondern auch um die Verteilung der Steuerlast zwischen Lohn- und Gewinneinkommen.

In großem Stil ist die Fiskalpolitik zur Bekämpfung wirtschaftlicher Krisen erstmals im Verlauf der Weltwirtschaftskrise der 1930er Jahre im deutschen Faschismus und in der amerikanischen New Deal-Politik angewandt worden. Durch eine Ausweitung der kreditfinanzierten Staatsausgaben, insbesondere zur Rüstung für und während des Zweiten Weltkriegs, wurde die Krise überwunden. Nach dem Krieg konnte ein Rückfall verhindert werden, weil die Rüstungsausgaben sehr hoch blieben und soziale Reformen durchgeführt wurden. Letztere verbesserten die Lebensbedingungen vor allem der ArbeiterInnen und trugen dazu bei, dass die Nachfrage anstieg und sich stabilisierte.

Als Vollbeschäftigung und die damit verbundene Stärkung der Arbeiterbewegung diese zur Forderung nach weiter gehenden Reformen ermutigte, vollzogen die vermögenden Klassen eine Wende zur sozialen Gegenreform. Trotz des seither betriebenen Sozialabbaus hat Fiskalpolitik weiterhin enormen Einfluss auf die wirtschaftliche Entwicklung. Erstens ist der Anteil des öffentlichen Sektors an der gesamtwirtschaftlichen Wertschöpfung in den Industrieländern viel zu groß, um wirtschaftspolitisch vernachlässigt zu werden. Zweitens hat die expansive, auf massive Ausgabensteigerungen setzende Fiskalpolitik der USA in den letzten Jahren eine weltwirtschaftliche Depression verhindert. Allerdings sind die Wachstumseffekte, die mit einer solchen Politik erzielt werden können, deutlich geringer als während des Zweiten Weltkrieges und des Nachkriegsbooms. Dies ist auch der Grund für die steigende Verschuldung des Staates (→ Staatsverschuldung), aber auch des privaten Sektors. War die schulden- und steuerfinanzierte Fiskalpolitik ursprünglich als ein Mittel der Milderung von Verteilungskämpfen gedacht, nehmen unter den gegenwärtigen Bedingungen langfristig gesunkener Wachstumsraten (→ Wachstum) die Verteilungskämpfe um Schulden- und Steuerlast an Schärfe zu.

Ingo Schmidt

Zum Weiterlesen

Huffschmid, Jörg u.a. (2004): Öffentliche Finanzen: gerecht gestalten!, AttacBasisTexte 10, Hamburg.
Kromphardt, Jürgen (1998): Arbeitslosigkeit und Inflation, Göttingen.
Nowotny, Ewald (1999): Der öffentliche Sektor – Einführung in die Finanzwissenschaft, Berlin.
O'Connor, James (1974): Die Finanzkrise des Staates, Frankfurt/M.

Flexibilisierung

Flexibilität bedeutet biegsam, beweglich oder aber anpassungsfähig zu sein. Im sozioökonomischen Kontext steht der Begriff der Flexibilisierung seit den 1980er Jahren für die Fähigkeit und die Bereitschaft, Verhaltensweisen, Strukturen oder Institutionen an veränderte Produktions- und Marktbedingungen anzupassen. Indem sie die tatsächliche oder vermeintliche Starrheit alter Systeme überwindet, wird die Flexibilisierung als fortschrittsoptimistischer Begriff von Veränderung verwendet.

In den 1980er Jahren wurden die industriellen Produktionsbedingungen auf der technologischen Basis der mikroelektronischen Revolution neu geordnet. An die Stelle starr verketteter Fertigungsabläufe trat nun das neue Leitbild einer flexiblen und integrierten Produktion. Der vernetzte Einsatz computergestützter Maschinen und Systeme sollte aus Sicht der Unternehmensleitung die perfekt gesteuerte »Fabrik der Zukunft« von der Logistik über die Fertigung bis hin zum Vertrieb kreieren. Mit der Neuausrichtung des Produktionsregimes reagierten die Unternehmen auf veränderte Markt- und Wettbewerbsbedingungen, die sich seit Mitte der 1970er Jahre herausgebildet hatten: Sinkendes Wirtschaftswachstum (→ Wachstum) und der Strukturwandel vom Verkäufer- zum Käufermarkt führten zu einer erweiterten Form der Konkurrenz, die sich in erhöhtem Kostendruck, verkürzten Innovationszyklen, einer zunehmenden Produktdifferenzierung und erhöhten Lieferbereitschaft niederschlug.

Diese fundamentale Form der strukturellen Rationalisierung, in dessen Zentrum die Flexibilisierung steht, hat umfassende Veränderungsprozesse im Feld der Arbeit mit weitreichenden gesellschaftspolitischen Folgen ausgelöst. Durch die Flexibilisierung der Arbeitszeiten wird die → Arbeit unmittelbar an die schwankenden Marktanforderungen angepasst, d.h. der Produktionszyklus diktiert das Volumen, die Organisation und die Intensität der Arbeit. Das bedeutet in der Konsequenz nicht nur die flächendeckende Einführung flexibler Arbeitszeitmodelle (z.B. Ausweitung der Schichtarbeit, Samstagsarbeit, Arbeitszeitkonten), sondern auch eine grundlegende Umorganisation der Beschäftigungsverhältnisse selbst. Die unternehmerische Konzentration auf Kernaufgaben durch »Outsourcing« einzelner Betriebsbestandteile (vom Pförtner über das Reinigungspersonal bis zur gegenwärtigen Welle der Auslagerung von Softwaredienstleistungen) führt zu einer Differenzierung in Kern- und Randbelegschaften mit unterschiedlichen tariflichen Standards. Befristete Arbeitsverhältnisse lösen sukzessive das Normalarbeitsverhältnis ab. Insofern ist die Flexibilisierung eng verbunden mit einer → Prekarisierung der Arbeit, in der Unsicherheit zum alltäglichen Normalzustand der Lohnabhängigen wird.

Neben der Segmentierung der Beschäftigten steht Flexibilisierung für eine dezentralisierte Organisation der Produktion z.B. durch die Ausweitung von Team- und Gruppenarbeit oder die Umstrukturierung großer Unternehmenseinheiten in einzelne Profitcenter. Das Ziel ist eine möglichst umfassende Nutzung der menschlichen Arbeitskraft, um neue Produktivitätsschübe zu generieren. Dadurch dass in diesem Prozess dem einzelnen Subjekt (zumindest teilweise) erweiterte Handlungsspielräume eröffnet werden, erscheint die Dezentralisierung auf der individuellen Ebene als neue Form der Entscheidungsfreiheit in der Arbeit. Damit liegt nicht nur ein Schleier über der Intensivierung der Ausbeutung von Arbeitskraft, sondern ihre Subjektivierung führt zugleich zur Aushöhlung kollektiver Interessenvertretung durch Gewerkschaften und Betriebsräte. Insofern bedeutet diese Form der Dezentralisierung keineswegs eine größere Verteilung von Macht durch vermehrte Teilhabe der Individuen, sondern eine neue Konzentration von Macht, die sich nicht mehr auf den Grundsatz der Zentralisierung stützt.

Grundsätzlich ist Flexibilisierung zum Schlüsselbegriff neoliberaler Modernisierungspolitik (→ Modernisierung) geworden. Die Verwendung ist universell, sie umschreibt mal den geforderten Umbau des → Sozialstaates zu einem System minimaler Grundsicherung mit ergänzender privater Vorsorge, dann wiederum die → Deregulierung des Arbeitsmarktes oder die angestrebte Neustrukturierung des Bildungssektors mit marktwirtschaftlicher Grundausrichtung. In diesem Sinne ist Flexibilisierung der konkrete Prozess zur Umsetzung der stets als Sachzwang behaupteten neoliberalen → Globalisierung der Ökonomie.

Ralf Ptak

Zum Weiterlesen

Bieling, Hans-Jürgen/Dörre, Klaus/Steinhilber, Jochen/Urban, Hans-Jürgen (Hrsg.) (2001): Flexibler Kapitalismus. Analyse, Kritik und politische Praxis, Hamburg.

Bleicher, Siegfried/Stamm, Jürgen (Hrsg.) (1988): Fabrik der Zukunft. Flexible Fertigung, neue Produktionskonzepte und gewerkschaftliche Gestaltung, Hamburg.

Gottfried, Heidi (1999): Flexibilisierung, in: Historisch-Kritisches Wörterbuch des Marxismus, Band 4, Hamburg/Berlin, S. 558-563.

Sennett, Richard (1999): Der flexible Mensch. Die Kultur des neuen Kapitalismus, Frankfurt/M./ Wien.

Freihandel

Es war eine der großen Verheißungen des klassischen → Liberalismus, dass durch die Ausbreitung des freien und friedlichen Handels der Wohlstand aller Nationen gemehrt und die politisch-militärischen Konflikte schließlich überwunden werden könnten. Wir wissen jedoch, dass sich diese Hoffnung im Zeichen der neoliberalen → Globalisierung nicht erfüllt hat. Vielmehr hat sich der Abstand zwischen reichen und armen Nationen vergrößert und Sicherheitsfragen bestimmen zunehmend die internationale Politik.

Über die Ursachen dieses Widerspruchs kann schon die Theorie, mit der der freie Handel bis heute begründet wird, Aufschluss geben. Es ist die Lehre des britischen Nationalökonomen David Ricardo (1772-1823) von den komparativen Kostenvorteilen. Sie geht davon aus, dass es für das Wohl der Menschheit das Beste sei, wenn jedes Land sich auf die Herstellung derjenigen Güter spezialisiert, für die es den vergleichsweise geringsten Arbeitsaufwand benötigt, und die anderen Güter importiert. Die Pointe liegt jedoch in der Zuspitzung, dass der Handel sich selbst für die Länder lohnt, bei denen die Arbeitsproduktivität in allen Branchen entweder höher ist als bei den durchschnittlichen Konkurrenten oder bei denen sie in allen Branchen niedriger ist. Auch sie sollen sich spezialisieren, nämlich auf den Bereich, in dem die Produktivität komparativ – d.h. im Vergleich zwischen den Bereichen, in denen sie selber bisher tätig sind – am höchsten ist. Allerdings ging es Ricardo gar nicht um eine allgemeine Theorie, sondern um eine Steigerung der industriellen Gewinne in England durch Senkung der Löhne, und die sollte durch den Import billiger Agrarprodukte erreicht werden.

Der freie Handel beruht also auf Voraussetzungen, die gern verschwiegen werden. Erstens setzt er eine unter staatlichem Schutz entwickelte Produktion voraus. Zweitens setzt das Freihandelssystem eine überlegene wirtschaftliche und militärische Macht voraus. Eine solche Hegemonialmacht war zuerst Großbritannien. Die USA, bis nach dem Zweiten Weltkrieg eine Bastion des Protektionismus, griffen prompt wieder zu protektionistischen Maßnahmen, nachdem ihre wirtschaftliche Dominanz in den 1970er Jahren zu bröckeln begann. Es ist der Grundwiderspruch des Systems, dass es historisch auf dem Prinzip beruht, das es gerade bekämpft.

Ein Überblick über die heutige Situation ergibt folgendes Bild: Die zunehmende Handelsverflechtung findet zu 75% zwischen den Industriestaaten statt. Die Entwicklungsländer und damit die große Masse der Menschen hat kaum an ihr teil. Aber der Handel zwischen den Industrieländern folgt auch gar nicht dem Ricardoschen Prinzip der Spezialisierung. Sondern die Mehrzahl der Güter wird in der Mehrzahl der Länder gleichzeitig hergestellt und um der Vielfalt des Angebots willen untereinander ausgetauscht. Hinzu kommt ein hoher Anteil von Güteraustausch innerhalb der → multinationalen Konzerne. Soweit die Entwicklungsländer in den Welthandel einbezogen sind, gibt es zwischen ihnen und den Industrieländern zwar eine Arbeitsteilung: Ihr komparativer Kostenvorteil liegt offenbar bei der billigen, unqualifizierten Arbeit, und der der Industrieländer bei der teuren, qualifizierten Arbeit. Die meisten Entwicklungsländer nehmen jedoch nicht freiwillig am Handel teil, um ihre komparativen Kostenvorteile zu nutzen, sondern gezwungenermaßen, um ihren Schuldenberg abzutragen. Andererseits schützen sich die Industrieländer gegen billige Textil- und Agrarprodukte und bauen durch indirekten Protektionismus ihren Qualifikationsvorsprung aus. Zwischen den Entwicklungsländern schließlich findet nur wenig Handel statt. Ein Großteil davon ist Güteraustausch ohne Geld. Er folgt meist aus dem Mangel an Devisen und bildet das Pendant zum Güteraustausch zwischen den transnationalen Konzernen.

Was die Zukunft des heutigen Freihandelssystems betrifft, so sollte man sich den 14. September 2003 mindestens ebenso merken wie den 11. September 2001. Denn womöglich war das Scheitern der Welthandelskonferenz im mexikanischen Cancún ein tieferer historischer Einschnitt. Die Konferenz sollte die Regeln zur → Liberalisierung des Handels fortschreiben. Aber es kam zu keiner Einigung, weil eine Koalition von Entwicklungs- und Schwellenländern sich verweigerte. Die Kritik der Entwicklungsländer geht in zwei Richtungen: Einerseits wird ein wirklich freier Handel eingefordert und andererseits wird das Recht auf Schutz vor übermächtiger Konkurrenz, das die Industrieländer früher in ihrer Entwicklungsphase ganz selbstverständlich wahrgenommen haben, für die Entwicklungsländer heute eingefordert.

Edelbert Richter

Zum Weiterlesen

Altvater, Elmar/Mahnkopf, Birgit (2002): Globalisierung der Unsicherheit, Münster.

Bairoch, Paul (1993): Economics and World History, Myths and Paradoxes, New York/London.

Chang, Ha-Joon (2003): Was der Freihandel mit einer umgestoßenen Leiter zu tun hat, in: Le monde diplomatique, 6/2003.

Ricardo, David (1821): Über die Grundsätze der politischen Ökonomie und der Besteuerung, (3. Auflage 1979), Berlin.

Richter, Edelbert (2002): Mythos Freihandel, und: Wie weiter im internationalen Handel? In: Eine zweite Chance? Die SPD unter dem Druck der »Globalisierung«, S. 156ff., Hamburg.

GATS

Mit der Gründung der Welthandelsorganisation → WTO im Jahr 1995 trat auch das Dienstleistungsabkommen GATS (General Agreement on Trade in Services) in Kraft. Wesentliches Ziel ist die »fortschreitende → Liberalisierung« sämtlicher Dienstleistungen. Mehr als 160 Sektoren fallen in den Regelungsbereich des GATS, darunter Post und Telekommunikation, Banken und Versicherungen, medizinische und soziale Dienste, → Tourismus und Transport, Handel und Bauwesen, Klärwerke und Müllentsorgung, Bildung und Kultur. Jedoch übernahmen vor allem Entwicklungsländer bisher noch recht wenige Verpflichtungen. Um das zu ändern, wurden regelmäßige weitere Verhandlungsrunden vereinbart. Die gegenwärtige Runde wurde im Jahr 2000 begonnen und ist seit 2002 Teil der so genannten Doha-Entwicklungsrunde der WTO. Aufgrund der Vergemeinschaftung der Handelspolitik führt die Europäische Kommission die Verhandlungen im Auftrag der EU-Mitgliedstaaten, wobei auf deutscher Seite das Wirtschaftsministerium federführend ist.

Eine Besonderheit des GATS besteht darin, dass es den Staaten im Prinzip erlaubt, nur punktuelle → Liberalisierungen vorzunehmen. Wird ein Sektor aber einmal liberalisiert, so gelten die Regeln des Marktzugangs und der Inländerbehandlung. Erstere verbietet Beschränkungen der Investitionstätigkeit (z.B. Deckelungen ausländischer Kapitalbeteiligungen), letztere verlangt Wettbewerbsgleichheit für in- und ausländische sowie öffentliche und private Anbieter. Würde ein Staat z.B. den Wassermarkt liberalisieren, müssten die Gebietsmonopole kommunaler Wasserwerke beseitigt werden. Wettbewerbsgleichheit im Mediengeschäft hieße, dass die Filmförderung abzuschaffen oder für alle Produzenten zu öffnen wäre. Im Bildungsbereich liefe es darauf hinaus, dass öffentliche und private Schulen den gleichen Rechtsanspruch auf staatliche Subventionen hätten.

Weiteres Ziel ist es, innerstaatlichen Regulierungen ein Korsett verbindlicher Rahmenrichtlinien anzulegen. GATS Artikel VI schreibt die Entwicklung verbindlicher Disziplinen für die staatliche Gesetzgebung und die Regulierung sämtlicher Dienstleistungsmärkte vor. Diese Disziplinen erstrecken sich auf Gesetze, Verordnungen, Verwaltungsrichtlinien, Normen und Standards sowohl auf der nationalen als auch auf der regionalen und kommunalen Ebene. Daneben sieht der Vertrag einen so genannten Notwendigkeitstest vor. Mittels dieses Tests soll beurteilt werden, ob eine staatliche Auflage überhaupt »notwendig« ist, oder ob sie nicht durch eine weniger handelsbeschränkende Maßnahme ersetzt werden kann.

Möchte ein WTO-Mitglied GATS-Verpflichtungen zurücknehmen, muss es mit anderen Mitgliedern Verhandlungen über Ausgleichsmaßnahmen aufnehmen. Scheitern diese, kann das »geschädigte« Mitglied vor dem Schiedsgericht klagen. Bekommt das klageführende Land Recht, darf es Handelssanktionen gegenüber dem unterlegenen Staat ergreifen. Diese Sanktionen – zumeist Strafzölle – können äußerst empfindlich sein, vor allem wenn das in dem Streit unterlegene Land von nur wenigen Exportprodukten abhängig ist. Dies trifft noch immer für die große Mehrheit der Entwicklungsländer zu. Es ist dieser hohe, vielfach unbezahlbare Preis, der das GATS zu einer gefährlichen Einbahnstraße macht. Sein wichtigster Zweck liegt insofern darin, bereits vollzogene Liberalisierungen im internationalen Rahmen unumkehrbar festzuschreiben.

Trotz der gravierenden Risiken des GATS bleiben Erfahrungen mit bisherigen Liberalisierungen öffentlicher Dienste – Qualitätseinbußen, Preissteigerungen, erschwerter Zugang für einkommensschwache Gruppen, Entlassungen, Lohnsenkungen, prekäre Beschäftigungsverhältnisse vor allem für Frauen (→ Feminisierung der Arbeit) und MigrantInnen (→ Migration) – bei den aktuellen Verhandlungen unberücksichtigt. Obwohl die WTO verpflichtet ist, die Auswirkungen des GATS zu untersuchen, ist es dazu bisher nicht gekommen. Erschwerend kommt hinzu, dass sich der Verhandlungsprozess durch äußerste Intransparenz auszeichnet. Interessierten BürgerInnen werden wichtige Informationen gänzlich verweigert, und selbst Abgeordnete erhalten nur spärliche Auskünfte seitens zuständiger Ministerien. Gerade die Frage nach Transparenz des Verhandlungsprozesses stellt aber eine der zentralen Forderungen all jener Gruppen dar, die sich dem mittlerweile weltweiten Protest gegen diese vordemokratischen Formen der Geheimdiplomatie angeschlossen haben.

Thomas Fritz

Zum Weiterlesen

Fritz, Thomas/Scherrer, Christoph (2002): GATS: Zu wessen Diensten? Öffentliche Aufgaben unter Globalisierungsdruck. AttacBasisTexte 2, Hamburg.

Hein, Wolfgang/Voegeli, Wolfgang (Hrsg.) (2004): GATS und globale Politik. Schriften des Deutschen Übersee-Instituts, Nr. 62, Hamburg.

Wichterich, Christa (2003): Viele gute Gründe für Frauen gegen GATS zu sein. www.attac.de/feministattac.

Geldpolitik

Geldpolitische Maßnahmen beeinflussen das Zahlungssystem einer Gesellschaft, die Finanzierungskosten privater und öffentlicher Wirtschaftsaktivitäten sowie das verfügbare Kreditvolumen. Ein unbestrittenes Ziel der Geldpolitik besteht darin, Schwankungen des allgemeinen Preisniveaus sowie des Wechselkurses zu vermeiden. Darüber hinaus geht die keynesianische Wirtschaftstheorie (→ Keynesianismus) davon aus, dass mit der Geldpolitik auch das Beschäftigungsniveau beeinflusst werden kann. In jüngster Zeit sind schließlich Forderungen laut geworden, neben den Preisen für Güter und Dienstleistungen auch das Preisniveau von Wertpapieren durch Geldpolitik zu stabilisieren (→ Finanzmärkte). Entsprechende Vorschläge werden damit begründet, dass spekulativ überbewertete Börsenkurse, die in keiner Beziehung zu den zu erwartenden Zukunftsgewinnen stehen, in den letzten Jahren zu einer Reihe von Finanz- und Wirtschaftskrisen geführt haben.

Mit Blick auf Ausrichtung und Steuerungskapazitäten wird die Geldpolitik seit langem von zwei Kontroversen bestimmt. Erstens wird zwischen keynesianischen und (neo-)liberalen Ökonomen darüber gestritten, ob zwischen → Arbeitslosigkeit und Inflation ein ursächlicher Zusammenhang besteht. Keynesianische Ökonomen argumentieren, dass kreditfinanzierte Staatsausgaben und eine Verbilligung des Kreditangebotes das Beschäftigungsniveau erhöhen und die mit höherem Wirtschaftswachstum einhergehende Inflation in gewissen Grenzen akzeptiert werden könne. Dagegen vertreten liberale Ökonomen die Meinung, eine Ausweitung des Geldangebotes und niedrigere Zentralbankzinsen würden lediglich die umlaufende Geldmenge erhöhen und damit Spielraum für Preiserhöhungen schaffen. Eine unmittelbare Wirkung auf Produktions- und Beschäftigungsniveau gäbe es nicht. Mittelbar würde die durch expansive Geldpolitik verursachte Inflation jedoch die Kalkulation zukünftiger Kosten und Umsätze erschweren. Deshalb würden Unternehmen ihre Investitionen, mit negativen Wirkungen auf Produktion und Beschäftigung, einschränken.

Zweitens wird darüber gestritten, ob der Wechselkurs einer Währung, die ihren äußeren Geldwert widerspiegelt, gegenüber anderen Währungen in einem bestimmten Verhältnis fixiert oder durch Angebot und Nachfrage auf dem Devisenmarkt bestimmt werden sollte (→ Währungspolitik). Feste Wechselkurse können – soweit sie gegen spekulative Attacken durchgehalten werden – die mit Währungsinstabilitäten verbundene Destabilisierung güterwirtschaftlicher Aktivitäten verhindern, haben aber den Nachteil, dass das geldpolitische Instrumentarium zur Absicherung der Währungsparität eingesetzt werden muss und daher für konjunkturpolitische Interventionen nur in eingeschränktem Maße verfügbar ist. Dagegen kann sich die Geldpolitik ihren binnenwirtschaftlichen Zielen widmen, wenn sie die Wechselkursbildung dem Devisenmarkt überlässt. Sie riskiert dabei jedoch, dass unerwartete Kursschwankungen auf den Binnenmarkt durchschlagen und geldpolitische Anpassungen erforderlich werden.

Die Geldpolitik eines Währungsraumes kann in unterschiedlichen Formen institutionalisiert werden. Während z.B. die amerikanische Zentralbank neben der Stabilisierung des Geldwertes auch die Stimulierung von Wachstum und Beschäftigung anstrebt, ist die europäische Zentralbank ausschließlich auf Inflationsbekämpfung festgelegt. Diese Ausrichtung wird als Sachzwang der → Globalisierung ausgegeben. Der Eindruck einer neutralen, jenseits sozialer Konflikte operierenden Technokratie, die sich lediglich objektiver Vernunft verpflichtet weiß, ist jedoch Ausdruck eines hegemonialen sozialen Interesses (→ Hegemonie). Unter kapitalistischen Produktionsverhältnissen wird gesellschaftlicher Reichtum in Geldeinheiten bewertet. Mit Änderungen des Geldwertes, ein anderes Wort für Inflation oder Deflation, wird der Maßstab kapitalistischen Reichtums jedoch unzuverlässig, kann sich die bürgerliche Gesellschaft nicht mehr der Erreichung ihres obersten Zieles, der Akkumulation von Kapital, vergewissern. Den aus diesem Problem erwachsenen Versuch, Geld als Medium zu definieren, das sozialen Konflikten nicht nur entzogen ist, sondern diesen sogar seine eigene Vernunft aufnötigt, hat Karl Marx als Fetischcharakter des Geldes bezeichnet. Dieser Charakter wird zwar durch den Eindruck einzelner Marktteilnehmer, hilflos von der unsichtbaren Hand des Marktes gelenkt zu werden, geprägt, muss aber politisch abgesichert werden. Entsprechende Bemühungen der Deutschen Bundesbank, ihr ausschließlich auf Inflationsbekämpfung ausgerichtetes Konzept als objektive Notwendigkeit darzustellen und der Europäischen Währungsunion in die Wiege zu legen, hat der französische Soziologe Bourdieu als »System Tietmeyer«, nach dem damaligen Bundesbank-Präsidenten, bezeichnet.

Ingo Schmidt

Zum Weiterlesen

Bourdieu, Pierre (1997): Warnung vor dem Modell Tietmeyer, in: Der Tote packt den Lebenden. Schriften zu Politik und Kultur 2, Hamburg, S. 171 177.
Eichengreen, Barry (200): Vom Goldstandard zum Euro, Berlin.
Heine, Michael/Herr, Hansjörg (2004): Die Europäische Zentralbank, Marburg.
Kromphardt, Jürgen (1998): Arbeitslosigkeit und Inflation, Göttingen.

Geldwäsche

Als Geldwäsche bezeichnet man die Einschleusung von kriminell erwirtschaftetem Kapital (insbesondere durch global agierende kriminelle Syndikate) in den regulären Geldkreislauf, zur Verwischung von Spuren oder zur Rückführung und »Legalisierung« der illegal erzielten Erträge. Geldwäsche ist ein Kreislauf, der in die drei Phasen Platzierung, Verwirrung und Integration unterteilt wird. Gesetze wie in Deutschland der §261 StGB haben bislang Geldwäsche nicht verhindert. Im Schlussbericht der Enquete-Kommission Globalisierung der Weltwirtschaft des Deutschen Bundestags ist zu lesen, dass mit der → Liberalisierung, → Deregulierung und → Globalisierung der Finanzmärkte auch die Geldwäsche zu einem Problem mit neuen Dimensionen geworden ist. Nicht nur ihr Umfang habe stark zugenommen, sondern auch die damit verbundenen Gefahren für Wirtschaft, Gesellschaft und Politik.

Für die erste Phase der Geldwäsche (Platzierung bzw. Einschleusung des Geldes in den regulären Geldkreislauf) sind vor allem Länder mit rigorosem Bankgeheimnis, lückenhaften oder nicht durchgesetzten Gesetzen im Finanzbereich (namentlich wo Geldwäsche nicht strafbar ist oder toleriert wird), also so genannte Offshorezentren, von Interesse. Der Internationale Währungsfonds (→ Bretton-Woods-Institutionen) schätzt, dass allein der weltweite Gesamtumsatz aus dem Drogenhandel ca. 300-600 Milliarden US-Dollar beträgt. Der Betrag aus reiner Steuerhinterziehung wird vier- bis fünfmal höher geschätzt. Die Banken spielen für das Waschen krimineller Gelder eine zentrale Rolle. Geschätzt wird, dass allein in Russland 80% aller Banken in den Händen krimineller Strukturen sind. Im Zusammenhang mit Geldwäsche werden in zunehmendem Maße Firmen mit keiner normalen, sichtbaren wirtschaftlichen Tätigkeit gegründet, erworben, finanzielle Beteiligungen übernommen, Immobilien und Luxusgüter gekauft, wobei oft einheimische Mittelsmänner (Anwälte, Steuerberater, Finanzberater) oder Firmen zwischengeschaltet werden (→ Berater).

Ebenso bedeutend sind die Offshorezentren. Sie zeichnen sich dadurch aus, dass kaum Buchführungspflichten und geringe oder überhaupt keine Kontrollmechanismen bestehen. Weltweit sind über 70 solcher → Steueroasen mit unterschiedlichen Rechtssystemen etabliert. Darunter befinden sich selbst EU-Staaten, wie Großbritannien, Liechtenstein oder Luxemburg. Alle führenden deutschen Banken unterhalten Filialen in diesen Offshorezentren.

Geldwäsche kann auch durch Umwandlung krimineller Gelder in Sachwerte geschehen. Strohmänner verschleiern die Herkunft durch Umtausch in andere Währungen, dann erfolgt der Kauf von Wertpapieren, Edelmetallen oder Sachwerten wie Antiquitäten, Schmuck oder wertvollen Gemälden.

In der zweiten Phase wird versucht, die illegale Herkunft der Gelder im Wechsel von kurz- und langfristigen, nationalen und internationalen Transaktionen und unter Zuhilfenahme von diversen natürlichen und juristischen Personen zu verwischen.

Am gefährlichsten ist die dritte Phase, die Investition der kriminell erwirtschafteten Gelder nach umfangreicher Verschleierung der Herkunft in die legale Wirtschaft. Sie begünstigen die weitere Ausdehnung, insbesondere der organisierten Kriminalität, festigen deren Macht, infiltrieren Wirtschaft und Politik und führen zur Destabilisierung der gesellschaftlichen Ordnung und politischer demokratischer Systeme. Dubioses oder kriminelles Kapital ist eine Gefahr für die legale Wirtschaft, da dadurch der freie Wettbewerb ausgeschaltet wird. Die Gefahr ist latent, dass kriminelles Kapital die Kontrolle über viele privatwirtschaftliche Betriebe und Dienstleistungen übernimmt bzw. bereits übernommen hat – auch in Deutschland. Kriminelles Kapital strebt prinzipiell nach einer Monopolstellung und der Ausschaltung von Wettbewerb. Auf dem Balkan, insbesondere im Kosovo, spielt z.B. der Drogenhandel eine zentrale Rolle. Das dort aus dem Drogenhandel erwirtschaftete Kapital wird insbesondere in legale Geschäftsbereiche investiert, gleichzeitig ist es zentrales Instrument, um unter dem Vorwand ethnischer Konflikte die regionale Macht zu sichern.

In anderen Ländern, insbesondere der Ex-UdSSR, wird das (z.B. durch Erpressung, → Menschenhandel, Betrug, Raub und Mord) erwirtschaftete kriminelle Kapital inzwischen in der strategischen Industrie (Erdöl und Erdgas) oder im Telekommunikationsbereich (Mobilfunk, Fernsehstationen) wieder legalisiert. Im Westen hingegen spielen → Hedge-Fonds bei Geldwäsche eine bedeutende Rolle. Aufgrund der Globalisierung der Finanzmärkte ist zudem kaum noch zwischen legal und kriminell erwirtschaftetem Geld zu unterscheiden. Deshalb gelten die diversen gesetzlichen Vorschriften gegen Geldwäsche in den meisten europäischen Ländern als wenig wirkungsvoll.

Jürgen Roth

Zum Weiterlesen

Altenkirchen, Lars (2002): Techniken der Geldwäsche und ihre Bekämpfung.

Altvater, Elmar/Mahnkopf, Birgit (2002): Globalisierung der Unsicherheit – Arbeit im Schatten, Schmutziges Geld und informelle Politik, Münster.

Hetzer, Wolfgang (2003): Tatort Finanzmarkt, Hamburg.

Roth, Jürgen (2003): Die Gangster aus dem Osten. Neue Wege der Kriminalität, Hamburg.

Gender Mainstreaming

Die von der 4. Weltfrauenkonferenz 1995 in Peking verabschiedete und von 189 Staaten unterzeichnete Aktionsplattform hält wesentliche Punkte internationaler Frauenpolitik fest und verpflichtet alle Staaten sowie die Vereinten Nationen auf Gender Mainstreaming: »Regierungen und andere Akteure sollten eine aktive und sichtbare Politik der konsequenten Einbeziehung einer geschlechterbezogenen Perspektive in alle Politiken und Programme fördern, damit die Auswirkungen von Entscheidungen auf Frauen bzw. Männer analysiert werden, bevor entsprechende Entscheidungen getroffen werden.« Im Vertrag von Amsterdam von 1997 zählt die aktiv verfolgte Gleichstellung von Männern und Frauen zu den Kernaufgaben der EU, in der BRD legt die Gemeinsame Geschäftsordnung der Bundesministerien die Förderung von Gleichstellung als »durchgängiges Leitprinzip« fest.

Als Ergebnis der Anstrengungen von Frauenorganisationen in Nord und Süd wurde Gender Mainstreaming ursprünglich in der Entwicklungszusammenarbeit entwickelt und erprobt. Es verdankt den ersten Teil seines Namens der feministischen Diskussion, die mit Gender »Frauenfragen« in den Rahmen asymmetrischer Geschlechterordnungen stellt und deren Veränderung als gesamtgesellschaftliche Aufgabe anmahnt. Der zweite Teil, »Mainstreaming«, nimmt die Erfahrung auf, dass einzelne frauenbezogene Maßnahmen wenig ausrichten, vielmehr Politik auf allen Ebenen und in allen Bereichen mittels Gender Analyse geschlechterspezifisch unterschiedliche Lebenslagen berücksichtigen und auf geschlechtergerechte Ergebnisse hinwirken muss. Es handelt sich also um die Institutionalisierung von Frauen- und Geschlechterpolitik. Gender Mainstreaming verpflichtet die Leitung von Institutionen zu aktivem genderpolitischen Engagement und wird deswegen völlig zu Recht als Top-down-Ansatz bezeichnet, der in der Doppelspur Querschnittsaufgabe und Maßnahmen der Frauenförderung verfolgt werden soll.

Die mit Gender Mainstreaming gemachten Erfahrungen sind von weltweit bemerkenswert großer Übereinstimmung und insgesamt enttäuschend. Die afrikanische Soziologin Sara H. Longwe hat dafür das schöne Bild vom patriarchalen Kochtopf gefunden, in dem Geschlechterpolitiken relativ spurlos verdampfen. Gender Mainstreaming eröffnet keine alternativen politischen Perspektiven und ist weder analytisch noch strategisch in der Lage, die Richtung des Mainstreams zu beeinflussen. Neoliberale makro-ökonomische Steuerung ist geschlechterblind bzw. nimmt geschlechtspezifische Schäden in Kauf. Mehr noch, mit der Rückverlagerung von Fürsorgearbeit aus öffentlichen in private Haushalte und dort auf die Schultern von Frauen lebt sie von ihnen (→ Feminisierung der Arbeit). In der Bürokratie von Institutionen mit ihren vergeschlechtlichten Hierarchien und männerbündischen Arbeitsstrukturen und Betriebskulturen kommt Gender Mainstreaming über die Anstrengungen innerbetrieblicher Gleichstellung nicht hinaus. Es gewinnt wenig Einfluss auf Politikformulierung und -implementierung und bleibt eingebunden in einen Diskurs, der nicht in Konzepte von Selbstentfaltung und sozialer Gerechtigkeit eingebettet ist, sondern getragen und geprägt wird von neoliberalen Grundorientierungen.

Gleichwohl sind einige Gewinne nicht von der Hand zu weisen. Die verschiedenen Gender Mandate bieten eine Grundlage für das Einfordern geschlechtergerechter Politiken. Vermeintlich »neutrale« Bereiche können geschlechteranalytisch aufgegriffen und hinterfragt werden. Der Top-down-Ansatz entlastet und legitimiert Frauenpolitik neu. Nicht zuletzt bietet Gender Mainstreaming Männern Raum für eine Rolle als Akteure in auch eigener Sache und eröffnet so neue Bündnisse und Koalitionen. Tatsächlich finden innovative Praktiken heute weltweit Eingang in Verwaltungen (z.B. Gender Budgets, also die geschlechterdifferenzierte Analyse öffentlicher Haushalte) und werden genderrelevante, handlungsbezogene Wissensbestände akkumuliert. Die Dynamik zu Thematisierung und Veränderung indes geht nach wie vor weitgehend von Frauen aus und die Genderthemen vorantreibenden innerinstitutionellen Einheiten sind an Ressourcen sehr ärmlich ausgestattet.

Die Debatte über den an Gender Mainstreaming heranzutragenden Anspruch verläuft indessen weiterhin zwischen den Polen Gleichstellungspolitik als Integration in bestehende gesellschaftliche Strukturen bzw. als Transformation von Politikorientierungen, und das in höchst unterschiedlichen Wertungen und inhaltlichen Mischformen.

Claudia von Braunmühl

Zum Weiterlesen

Braunmühl, Claudia von (2000): Gender Mainstreaming worldwide – Rekonstruktion einer Reise um die Welt, in: Globalisierungsmythen: Feministische Perspektiven, Österreichische Zeitschrift für Politikwissenschaft, 2001/2.

Longwe, Sara H. (1997): The evaporation of gender policies in the patriarchal cooking pot. In: Development and Patronage, Oxfam.

Meuser, Michael/Neusüss, Claudia (2004): Gender Mainstreaming. Konzepte – Handlungsfelder – Instrumente, Bonn: Bundeszentrale für politische Bildung.

Geschlechterverhältnisse

Von Anbeginn der Geschichte schaffen Menschen ihr eigenes Leben täglich neu. Das heißt, sie produzieren die Mittel zum Leben und neues Leben. Beide Prozesse sind zugleich natürlich und gesellschaftlich, beides sind Produktionsverhältnisse. Die Komplementarität bei der Fortpflanzung ist die natürliche Basis, auf der im historischen Prozess auch geformt wird, was als »natürlich« zu gelten hat. In dieser Weise wird die Ungleichheit zur Grundlage weiterer Überformungen und werden Geschlechterverhältnisse fundamentale Regelungsverhältnisse in allen Gesellschaftsformationen. Sie durchqueren bzw. sind wiederum zentral für Fragen von Arbeitsteilung, Herrschaft, Ausbeutung, Ideologie, Politik, Recht, Religion, Moral, Sexualität, Körper und Sinne, Sprache, ja, im Grunde kann kein Bereich sinnvoll analysiert werden, ohne die Weise, wie sich Geschlechterverhältnisse formieren und geformt werden, mit zu erforschen. Davon abzusehen gelingt nur, wenn man zugleich – wie dies in der Wissenschaftstradition üblich ist – davon ausgeht, dass es nur ein Geschlecht, das männliche Geschlecht gibt und alle Verhältnisse also als männliche abzubilden sind (oder aber ein Mythos von Geschlechtsneutralität entwickelt wird). Dagegen zu opponieren und mit der Erforschung der »vergessenen Frauen« als Nachtrag auch in den Wissenschaften zu beginnen, ist ein Verdienst des Feminismus der letzten drei Jahrzehnte des 20. Jahrhunderts.

Der Begriff Geschlechterverhältnisse ist selbst umkämpft. Im deutschen Feminismus ist der Singularbegriff eher gebräuchlich, bezieht sich aber fast immer nur auf die persönliche Beziehung von Männern und Frauen zueinander; er tut sich in der Folge schwer, eine unterstellte Festigkeit dessen, was Geschlechter sind, zu unterlaufen. Stattdessen gilt es, Begriffe so zu fassen, dass sie der Beweglichkeit und Veränderbarkeit des von ihnen Ergriffenen Rechnung tragen und dabei noch sich selbst mit zur Diskussion stellen. Unter dem Begriff Geschlechterverhältnisse sollen wie beim Begriff Produktionsverhältnisse Praxisverhältnisse der Geschlechter gefasst werden und dabei sowohl die Formierung der Akteure als auch die Reproduktion der Gesellschaft auf dieser Grundlage der Erkenntnis zugänglich werden. Kein festes Verhältnis also und keine natürlichen festen Akteure.

Im Laufe der Geschichte sieht man die Geschlechter durchaus verschieden in die Reproduktion der Gesellschaft eingespannt. So ging die Entwicklung des Fordismus und des entsprechenden Massenarbeiters mit der Einrichtung der Hausfrauenehe auch in der Arbeiterklasse einher, weil der »neue Menschentyp«, dessen Arbeitskraft restlos in der Fabrik verbraucht werden sollte, der häuslichen Absicherung und Versorgung, der Verwahrung der Kinder und der entsprechenden Moral (kein ausschweifender Sex) bedurfte. So kann → Arbeit mit Männern, Haus und Familie mit Frauen verbunden und von diesen Akteuren und Akteurinnen selbst getragen werden.

Der transnationale High-tech-Kapitalismus bringt diese Verteilung in den Geschlechterverhältnissen durcheinander. Der »männliche Ernährer« wird in die → Arbeitslosigkeit freigesetzt – keiner kann mehr mit einem lebenslangen Vollzeitarbeitsplatz rechnen; die weibliche Erwerbstätigkeit wächst, während gleichzeitig die Frauenarmut steigt; die → Feminisierung der Arbeit in den »Dritten Welten« nimmt zu – das gilt vor allem für junge Frauen in »Maquiladoras« und »Sweatshops«; die Feminisierung auch des symbolischen Raumes ist unübersehbar – nicht nur Nachrichtensprecherinnen und Talkshowmasterinnen, auch die Helden der Science-fiction-Filme sind zunehmend weiblich und kompetent; unter den Gewinnern der neoliberalen Globalisierung gibt es Frauen – die zumeist allerdings junge, schöne, kompetente Singles sein müssen – und insgesamt geht der Prozess mit zunehmender Verelendung der Masse der Frauen (und Kinder) einher. Dies wird sich fortsetzen, solange dieser Kapitalismus die Fragen der Reproduktion der Menschheit als randständig gegenüber dem Profitmachen ausgesondert hat. Eine Politik, die Geschlechterverhältnisse als Produktionsverhältnisse fasst, muss noch erfunden werden.

Frigga Haug

Zum Weiterlesen

Game, Ann/Pringle, Rosemary (1998): Gender at Work, Sydney.

Haug, Frigga (1998): »Gramsci und die Produktion des Begehrens«, in: Psychologie und Gesellschaftskritik, 18. Jg., Nr. 86/87, S. 75-91.

Haug, Frigga (2001): Stichwort Geschlechterverhältnisse, in: W.F. Haug (Hrsg.): Historisch-Kritisches Wörterbuch des Marxismus, B. 5, S. 493-531.

Hennessy, Rosemary (2000): »Frauen an der Grenze«, in: Argument 234, 42. Jg.

Wichterich, Christa (1998): Die globalisierte Frau. Berichte aus der Zukunft der Ungleichheit, Reinbek.

Global Cities

Das Konzept von Global Cities versucht, die sozio-ökonomischen Auswirkungen der globalen Strukturveränderungen auf die großen Städte zu erfassen und zu systematisieren. Global Cities unterscheiden sich sowohl von den zentralen Machtzentren der Weltreiche (den »Weltstädten« vom alten Rom bis London und Berlin) als auch von den in den Ländern des »globalen Südens« rasant wachsenden »Mega-Cities« (Mexico-City, Lagos oder Kairo).

→ Liberalisierung, → Deregulierung und die Kommunikationsrevolution haben seit Anfang der 1970er Jahre die Voraussetzungen für weltweite Verlagerung und Ausbreitung von Produktion und Vermarktung geschaffen. Die Fraktionierung kapitalistischer Produktionsweise auf eine Vielzahl von Standorten und Absatzmärkten ging einher mit ihrer gleichzeitigen globalen Integration. Erforderlich wird damit die Konzentration von Kontroll- und Managementkapazitäten in »strategischen Standorten weltweiter Wirtschaftskooperation« – den Global Cities, wie Saskia Sassen sie genannt hat. In erster Reihe werden dazu die Lenkungszentren New York, London und Tokio gezählt. Das Beispiel Shanghai, wo die Stadtverwaltung sehr gezielt und mit teils brachialen Methoden der Stadtplanung und der Politik die Voraussetzungen für den Aufstieg der Stadt zu ihrem heutigen globalen Status schuf, zeigt aber anschaulich, dass Global Cities nicht nur als Folge der Globalisierung, sondern auch als ihre Voraussetzung zu begreifen sind.

Für Global Cities ist jedoch nicht die Größe das entscheidende Kriterium – so gilt das Finanzzentrum Frankfurt und nicht etwa Berlin als die einzige deutsche Global City –, sondern die Einbindung in das Netzwerk der global operierenden Kapital-Expansion. Für die Global Cities werden diese Einbindung und die globale Verflechtung tendenziell wichtiger als ihre Integration in die jeweilige nationale Ökonomie. An die Stelle herkömmlicher industrieller Produktion treten hochproduktive, innovative und spezialisierte unternehmensorientierte Dienstleistungsfirmen, die ausgelagerte Management-, Koordinierungs- und Finanzierungsaufgaben für verschlankte Konzernleitungen übernehmen. Weniger profitable Dienstleistungen werden zunehmend informalisiert. MigrantInnen (vor allem Frauen) ermöglichen dabei durch ihre »unsichtbar gemachte« Arbeit (→ Feminisierung der Arbeit) die Privilegien hochqualifizierter Einheimischer, während ihnen selbst existenzielle Rechte verweigert werden (Aufenthaltsrechte, soziale Rechte und BürgerInnenrechte). »Weiche Standortfaktoren« wie Kulturpolitik zur Inszenierung der Städte sind zunehmend mit ausschlaggebend für die Attraktivität der Wachstumsbranchen und nicht selten wird der öffentliche Raum dadurch weiter kommerzialisiert und privatisiert.

Aufgrund der wachsenden Mobilität und der → Migration in die neuen Boom-Städte sind Global Cities gleichzeitig auch Orte der Transnationalisierung der Arbeit und der Herausbildung transnationaler Gemeinschaften und Identitäten (→ Hybride Kulturen). Kennzeichen der Global Cities ist auch eine wachsende sozio-ökonomische Ungleichheit und Polarisierung sowohl zwischen den einzelnen Städten als auch innerstädtisch zwischen hochbezahlten Dienstleistungs- und Management-Funktionen und informalisierten beziehungsweise nicht global eingebundenen städtischen Bereichen. Die im fordistischen Nationalstaat angestrebte »Gleichheit im Raum« mit einer relativ egalitären Einkommensverteilung in den traditionellen Industrie-Metropolen ist weitgehend aufgehoben. Neben hochkomfortablen, effizienten Stadtzonen finden sich in den Global Cities urbanistisch vernachlässigte Gebiete mit einem hohen ethnischen Konfliktpotenzial, die ohne nennenswerte städtische und staatliche Regulierung funktionieren.

Das Global Cities-Konzept lenkt die Aufmerksamkeit auf konkrete lokalräumliche Ausformungen der → Globalisierung und ihre Widersprüche und Konflikte unterhalb der Ebene des Weltmarkts. Damit rücken lokale Transformationsprozesse, die Neukonstruktion von Geschlechterverhältnissen, die Reorganisation städtischer Arbeitsmärkte und transnationale, oft illegalisierte Arbeitsmigration (→ Migration) ins Zentrum. Gleichzeitig bietet es die Grundlage für Überlegungen über neue Formen von »Citizenship« (Sassen) als die transterritoriale Verbindung sub-nationaler Räume, über neue Akteure (Herausbildung transnationaler Netzwerke der Arbeitsmigration) und die verschärften Konflikte mit dem lokal verorteten, transnationalen Kapital sowie über die Rolle städtischer Akteure und sozialer Auseinandersetzungen bei der Transformation zur Global City – ein zentraler Aspekt, den das Global Cities-Konzept anfangs weitgehend ausgeblendet hatte.

Uwe Hoering/Stefan Thimmel

Zum Weiterlesen

Global Cities (2002): Peripherie. Zeitschrift für Politik und Ökonomie in der Dritten Welt. Nr. 81/82, 21. Jahrgang, Frankfurt/M.

Sassen, Saskia (2001): The Global City, New York/London/Tokyo/Princeton (2. Auflage).

Sassen, Saskia (1994): Metropolen des Weltmarkts. Die neue Rolle der Global Cities, Frankfurt/M./New York.

Soja, Edward W. (1994): Postmoderne Urbanisierung, in: Fuchs, Gotthard/Moltmann, Bernhard/Prigge, Walter (Hrsg.): Mythos Metropole, Frankfurt/M., S. 143-165.

Global Governance

Während Government (Regierung) für den hierarchischen und zentralistischen Charakter staatlicher Politik steht, bezieht sich Governance auf dezentrale, netzwerkartige und horizontale Formen politischer Steuerung. Im Zuge der Herausbildung dieser Steuerungsformen sollen traditionelle Grenzziehungen zwischen Staat und Gesellschaft, Politik und Ökonomie überwunden und neue Mechanismen der Kooperation und des Interessenausgleichs ermöglicht werden.

Im Zusammenhang mit dem Begriff Global Governance, wie ihn die Commission on Global Governance der Vereinten Nationen definiert, werden vielfältige Probleme wie Armut, soziale Unsicherheit, Umweltzerstörung oder ökonomische Instabilität beschrieben. Diese globalen Probleme, so die Annahme, könnten von Nationalstaaten nicht mehr im Alleingang bearbeitet werden. Angesichts des Fehlens einer zentralen Ordnungsgewalt auf internationaler Ebene bedürfe es neuartiger Kooperationsformen, neuer formeller und informeller Regelwerke und der Verknüpfung lokaler, nationaler und internationaler Handlungs- und Entscheidungsebenen. Regierungen, → Nicht-Regierungs-Organisationen (NGOs), Gewerkschaften und privatwirtschaftliche Akteure, oft verbunden in globalen Politiknetzwerken, sollten ihre Interessen ausgleichen und bei der Gestaltung der Globalisierung mitwirken.

Zugleich stellt Global Governance in der Politik eine strategische Klammer dar für die Debatten über die Reformierung bestehender internationaler Organisationen oder die Gründung einer Weltumweltorganisation. Sie folgen dabei oft einem normativen und technokratischen Politikverständnis: Eine neue, nun globale Ordnungspolitik, ausgestattet mit den entsprechenden Institutionen, werde die Probleme schon effektiv bearbeiten. Zudem wird bei vielen Beiträgen zu Global Governance angenommen, dass mit dem Wissen westlicher (männlicher) Experten aus der »OECD-Welt« die globalen Probleme zu lösen seien. Gegenüber einem globalen Management spielt lokal verankertes Erfahrungswissen kaum eine Rolle.

Dieses Verständnis von Global Governance wird jedoch nicht allseits geteilt. Aus kritischer Perspektive wird erwidert, dass trotz erweiterter Partizipationsformen (→ Partizipation) Macht- und Herrschaftsverhältnisse sowie ökonomische (und durchaus widersprüchliche) Interessen weiterhin entscheidend sind für die konkrete Gestaltung der → Globalisierung. Die nationale wie internationale Politik wird wesentlich von einer sich verschärfenden Konkurrenz auf dem Weltmarkt bestimmt, in dem der Nationalstaat nach wie vor eine zentrale Rolle spielt. Politisches Handeln, das sich → Deregulierung und → Privatisierung zum Ziel setzt, hat demnach ein größeres Durchsetzungsvermögen als eines, das sich gegen ungezügeltes → Wachstum wendet und eine sozial gerechte Welt anstrebt, oder das sich an ökologischen Kriterien orientiert (→ Natur).

In der Wissenschaft entwickelt sich Global Governance zu einem eigenen Forschungsfeld, in dem neue Phänomene der Globalisierung in den Blick genommen werden. Dazu gehört, dass die Gleichsetzung von internationaler Politik mit den Beziehungen souveräner Staaten aufgelöst wird und andere, auch nicht-staatliche Akteure in den Blick geraten. Dazu gehört auch, dass neue Steuerungsformen, der Mehrebenencharakter der Globalisierung oder die auftretenden Widersprüchlichkeiten einer Mehrebenenpolitik erforscht werden.

Global Governance lässt sich aber auch als Teil einer historisch-politischen Konjunktur deuten, in der die Kritik am → Neoliberalismus zum Auslöser seiner Restrukturierung geworden ist. Offenbar können sich neoliberale Strategien und Zielsetzungen unter neuem Label (dem sozialdemokratischen »Dritten Weg« oder der »Neuen Mitte«) durchsetzen. Das bedeutet gerade nicht, dass alles beim Alten bleibt. Vielmehr könnte der Rekurs auf Global Governance eine Verschiebung innerhalb der neoliberalen Regierungstechniken signalisieren, die mit dem Glauben bricht, dass Markt- und Konkurrenzkräfte mit »unsichtbarer Hand« das allgemeine Wohl befördern. Es muss sich aber erst noch zeigen, ob die politische Umsetzung von Global Governance mit der neoliberalen Politik von Wettbewerb (→ Wettbewerbsstaat), Wachstum und Marktfetischismus bricht oder zu einer neuen Legitimationsgrundlage des Neoliberalismus wird.

Ulrich Brand/Achim Brunnengräber

Zum Weiterlesen

Brand, Ulrich/Brunnengräber, Achim/Schrader, Lutz/Stock, Christian/Wahl, Peter (2000): Global Governance. Alternative zur neoliberalen Globalisierung? Münster.

Behrens, Maria (Hrsg.) (2005): Globalisierung als politische Herausforderung. Global Governance zwischen Utopie und Realität, Wiesbaden.

CGG – Commission on Global Governance/Kommission für Weltordnungspolitik (1996): Nachbarn in einer Welt, hrsg. von der Stiftung Entwicklung und Frieden, Bonn

Czempiel, Ernst-Otto/Rosenau, James N. (Hrsg.) (1992): Governance without Government: Order and Change in World Politics, Cambridge.

Ruppert, Uta (2000): Global Governance: Das Ende der Illusionen oder ein neues Ideal internationaler Frauenpolitik? In: Holland-Cunz, Barbara/Ruppert, Uta (Hrsg.), Frauenpolitische Chancen globaler Politik, S. 45-66.

Globale Öffentliche Güter

Das Konzept der Globalen Öffentlichen Güter (Global Public Goods – GPGs) ist seit Ende der 1990er Jahre Thema in der internationalen Umwelt- und Entwicklungspolitik. Auslöser war das von MitarbeiterInnen des Entwicklungsprogramms der Vereinten Nationen (UNDP) herausgegebene Buch »Global Public Goods. International Cooperation in the 21st Century«. GPGs sind nach ihrer Definition solche Güter, deren Nutzen über Landesgrenzen und Regionen, Bevölkerungsgruppen und Generationen hinaus reicht. Unter diese breite Definition fallen die klassischen Güter Frieden und Sicherheit ebenso wie eine intakte Umwelt, Gesundheit, das kulturelle Erbe, aber auch stabile Finanzmärkte, Wissen und Information.

Der GPG-Ansatz ist umstritten. Die einen sehen in dem Konzept eine theoretische Neubegründung multilateraler Zusammenarbeit und ein Gegenmodell zu neoliberalen Privatisierungsstrategien. Indem es sich traditioneller ökonomischer Begrifflichkeiten bediene, sei es dabei an den Diskurs der tonangebenden Kräfte von Weltbank bis Wallstreet anschlussfähig. Andere fürchten gerade deswegen, das Konzept führe zu einer weiteren »Ökonomisierung des Denkens«, indem es politische Ziele und gesellschaftliche Werte (Frieden, Gerechtigkeit, Artenvielfalt etc.) zu wirtschaftlichen Gütern degradiere.

Die Idee des öffentlichen Gutes ist keineswegs neu. Ein traditionelles Beispiel ist das Weideland im kollektiven Besitz, die so genannte Allmende. Mitte des 20. Jahrhunderts hat der Wirschaftsnobelpreisträger Paul Anthony Samuelson den Begriff konkretisiert. Nach seiner Definition haben öffentliche Güter zwei besondere Eigenschaften: 1.) Das Gut kann von beliebig vielen Personen konsumiert werden, ohne dass diese sich gegenseitig im Konsum einschränken (»Nicht-Rivalität«); und 2.) Niemand kann vom Konsum des Gutes ausgeschlossen werden (»Nicht-Ausschließbarkeit«). Ein klassisches Beispiel ist der Leuchtturm. Sein Licht kann von beliebig vielen Schiffen genutzt werden, ohne dass der Nutzen des Einzelnen dadurch eingeschränkt wird. Das Licht weist allen Schiffen gleichermaßen den Weg, ein Ausschluss ist nicht möglich. Gerade deswegen ist es für den Einzelnen ökonomisch nicht rational, ihn zu bauen. Trittbrettfahren würde sich vermeintlich lohnen. Die Folge: Der Leuchtturm wird überhaupt nicht gebaut. Da die »unsichtbare Hand« des Marktes in diesem Fall versagt, muss das Gut durch die »öffentliche Hand« des Staates bereitgestellt werden.

Mit dem Konzept der GPGs wird diese Logik von der nationalen auf die internationale Ebene übertragen. Demnach versagen die Märkte auch bei der ausreichenden Bereitstellung. Die weltweiten ökologischen, sozialen und ökonomischen Krisen werden als Unterversorgung mit diesen Gütern begriffen. Ähnlich wie auf nationaler Ebene das Marktversagen als Legitimation für staatliches Handeln dient, ist angesichts globalen Marktversagens eine verstärkte zwischenstaatliche Kooperation notwendig.

Die neueren GPG-Ansätze – insbesondere von UNDP – gehen aber noch einen weiteren Schritt über die konventionelle ökonomische Theorie hinaus, indem sie den Aspekt der Öffentlichkeit dieser Güter besonders betonen. Für die neuen Ansätze ist Öffentlichkeit eines Gutes keine rein technische Frage, sondern eine eminent politische. Ob ein Gut öffentlich oder privat ist, entscheidet danach nicht das Lehrbuch, sondern die Öffentlichkeit. Diese Entscheidung kann sich im Laufe der gesellschaftlichen Entwicklung ändern. Während z.B. die schulische Bildung in vergangenen Jahrhunderten ein privates Gut war, ist sie in modernen Gesellschaften als öffentliches Gut anerkannt. Die Definition öffentlicher Güter ist also Ergebnis gesellschaftlicher Kämpfe und demokratischer Entscheidungsprozesse.

Auf globaler Ebene existieren aber die demokratischen Entscheidungsstrukturen einer globalen Öffentlichkeit als Pendant zum globalen Markt allenfalls in Ansätzen. Wir haben es quasi mit strukturellem Staatsversagen auf globaler Ebene zu tun. Gefordert werden daher sowohl demokratische Institutionen als auch neue Finanzierungsinstrumente (z.B. globale Steuern), um GPGs in ausreichendem Umfang bereitzustellen. Ob dies gelingt, und welche Definition von GPGs sich durchsetzen wird, ist ungewiss. In jedem Fall bietet das GPG-Konzept Anlass für eine grundsätzliche Auseinandersetzung über die Öffentlichkeit und Privatheit globaler Güter und Entscheidungsprozesse – und damit auch für eine Neubewertung der Rollenverteilung zwischen Markt und Staat im Globalisierungsprozess.

Jens Martens

Zum Weiterlesen

Brunnengräber, Achim (Hrsg.) (2003): Globale öffentliche Güter unter Privatisierungsdruck. Festschrift für Prof. Dr. Elmar Altvater, Münster.

Kaul, Inge et al. (Hrsg.) (2003): Providing Global Public Goods. Managing Globalization, New York.

Kaul, Inge u.a. (Hrsg.) (1999): Global Public Goods. International cooperation in the 21st century, New York.

Martens, Jens/Hain, Roland (2002): Globale Öffentliche Güter. Zukunftskonzept für die internationale Zusammenarbeit, Berlin.

Globalisierung

Die Globalisierung gehört seit Anbeginn zur sozialen und ökonomischen Logik der kapitalistischen Produktionsweise. Sie kann am besten als Kompression von Raum und Zeit zum Zwecke der global umfassenden Inwertsetzung umschrieben werden. Die Expansion des Weltmarkts ist die räumliche Dimension von Kapitalakkumulation. Die Ökonomie wird aus den raum-zeitlichen Koordinaten der → Natur und der Gesellschaft »entbettet«. Sie wird auch aus den Bindungen politischer Regeln und Gesetze herausgelöst und herrscht über Gesellschaft und Politik. Möglich werden Beschleunigung in der Zeit und Expansion im Raum durch neue Technologien und den Einsatz der fossilen Energieträger, vor allem des Öls.

Doch erst seit dem Zusammenbruch des real-sozialistischen Lagers macht das Wort Globalisierung Karriere. Denn nun schien es, als sei mit dem Sieg des Kapitalismus das Ende der Geschichte erreicht. Diese Botschaft machte sich der → Neoliberalismus zu Eigen. Er verlangte und bekam den Abbau politischer Regulierungen, die → Liberalisierung der Märkte, die → Privatisierung öffentlicher Güter und Unternehmen, die → Flexibilisierung und Mobilisierung der Produktionsfaktoren. Zölle wurden weiter gesenkt, Industrienormen vereinheitlicht, gemeinsame Kriterien der »governance« entwickelt, global gültige Standards beim → Rating von Schuldnern aufgestellt, globale Rechtsnormen etabliert, es bildete sich eine globale »lingua franca« heraus, gesprochen von einer globalen Bourgeoisie. Die Grenzen des Lebendigen werden »lebenswissenschaftlich« durch Nano- und Biotechnologien überschritten. Globalisierung wäre daher missverstanden, würde man darunter nur die Globalisierung der Makroräume verstehen; die Mikro- und Nanowelten werden ebenfalls in Wert gesetzt.

Anders als Kolonialismus oder »alter« Imperialismus geht es in Zeiten der Globalisierung nicht um die Eroberung von Territorien, sondern um die Beseitigung aller äußeren Grenzen für die Expansion des Kapitals. In freier Wettbewerbsordnung können sich die stärksten ökonomischen Akteure durchsetzen, die transnationalen Konzerne. Sie benötigen dazu nicht mehr den Staat, der das Territorium sichert. Marktderegulierung, Handelsliberalisierung, Privatisierung von öffentlichen Gütern – dies alles wird von den internationalen Organisationen ebenso wie von den meisten Regierungen, vom wissenschaftlichen Sachverstand der »Think tanks« und von den Medien zum Prinzip erhoben und durchgesetzt: auf den Gütermärkten durch die Welthandelsorganisation (→ WTO), auf den Kapitalmärkten durch den Internationalen Währungsfonds (→ Bretton-Woods-Institutionen) oder die Bank für internationalen Zahlungsausgleich, auf den Arbeitsmärkten durch nationalstaatliche Regierungen, die internationalen Empfehlungen zur → Flexibilisierung des Arbeitsmarktes folgen. Es wird also ein globaler Raum des Wettbewerbs geschaffen. Davon versprechen sich die neoliberalen Befürworter der globalen Marktgesellschaft höhere Effizienz der Wirtschaft und mit ihr eine Steigerung des »Wohlstands der Nationen«. Anders als der Rückgriff auf Ricardos »Theorem der komparativen Kostenvorteile« suggeriert, ist der Welthandel kein Positivsummenspiel in allen Zeiten und Situationen. Spezialisierung kann sich nicht nur als eine Entwicklungsfalle herausstellen, Spezialisierung durch globalen Freihandel hat auch das Transportaufkommen enorm gesteigert. Ohne fossile Energieträger und die Revolution der Transport- und Kommunikationstechnik und ohne die → Deregulierung der Arbeitsbeziehungen in der globalen Transportindustrie wäre die Globalisierung des → Freihandels gar nicht möglich gewesen; dies allerdings zu hohen sozialen und ökologischen Kosten mit irreparablen Schäden an → Natur und Gesellschaften.

Die am meisten deregulierten und liberalisierten Märkte sind inzwischen die → Finanzmärkte. Ihre Dynamik übertrifft quantitativ die Entwicklung von Produktion und Handel bei weitem. Die globale Konkurrenz von Finanzplätzen hat eine Hebung der Renditen zur Folge. Diese drücken auf die reale Ökonomie, deren Erträge nicht ausreichen, um finanzielle Forderungen zu erfüllen. Finanzkrisen, wie sie in den vergangenen beiden Jahrzehnte die Globalisierung kennzeichneten, sind die Folge. Die Krisenhaftigkeit der Finanzmärkte hat Forderungen nach Regulation der Finanzströme, etwa durch eine Devisentransaktionssteuer (→ Tobin-Steuer), provoziert.

Die Krisen der Globalisierung bleiben jedoch nicht auf die Finanzmärkte beschränkt. Sie erfassen auch die Arbeitsmärkte. Arbeitsplätze werden abgebaut, die → Arbeitslosigkeit steigt weltweit auf Hunderte von Millionen Menschen, der informelle Sektor, in dem vor allem Frauen beschäftigt sind, expandiert. Diese Funktionsweise des Weltmarkts begünstigt die »Haves« und benachteiligt die »Have nots«.

Elmar Altvater

Zum Weiterlesen

Altvater, Elmar/Mahnkopf, Birgit (2002, 4. Aufl.): Grenzen der Globalisierung. Ökonomie, Politik, Ökologie in der Weltgesellschaft, Münster.

Deutscher Bundestag (Hrsg.) (2002): Schlussbericht der Enquete-Kommission Globalisierung der Weltwirtschaft, Opladen.

Harvey, David (2005): Der neue Imperialismus, Hamburg.

Glokalisierung

Die Wortschöpfung »glocal« wurde zunächst dem japanischen »dochakuka« nachempfunden, das vor allem auf die lokale Anpassung einer globalen Perspektive abhebt. Während der 1980er Jahre wurden damit hauptsächlich Marketing-Strategien bezeichnet, die globale Produkte auf lokale Märkte zuschnitten – man kann dabei etwa an die Variationen des Big Mac in Ostasien denken.

Roland Robertson hat das »Marketing-Modewort« dann 1992 zu einem Begriff umgebaut, der helfen soll, die komplexen Beziehungen einer Weltgesellschaft und Weltkultur zu erfassen, die nicht erst seit der neuesten Globalisierungswelle gekennzeichnet ist durch »Gleichzeitigkeit und wechselseitige Durchdringung dessen, was traditionellerweise als das Globale und das Lokale oder ... als das Universelle und das Partikulare bezeichnet wurde«. Robertson versteht zugleich z.B. die Adaptierung der Grundstrukturen des modernen Nationalstaates als Ausdruck erfolgreicher »Glokalisierungsstrategien« im Verlauf früherer Globalisierungsschübe im 19. und zu Beginn des 20. Jahrhunderts. Hier verweist das Konzept auf ernste Probleme, die damit zusammenhängen, dass in den Auseinandersetzungen mit den Chancen und Zumutungen eines expandierenden und dichter werdenden Weltzusammenhangs zugleich lokal definierte Identitäten verstärkt geltend gemacht, neu bestimmt oder überhaupt erst erfunden werden. Das Spektrum solcher Gefahren reicht von der Dynamik expansiver »später« Nationalstaaten wie Japan oder auch Deutschland bis hin zu den oft als »ethnonationalistisch« bezeichneten Mobilisierungen der Gegenwart.

Auch die vielerlei Formen des Widerstandes gegen die Folgen neoliberaler → Globalisierung beziehen ihre Motivation aus dem Spannungsverhältnis zwischen globalen Prozessen und ihren lokal erfahrbaren, in erster Linie auch in lokalen Zusammenhängen wahrgenommenen Auswirkungen. Robertson verweist hierzu auf eine »Ideologie der Heimat«, Manuel Castells unterscheidet zwischen dem »Raum der Ströme« einerseits und dem »Raum der Orte« andererseits: Der Raum der Ströme ist demnach ortlos. Er funktioniert nach dem Prinzip der weltumspannenden globalen Kommunikation in Echtzeit und bietet etwa an internationalen Flughäfen und den angeschlossenen Hotelketten, in Großbanken oder Konzernzentralen auf der ganzen Welt das gleiche Erscheinungsbild. Zwar konzentriert sich hier die Macht eines völlig anonym gewordenen Kapitals, doch die meisten Menschen leben nach wie vor an konkreten Orten. Dort haben sie in sehr unterschiedlichem Maße

Möglichkeiten des Miteinanders, der Selbstverwirklichung oder schlicht des Überlebens. Auf diese Orte richten sich auch starke Emotionen. Die Gefährdung solcher Orte durch Eingriffe wie anonyme Planung, Umweltzerstörung oder durch Globalisierung legitimierte Standortpolitik (→ Standort, → Standortwettbewerb) wird daher als existenzielle Gefährdung erfahren und trägt somit viel zur Ausbildung von Protest- und Widerstandspotenzialen bei. Deren Inhalte und Richtungen ebenso wie ihre Ausdrucksformen sind zunächst einmal unbestimmt. Sie reichen von der Berufung auf eine oft fragwürdig begründete »Tradition« in Form von ethnischen, aber auch fundamentalistischen Bewegungen bis zur nachdrücklichen Infragestellung bestehender Lebensformen und Machtverhältnisse etwa durch manche lokal verankerten Umweltbewegungen. Beides kann Ausfluss von Erfahrungen bei der Verteidigung lokaler Lebensbedingungen und Lebensformen sein.

In jedem Fall sind solche Prozesse, die das Globale und Lokale neu vermitteln, immer Gegenstand einander widerstreitender Definitionsversuche auf allen damit angesprochenen Ebenen – sie reichen von lokal begrenzten Einsprüchen gegen Autobahnbau oder der Verteidigung eines Stadtviertels gegen die Zumutungen modernisierender Raumplanung und Inwertsetzung bis zur lokal begründeten, auf eine globale → Zivilgesellschaft aktiv bezogenen Kommunikationsstrategie, wie sie die Zapatisten vom Lakandonischen Regenwald in Mexiko aus aufgezogen haben. Die konkreten Formen solcher »glokaler« Bewegungen wie ihre Etappen und Ergebnisse, ihre → Solidarität untereinander sind unvermeidlich Gegenstand und Ausfluss lokaler Aushandlungen und Auseinandersetzungen. Zugleich ist die Anstrengung globaler Vernetzung (→ Netzwerke) gefordert, sollen → Soziale Bewegungen über den lokalen Zusammenhang hinaus handlungsfähig werden. Soll dies gelingen, so erfordert es die Bereitschaft, nicht nur das Fremde gelten zu lassen und zu verstehen, sondern auch das neu zu befragen, was man für das Eigene hält. Die Chance, dass solche Bewegungen dort ankommen, »wo noch niemand war« und was Ernst Bloch »Heimat« nannte, ist daher unbestimmt.

Reinhart Kößler

Zum Weiterlesen

Castells, Manuel (2001): Das Informationszeitalter. Bd. 1: Der Aufstieg der Netzwerkgesellschaft. Kap. 6, Opladen.

Castells, Manuel (2002): Das Informationszeitalter. Bd. 2: Die Macht der Identität. Kap. 1 und 2, Opladen.

Robertson, Roland (1998): Glokalisierung, Homogenität und Heterogenität in Raum und Zeit, in: Ulrich Beck (Hrsg.), Perspektiven der Weltgesellschaft, Frankfurt/M., S. 192-217.

Grundeinkommen

Die Idee eines Grundeinkommens hat verschiedene, teils sehr alte historische Wurzeln. Alle versuchen in Umbruchsituationen der gesellschaftlichen → Regulierung eine Antwort auf soziale Entwurzelung und manchmal lebensbedrohliche → Armut zu geben.

Ende des 19. Jahrhunderts werden Grundeinkommen und → Arbeit in eine Beziehung gesetzt, indem auf die Fähigkeit einer Gesellschaft hingewiesen wird, Reichtum schneller zu erzeugen, als der durchschnittliche Wohlstand ihrer Mitglieder wächst. Zu der so entstandenen Perspektive auf Umverteilung kommt Mitte des 20. Jahrhunderts die Idee eines angeborenen, unbedingten Menschenrechts auf Teilhabe am gesellschaftlichen Leben dazu.

Im Spannungsfeld dieser drei Elemente – Befreiung von Elend und Armut, Befreiung von (kapitalistischer) Lohnarbeit und Befreiung zur (bürgerschaftlichen) Freiheit – haben sich in der Debatte heute im Wesentlichen zwei Hauptlinien herausgebildet.

Die eine sucht eine Mindestabsicherung, manchmal in nicht oder nur teilweise monetärer Form (Grundsicherung, klassische Sozialhilfe, auch staatliche Lohnsubvention). In dieser Variante wird zur Umsetzung meist eine »negative Einkommensteuer« (in Deutschland oft »Bürgergeld« genannt) vorgeschlagen. Dabei würde die Steuerschuld um einen Negativbereich erweitert, d.h. bis zu einer zu definierenden Obergrenze würde bei Fehlen anderer Einkommen »Steuer« (→ Steuern) nicht vom, sondern an den Veranlagten gezahlt. Ziel dieser Modelle ist Armutsverhinderung.

Die andere Variante spricht programmatisch von »bedingungslosem Grundeinkommen«. Dieses müsste einen individuellen Rechtsanspruch konstituieren (also nicht mit Familien- oder anderen Bedarfsgemeinschaften verrechnet werden), dürfte nicht an Arbeitszwang oder sonstige Bedingungen gekoppelt sein (auch nicht an andere Einkommen, sind diese hoch, erfolgt eine Verrechnung über das Steuersystem), müsste jeder Person gezahlt werden (unabhängig z.B. auch von ihrem Aufenthaltsstatus) und müsste in der Höhe ausreichend sein, um ein Leben als vollwertiges Mitglied der Gesellschaft zu ermöglichen. Manche Vorschläge umfassen auch eine Verpflichtung zu irgendeiner gesellschaftlich anerkannten Tätigkeit oder ein Recht auf Arbeit.

Grundeinkommen gilt vielen heute als mögliche Antwort auf die globalisierungsbedingte weltweite → Prekarisierung: Wenn die Armen nicht über Arbeit und Markt anerkannter Teil der Gesellschaft werden können, dann sollte ihnen Teilhabe unmittelbar ermöglicht werden. Die Idee wird von höchst unterschiedlichen Akteuren vertreten. Liberale verschiedenster Richtungen gehören ebenso dazu wie zahlreiche Wissenschaftler, aber auch einzelne Unternehmer. Für ein bedingungsloses Grundeinkommen haben sich in Deutschland und Österreich → Netzwerke gebildet, in denen neben Individuen vor allem Erwerbsloseninitiativen, Globalisierungskritiker wie Attac und viele kirchliche Gruppen aktiv sind. Auch einzelne unmittelbar politische Akteure gehören dazu. Weltweit existiert ein Netz vor allem von (oft wissenschaftlich orientierten) Einzelpersonen, das »Basic Income Earth Network«.

Die zunehmende Einsicht, dass Erwerbsarbeit nicht mehr vor Armut schützt, wird die Debatte um das Grundeinkommen aktuell halten. Dabei kommt es für ihre emanzipatorische Qualität entscheidend darauf an, dass sie nicht auf bloße Armutsreduktion beschränkt bleibt. Vielmehr hat Attac das Thema genutzt, um eine Auseinandersetzung mit der liberalen Auffassung von Ökonomie als Verwaltung des Mangels zu führen und gegen die Ideologie der Knappheit einen Diskurs der Fülle zu setzen. Ein solcher Ansatz ist nicht auf bloße monetäre Verteilung orientiert, sondern nimmt den materiellen Reichtum von seiner stofflichen Seite in den Blick. Zentrales Motiv ist dabei die Perspektive auf Tätigsein in Freiheit ohne kapitalistische Zwangs-/Lohnarbeit und damit auf eine völlig neue Form der Vergesellschaftung.

Werner Rätz

Zum Weiterlesen

Blaschke, Ronald (2004): Garantiertes Grundeinkommen. Entwürfe und Begründungen aus den letzten 20 Jahren, Frage- und Problemstellungen, Dresden.

Engler, Wolfgang (2005): Bürger, ohne Arbeit. Für eine radikale Neugestaltung der Gesellschaft, Berlin.

Opielka, Michael/Vobruba, Georg (1986): Das garantierte Grundeinkommen. Entwicklung und Perspektiven einer Forderung, Frankfurt/M.

Rätz, Werner (2004): Es ist wirklich genug für alle da, in: Gerntke, Axel/Rätz, Werner/Schäfer, Claus (Hrsg.): Einkommen zum Auskommen. Von bedingungslosem Grundeinkommen, gesetzlichen Mindestlöhnen und anderen Verteilungsfragen, Hamburg, S. 83-93.

Rätz, Werner/Paternoga, Dagmar/Steinbach, Werner (2005): Grundeinkommen: bedingungslos. AttacBasisTexte 17, Hamburg.

Hedge-Fonds

Ein Hedge-Fonds sammelt Geldanlagen, die hauptsächlich in Derivate investiert werden. Hedging bedeutet ursprünglich »absichern«. Jedes multinational agierende Kapital ist damit konfrontiert, dass Preise – vor allem durch Währungsschwankungen – unkalkulierbar werden. Die Finanzkapitale stellen gegen Geld hierfür eine entsprechende »Versicherung« zur Verfügung.

Die Grundform dieser Absicherung besteht in Termingeschäften. Weiß ein Unternehmen, dass es zu einem bestimmten Termin einen Handelsartikel benötigt – das können Schweinehälften, Währungen oder auch Aktien sein – oder selbst veräußern will, kann es heute schon einen Verkäufer bzw. Käufer suchen und mit ihm einen festen Preis vereinbaren. Das Unternehmen tritt dann als »Hedger« auf, der ein Risiko absichern möchte und deshalb ein solches Termingeschäft mit einem »Trader« eingeht. Der Trader spekuliert darauf, dass zum vereinbarten Zeitpunkt die gewünschten Waren günstiger zu beschaffen sind als zu dem ausgehandelten Preis. In diesem Fall verdient er an der Preisdifferenz sowie an der Gebühr, die er sich für das Hedging bezahlen lässt. Umgekehrt besteht sein Risiko darin, dass der Fall eintritt, gegen den der Hedger sich absichern wollte. Gerade dann, wenn die Absicherung in Anspruch genommen wird, hat sich der Trader also verspekuliert.

Solche Termingeschäfte werden schriftlich fixiert und die Kaufverträge werden selber als Finanzderivate zum Handelsobjekt: Das sind in der Regel Futures oder Optionen, die einen bestimmten Preis für ein zukünftiges Geschäft zusichern. Mit diesen Derivaten lässt sich selber wieder spekulieren, da sie ihren Wert verändern. Eine Option, die z.B. einen günstigen Dollarkurs zusichert, wird im Laufe ihrer Laufzeit teurer werden, wenn der Dollar beständig steigt. Umgekehrt verliert diese Option ihren Wert, wenn der Dollar fällt. Diese Spekulation, die sich auf die Spekulation mit den Termingeschäften noch draufsattelt, ist das Geschäft der Hedge-Fonds. Sie sammeln das Geld von Anlegern (meistens Banken) und versuchen, es durch den »geschickten« Kauf und »rechtzeitigen« Verkauf von Derivaten zu vermehren.

Die ursprüngliche Funktion des Absicherns tritt dabei völlig in den Hintergrund. Die Derivate werden sogar meist nur ausgestellt, um mit ihnen zu spekulieren. Denn normalerweise muss der Terminhandel, der als Basisgeschäft vereinbart wurde, nach Ablauf der vereinbarten Zeit überhaupt nicht stattfinden, sondern es muss bloß die Differenz zwischen vereinbartem und aktuellem Preis beglichen werden (Short-Selling). Mit Derivaten lässt sich also ganz unabhängig vom aktuellen Stand der Geschäfte Geld verdienen – und verlieren. Nicht nur deshalb gelten Hedge-Fonds als »innovative« Anlageform. Beliebt ist die Spekulation mit Derivaten auch wegen ihrer »Hebelwirkung« (Leverage): Da beim Kauf von Derivaten nur das Risiko der Kursveränderung bezahlt wird, nicht aber die im Basisgeschäft angegebene Summe, lässt sich das Ausmaß des Geschäfts potenzieren. Kostet eine Option, Dollar in einem halben Jahr zum heutigen Kurs kaufen zu können, z.B. pro Dollar 0,05 Euro, dann ist es für den Spekulanten so, als hätte er mit jedem Euro 20 Dollar in Bewegung gesetzt. So können Hedge-Fonds selbst durch kleinste Kursveränderungen an enorme Gewinne kommen – oder aber gewaltige Summen einfach verlieren. Würde der Dollarkurs im obigen Beispiel fallen, wären die Optionen völlig wertlos. Dann hätte allerdings ein anderer Spekulant sein Geschäft gemacht, der die Optionen rechtzeitig losgeworden ist.

Dass die Spekulation der Hedge-Fonds ein »Nullsummenspiel« ist, heißt jedoch nicht, sie hätte keine Auswirkungen auf die Geschäftswelt. Wenn ein Hedge-Fonds Gewinne macht, vergrößert er damit das Kapital seiner Anleger. Dies sind meistens Banken, deren Kapital als Kredit in die Geschäftswelt fließt. Umgekehrt müssen die Anleger eines Hedge-Fonds auch für die Verluste gerade stehen. Dann verringert sich das Kapital der Banken und die Geschäftswelt kommt nicht mehr oder nur noch teurer an Kredit, was ein Unternehmen durchaus ruinieren kann.

Simon Hegelich

Zum Weiterlesen

Gegenstandpunkt 2/95: Geschäfte mit Optionen und Futures, Spekulation auf die Spekulation. Website: http://www.gegenstandpunkt.com/gs/95/2/gs952024.htm

Marx, Karl (1972): Das Kapital. Kritik der politischen Ökonomie, Dritter Band, Der Gesamtprozeß der kapitalistischen Produktion, in: Marx, Karl/Engels, Friedrich: Marx-Engels-Werke (MEW) Band 25, Berlin.

Young, Brigitte/Hegelich, Simon (2003): Shareholder Kapitalismus und das Casino Spiel an den Aktienbörsen, in: Österreichische Zeitschrift für Politikwissenschaft (ÖZP) 1, S. 98-108.

Hegemonie

Bei Betrachtung des Hegemoniebegriffs gerät in den Blick, dass gesellschaftliche Entwicklungen nicht nur »von oben« hergestellt werden. Es kann begriffen werden, warum viele Menschen Macht und → Herrschaft akzeptieren und wie die herrschenden Kräfte in der Lage sind, ihre Interessen zu solchen der gesamten Gesellschaft zu machen. Hegemonie beleuchtet also die Konsens-Dimensionen von Herrschaft. Damit einher geht ein anderes Verständnis der neoliberalen → Globalisierung.

So charakterisiert der italienische Theoretiker Antonio Gramsci (1891-1937) moderne Herrschaft als eine, die in komplexen Prozessen politisch, ökonomisch und kulturell hergestellt wird. Die herrschenden Gruppen und Klassen sind deshalb herrschend und führend, weil sie in der Lage sind, Projekte auszuarbeiten, die von den Beherrschten passiv akzeptiert oder gar aktiv gewollt werden.

Hegemonie wird also nicht nur in und durch private Unternehmen und durch den Staat hergestellt. Ein weiterer gesellschaftlicher »Ort« der Kämpfe um Hegemonie ist nach Gramsci die → Zivilgesellschaft: Hier werden über Medien und Intellektuelle, Schule und Hochschule, Verbände u.a. die Verhältnisse und ihre herrschaftsförmige Veränderung plausibel gemacht. Zustimmung findet nicht nur zu politischen Verhältnissen (Staat, Parteien, Öffentlichkeit) statt, sondern wird zu einer umfassenden und alltäglichen Praxis in Betrieb, Schule oder Familie. Es ergibt sich zudem eine von den Subjekten breit geteilte »Normalisierung«. Die Zivilgesellschaft ist nicht der Ort des Guten und schon gar nicht frei von Herrschaft, wie es in liberalen Ansätzen behauptet wird, die den Staat und die Zivilgesellschaft gegenüberstellen.

Konsens als Teil von Hegemonie ist Ausdruck sozialer Kämpfe und den Herrschenden abgerungener sozialer Kompromisse. Diese institutionalisieren sich etwa in rechtlichen Bestimmungen, staatlichen Politiken, Tarifverträgen oder weitgehend geteilten politischen wie Alltagsorientierungen. Gleichwohl bleiben neben Führung und Konsens repressive Dimensionen wie Zwang und Gewalt wichtig.

Heutzutage wird insbesondere der → Standortwettbewerb alltäglich »gelebt«, Ansprüche auf sozialen Ausgleich und Gerechtigkeit werden als nicht finanzierbar oder irrational abgewiesen. Das gegenwärtige neoliberale und neoimperiale Modell ist in der Tat eines, das zentral über Unternehmen, Medien, Denkfabriken, Intellektuelle etc. durchgesetzt und von vielen Menschen befürwortet oder zumindest als alternativlos hingenommen wird. In

Ländern des globalen Südens ist dies schwieriger zu realisieren, weshalb über die Auslandsverschuldung oder offen militärisch Zwang ausgeübt wird.

In den letzten Jahren ist ein an Gramsci angelehntes Verständnis von Hegemonie für die Analyse internationaler Verhältnisse fruchtbar gemacht worden. Es geht nicht um die Herrschaft der USA, des Finanzkapitals oder der Welthandelsorganisation (→ WTO). Regierungen, Klassen und internationale Organisationen nehmen natürlich eine wichtige Position ein. Dennoch gerät in den Blick, dass und warum sich die politischen, ökonomischen und kulturellen Formen internationaler Herrschaft alltäglich in den Köpfen von Menschen und in Institutionen reproduzieren.

Was bringt der Hegemonie-Begriff für die Entwicklung globalisierungskritischer Strategien? Emanzipative soziale Auseinandersetzungen können sich daher nicht auf den Staatsapparat beschränken, sondern müssen auch die Kräfteverhältnisse in der Zivilgesellschaft und im Bereich privatkapitalistischer Produktion verändern. Wichtig sind gesellschaftliche Vorstellungen darüber, wie demokratische und freie, friedliche und nachhaltige Verhältnisse geschaffen werden können. Der Humus einer besseren Gesellschaft muss innerhalb der kritischen Teile der Zivilgesellschaft entstehen: über alternative ökonomische, politische und kulturelle Praxen sowie über kritische Individuen. Regierungen, Parteien und Unternehmen sollen nicht aus der Verantwortung gelassen werden. Ihnen alleine aber sollte keine Kraft zu emanzipativen Veränderungen überantwortet werden. Wenn jedoch die neoliberale Hegemonie immer stärker über internationale ökonomische, politische und kulturelle Prozesse hergestellt wird – ohne dass der Nationalstaat unwichtig werden würde –, dann müssen sich Gegenkräfte ebenfalls internationalisieren.

Ulrich Brand

Zum Weiterlesen

Brand, Ulrich (2005): Gegen-Hegemonie. Perspektiven globalisierungskritischer Strategien, Hamburg.

Brenssell, Ariane/Pühl, Katharina (2003): Hegemoniale Geschlechterverhältnisse im Neoliberalismus oder Geschlechterverhältnisse als neoliberale Hegemonie? In: BUKO (Hrsg.): Radikal global. Bausteine für eine internationalistische Linke, Berlin, S. 84-100.

Gramsci, Antonio (1991ff.): Gefängnishefte, Berlin/Hamburg.

Haug, Wolfgang Fritz (2004): Stichwort Hegemonie, in: Historisch-kritisches Wörterbuch des Marxismus, Hamburg/Berlin.

Scherrer, Christoph (1998): Neo-gramscianische Interpretation internationaler Beziehungen. Eine Kritik, in: Hirschfeld, Uwe (Hrsg.): Gramsci-Perspektiven. Berlin/Hamburg, S. 160-174.

Herrschaft

Begriff und Praxis der Herrschaft – der geregelten Machtausübung – erfahren unter den Bedingungen der → Globalisierung tiefgreifende Veränderungen. Insbesondere die nationalstaatliche, auf nationalen Rechtsordnungen beruhende Verfasstheit von Herrschaft ist in der Krise und wird zunehmend durch Strukturen eines globalen Herrschaftszusammenhangs (→ Empire) und durch Machtprozesse unter »Ausnahmezustand« ergänzt, wenn nicht gar ersetzt. Es ist sinnvoll geworden, zwischen modernen und postmodernen Herrschaftsformen zu unterscheiden. Herrschaft im 21. Jahrhundert wird auf anderen Technologien der Macht basieren als in den Frühphasen des Ausbaus der bürgerlich-kapitalistischen Gesellschaft.

Die große Leistung des Herrschaftsdiskurses der Moderne war ein Verständnis von Herrschaft, welches die neuen Formen kapitalistischer Ausbeutung mit den regulierenden, vertragssichernden Strukturen des modernen Staates vermittelte. In der vorausgehenden Epoche, schrieb Hegel, hatten Jahrhunderte lang die Feudalherren für sich arbeiten lassen, bis ihr Verhältnis zur Welt der Sachen passiv und genießend geworden war. Nun schwangen sich ihre Knechte – die Handwerker, die Erfinder, die Kaufleute und die »Industriellen« – zu den praktischen Herren der Dinge auf. Die neue Produktionsweise ermöglichte die bürgerliche Revolution. Die neuen Herrschaftsstrukturen basierten auf den Technologien der Industrialisierung: in Kommunikation, Organisation, Verkehr, Militär usw. Es galt Hegels Diktum: »Die vernünftige Bestimmung des Menschen ist, im Staat zu leben.«

Die neuen Kräfteverhältnisse unter den Klassen (Machtblöcke) bestimmten eine hegemoniale Ordnung, die sich im modernen Nationalstaat und in riesigen Staats- und Industriebürokratien konkretisierte. Dieser Rationalisierungsprozess setzt sich auch im Prozess der → Globalisierung fort. Herrschaft ist nicht denkbar ohne gewaltige strategische Planungsanstrengungen und ohne die massenmediale Manipulation der Köpfe. Heute wird zudem gern von einer »Entsubjektivierung« von Macht gesprochen, von anonymen Herrschaftsapparaten, von einem komplexen Spiel namenloser Funktionseliten. Es sei sinnlos geworden, nach konkreten Personengruppen zu fahnden, die Macht noch so ausüben könnten wie die absoluten Herrscher und Räuberbarone in früheren Zeiten.

Diese Mehrheitsmeinung setzt allerdings voraus, dass das System der »Checks und Balances« der Moderne noch funktioniert, dass also die verschiedenen Steuerungsbereiche der Gesellschaft – staatliche Verwaltung, Judikative, Privatwirtschaft, die repräsentativen Organe der Demokratie – eine gewisse Autonomie besitzen.

Im postmodernen globalen → Empire jedoch beobachten wir einen Zusammenbruch der bürgerlichen Steuerungsinstanzen, der demokratischen Strukturen. Es ist laut Hardt/Negri ein Zentrum entstanden, »das die Globalisierung von Netzwerken der Produktion trägt und ein Netz der Inklusion einsetzt, um möglichst alle Machtbeziehungen innerhalb der neuen Weltordnung einzufassen. Zur gleichen Zeit setzt es Polizeimacht gegen die neuen Barbaren und die rebellischen Sklaven ein, die diese Ordnung bedrohen.« Dieses imperiale Herrschaftssystem konstituiert sich nicht mehr auf der Grundlage von Verträgen oder Abkommen, sondern entspringt einem neuartigen Gefüge von Technologien der Macht, einem »ökonomisch-industriell-kommunikativen Apparat«.

Macht entfaltet sich heute im Kontext der Informatisierung des ökonomischen, insbesondere des finanzpolitischen Geschehens und setzt auf informelle (meist auf Geldmacht basierende) → Netzwerke. Vor diesem Hintergrund werden auch transnationale Kodifizierungen von Recht und Ordnung nicht mehr allzu ernst genommen, wie etwa die gelassene Reaktion des neoliberalen Machtblocks auf das Scheitern der EU-Verfassung zeigt. Herrschaft bedeutet derzeit eher: Wahrnehmung des Rechts des Stärkeren unter den Bedingungen eines High-Tech-Kapitalismus der Kommunikations- und Informationstechnologien – mit einer Tendenz zum »soft fascism« (Sennett). Viele der im alten System moderner Herrschaft erworbenen Positionsvorteile und Klassenprivilegien werden nur noch zur immer rücksichtsloseren, räuberischen, privaten Akkumulation von Geldmacht eingesetzt. Nicht zuletzt bezüglich dieser »Privatisierer« eröffnet sich ein weites Forschungsfeld konkreter Observation und Investigation. Die alte Frage, »Was tun die Herrschenden eigentlich, wenn sie herrschen?«, stößt auf zunehmend interessante Antworten – und auf neue Möglichkeiten der »Revolution«.

Hans Jürgen Krysmanski

Zum Weiterlesen

Agamben, Giorgio (2004): Ausnahmezustand (Homo Sacer II.I), Frankfurt/M.
Hardt, Michael/Negri, Antonio (2002): Empire. Die neue Weltordnung, Frankfurt/M.
Krysmanski, Hans Jürgen (2004): Hirten & Wölfe. Wie Geld- und Machteliten sich die Welt aneignen – oder: Einladung zum Power Structure Research, Münster.
Poulantzas, Nicos (1975): Politische Macht und gesellschaftliche Klassen, Frankfurt/M.
Sennett, Richard (2004): The Age of Anxiety, The Guardian, October 23.

Humanitäre Intervention

Der Begriff der humanitären Intervention umkreist die Vorstellung, über militärisches Eingreifen in das Territorium eines fremden Staates Menschen vor den Folgen humanitärer Notlagen und gravierenden Menschenrechtsverletzungen schützen zu können. Erstmals war von humanitärer Intervention im Zusammenhang der militärischen Absicherung der Schutzzone für kurdische Flüchtlinge im Irak durch die USA und Großbritannien am Ende des zweiten Golfkrieges die Rede. 1993 ermächtigte der UN-Sicherheitsrat die Entsendung von UN-Blauhelmen nach Somalia mit der Absicht, ein sicheres Umfeld für humanitäre Hilfsaktionen zu schaffen. Auch das »robuste Mandat«, mit dem der Sicherheitsrat nach dem Scheitern der UNPROFOR-Mission (United Nations Protection Force) die NATO in Bosnien zur Anwendung militärischer Zwangsmittel beauftragte, wurde mit humanitären Zielen begründet. Es folgte der Krieg gegen Jugoslawien, zu dem sich die NATO unter Verweis auf schwerste Menschenrechtsverletzungen schließlich selbst ermächtigte.

Obwohl es paradox anmutet, den Schutz von Menschen über deren Gefährdung erreichen zu wollen, herrscht aus ethischer Sicht weitgehender Konsens, dass der Einsatz von militärischen Maßnahmen dann zulässig ist, wenn keine anderen Mittel mehr zur Verfügung stehen, um Völkermord, Massaker oder Versklavung zu verhindern. Höchst umstritten ist dagegen der politische und rechtliche Kontext von humanitären Interventionen. Dabei geht es um die Abwägung der beiden fundamentalen Rechtsgrundsätze des UN-Systems: des Prinzips staatlicher Souveränität, aus dem sich das Prinzip der Nichteinmischung ergibt, und der universellen Gültigkeit der Menschenrechte.

Die Befürworter humanitärer Interventionen betonen, dass oftmals allein auf diese Weise die Respektierung der Menschenrechte zu erreichen sei. Die Gegner machen geltend, dass die humanitäre Begründung von militärischer Gewalt nur der Maskierung politischer und wirtschaftlicher Machtinteressen diene. Die Erfahrung zeige, dass sich Demokratie und Menschenrechte niemals haben durch Kriege erzwingen lassen. Militärische Zwangsmaßnahmen hätten im Gegenteil von den eigentlichen Ursachen von Konflikten abgelenkt und zur Fehlallokation vorhandener Ressourcen geführt. Schließlich bestehe die Gefahr, dass der Krieg wieder als legitimes Mittel von Politik Akzeptanz finde.

Die Tatsache, dass es nicht überall zu humanitären Interventionen kommt, wo schwerste Menschenrechtverletzungen geschehen, scheint den Kritikern

Recht zu geben. Nicht alleine moralische Motive entscheiden über das Zustandekommen von Interventionen, sondern vor allem politische Opportunitätserwägungen, in denen sich neben den partikularen Interessen der Interventionsmächte auch mediale Konjunkturen (»CNN-Effekt«) und öffentlicher Druck spiegeln.

Historisch gesehen fällt die Aufweichung des in der UN-Charta festgelegten Prinzips der Nichteinmischung mit dem globalen Siegeszug des → Neoliberalismus zusammen. Vor allem in den Teilen der Welt, wo es in Folge von Staatszerfall und sozialer Desintegration zur → Informalisierung und Eskalation von Gewalt kommt, nehmen auch humanitäre Katastrophen zu und erweisen sich bestehende supranationale Institutionen als oftmals wirkungslos. Die Abhilfe, die durch humanitäre Interventionen erreicht werden soll, aber hat das UN-System nicht gestärkt, sondern eher noch geschwächt. Vieles deutet darauf hin, dass humanitäre Interventionen Teil einer hegemonialen Machtpolitik sind, deren Ziel die Etablierung eines neuen, außerhalb der UN liegenden globalen Gewaltmonopols ist.

Angesichts der Dimension von Gewalt und Katastrophen bedarf es fraglos starker supranationaler Institutionen. Die Instrumentalisierung des UN-Sicherheitsrates durch mächtige Staaten, die Bedeutungslosigkeit der UN-Menschenrechtskommission, aber auch die mangelnde Repräsentativität der UN-Generalversammlung stimmen dabei wenig hoffnungsvoll. Da kein Gremium existiert, das uneigennützig über die Gründe eines humanitären Eingreifens entscheiden könnte, führt die Frage der humanitären Intervention unmittelbar zurück zur Frage der Legitimationsdefizite, die in den politischen Verhältnissen auf globaler Ebene bestehen.

Einen Ausweg böte die Stärkung des »Wirtschafts- und Sozialrates« (ECOSOC) der UN, der mit der Aufgabe eingerichtet wurde, friedensgefährdenden Entwicklungen durch strukturelle Eingriffe vorzubeugen. Unter Mitwirkung der beim ECOSOC akkreditierten → Nichtregierungsorganisationen und öffentlichen Verbände könnte globale Verantwortung wieder auf zivile Interventionen und ursachenbezogene Konfliktbewältigung ausgerichtet werden.

Thomas Gebauer

Zum Weiterlesen

Gebauer, Thomas (2005): »Es geistern die irrwitzigsten Ideen herum«, Interview in iz3w, Juni, Freiburg.

medico international (Hrsg.) (2003): Macht und Ohnmacht von Hilfe, Konferenzdokumentation in medico-report 25, Frankfurt/M.

Ruf, Werner (Hrsg.) (2003): Politische Ökonomie der Gewalt, Opladen.

Humankapital

Theodore W. Schultz (1902-1998), der 1961 in einem Aufsatz in der American Economic Review als erster von Investition in Humankapital gesprochen und dafür 1979 den Nobelpreis für Ökonomie erhalten hat, war sich zunächst nicht sicher, ob er den Begriff verwenden sollte, erinnerte er doch stark an die Erfahrung der USA mit dem System der → Sklaverei, in dem die Sklavenhalter in Menschen investiert hatten. Aber ebenso wie sein Schüler Gary Becker (geboren 1930), ebenfalls Professor für Ökonomie an der University of Chicago und ebenfalls Nobelpreisträger (1992), hat er sich letztlich nicht davon abhalten lassen, Humankapital zu einem zentralen Begriff seiner ökonomischen Lehre zu machen. Für Becker ist die Theorie des Humankapitals Teil seines Bemühens, das ökonomische Kalkül individueller Nutzenmaximierung zum Haupterklärungsgrund aller sozialen Institutionen und Verhaltensweisen zu machen. Liebe, Ehe, Familie, Politik, Kriminalität, Diskriminierung und auch Bildung werden zum Gegenstand ökonomischer Analyse.

Die Humankapitaltheorie von Gary Becker analysiert vor allem die individuellen Investitionsentscheidungen im Prozess der Bildung und Ausbildung. Die Kosten der Bildungsaktivitäten werden den Erträgen gegenübergestellt, wobei erwartet wird, dass die gesteigerte Qualifikation sich letztlich in einem höheren Einkommen auszahlt. Die Humankapitaltheorie diente in den 1960er Jahren einer planmäßigen Bildungsoffensive und der damals neuen Bildungsökonomie zur Grundlage. Neben Boden, Kapital und → Arbeit trat nun Bildung als immer wichtiger erscheinender vierter Produktionsfaktor. Da die Messungen der quantitativen Veränderungen des Einsatzes von Boden, Kapital und Arbeit wesentlich genauer und einfacher zu bewerkstelligen sind als die der Veränderungen der Qualifikation der Arbeitskraft, wurde von den Bildungsökonomen alles, was in den Produktionsfunktionen nicht den traditionellen Produktionsfaktoren zugeschrieben werden konnte, dem »Restfaktor« Bildung zugeschrieben. So kam die Weltbank (→ Bretton-Woods-Institutionen) für Länder mit hohem Einkommen zu dem Ergebnis, dass das Humankapital mit 67% den größten Beitrag zum Reichtum dieser Länder leistet, das Naturvermögen dagegen nur zu 17% und das Sachkapital nur zu 16%.

Aus der offenbar wachsenden relativen Bedeutung dieses Produktionsfaktors wurde fortan der Schluss gezogen, dass die Nationen sich nur noch dann im internationalen Wettbewerb werden behaupten können, wenn sie sich durch hohe Bildungsinvestitionen zu »Wissensgesellschaften« wandeln. In diesem Sinne hat beispielsweise der Europäische Rat im März 2000 in Lissabon für die EU das Gesamtziel festgelegt, durch substanzielle Steigerungen der »Humankapitalinvestitionen« die Union »zum wettbewerbsfähigsten und dynamischsten wissensbasierten Wirtschaftsraum in der Welt zu machen«. Für die Dritte-Welt-Länder und die Transformationsstaaten Osteuropas hat die Weltbank seit den 1990er Jahren Investitionen in Humankapital unter Hinweis auf die dort besonders hohen Renditen zur Priorität erklärt und gefördert. Marktgerechte Dezentralisierung und → Privatisierung wurden dabei gemäß dem neoliberalen Dogma in den Mittelpunkt gerückt, während die Abwanderung qualifizierter Arbeitskräfte aus diesen Ländern (der so genannte brain drain) nur gelegentlich ins Blickfeld gerät.

Eine Jury der »Gesellschaft für Deutsche Sprache« hat das Wort »Humankapital« zum Unwort des Jahres 2004 gewählt. Zur Begründung hat sie angeführt, die Bezeichnung mache den Menschen allgemein zu einer nur noch ökonomisch interessanten Größe. Bei vielen Ökonomen hat diese Entscheidung Unverständnis ausgelöst. Nun ist aber nicht zu leugnen, dass für Gary Becker gerade die Reduzierung der Bedeutung von Bildungsinvestitionen auf ihre Rentabilität den Reiz des Begriffs Humankapital ausmacht.

Die Bedeutung des Erwerbs von Bildung und beruflichen Qualifikationen für die Zuteilung von Chancen gesellschaftlichen Aufstiegs wird damit abgewertet. Pierre Bourdieu, der neben dem ökonomischen Kapital auch das kulturelle und das soziale Kapital daraufhin untersucht hat, welche Positionen deren Träger im sozialen Raum besetzen können, hat es deshalb wohlweislich vermieden, den Begriff Humankapital zu benutzen.

Urs Müller-Plantenberg

Zum Weiterlesen

Becker, Gary (1964): Human Capital. A Theoretical and Empirical Analysis, Chicago.
Bourdieu, Pierre (1982): Die feinen Unterschiede. Kritik der gesellschaftlichen Urteilskraft, Frankfurt/M.
Schultz, Theodore W. (1963): The Economic Value of Education, New York.
World Bank (1995): Priorities and Strategies for Education, Washington.

Hybride Kulturen

Kulturkonzepte, die Kulturen als in sich geschlossene, gegen einander abgegrenzte Gebilde definierten, kamen ab den 1970er Jahren zunehmend unter Beschuss. Besonderen Einfluss gewann dabei das Konzept der Hybridität: Alle Kulturen seien hybride, vielfältig durchmischte oder »kreolisierte« Gebilde. Die wichtigsten empirischen Beiträge zu diesem Theoriestrang kommen dabei von dem Ethnologen James Clifford und dem Soziologen Ulf Hannerz.

Clifford hatte sein Schlüsselerlebnis als Prozessbeobachter vor dem Boston Federal Court, wo Nachfahren von Wampanoag-Indianern Ansprüche auf gestohlenes Land geltend zu machen suchten und ihre seit dem 17. Jahrhundert bis heute fortdauernde Existenz als Stamm nachweisen mussten. Aber waren die Kläger von 1977, die vor einer weißen Jury über den »Großen Geist« sprachen, noch die »selben« Indianer? Was konnte »Authentizität« hier noch bedeuten? Probleme kultureller Identität ähnlicher Art scheinen für Clifford gegen Ende des 20. Jahrhunderts weltweit dominant zu werden. Er konstatiert eine gewaltige Zunahme der Mobilität wie auch der interkulturellen Kommunikation. In den Großstädten leben aus der Fremde gekommene Bevölkerungen, die sich zwar anpassen, aber meist sehr partiell und in sehr spezifischer Weise. Das Exotische ist ungemütlich nah. Umgekehrt können wir noch so weit von zu Hause wegfahren, die moderne Warenwelt und die modernen Medien sind immer schon da. Kulturelle Differenz begegnet uns in der unmittelbaren Nachbarschaft, das Altbekannte am Ende der Welt.

Hannerz führt in diesem Zusammenhang den Begriff der »transnationalen Gemeinschaften« ein. Die Zeiten, in denen Migration die langsame Abschwächung und schließlich den Verlust aller Bindungen an den Herkunftsort bedeuteten, sind vorbei. Stattdessen hören wir von »transnational migrant circuits« im Fall von MexikanerInnen in Kalifornien oder von »yo-yo migration« im Fall von BrasilianerInnen in New York. MigrantInnen, die »es geschafft haben«, ziehen Verwandte und Nachbarn nach, verhelfen ihnen zu Arbeits- und Wohnplätzen, kehren zurück, um den Ruhestand zu genießen oder um Unternehmen zu gründen, emigrieren aufs Neue, um Geschäfte mit der Migranten-Community oder den Alteingesessenen zu machen usw. Das »Mexikanische« bzw. »Brasilianische« wie das »US-Amerikanische« verlieren zunehmend ihre scharf geschnittenen Konturen.

Kulturelle Differenz ist nach alledem immer in sehr viel stärkerem Maße eine Frage der Macht und der Rhetorik als eine des inneren Wesens. Aimé Césaire hat dies verstanden; in seinem Konzept von »Négritude« werden die

Wurzeln der Tradition ausgeschnitten, neu zusammengefügt und mit von außen übernommenen kollektiven Symbolen verbunden. Der »Müll«, den der europäisch-nordamerikanische Kapitalismus im Rahmen seiner Expansion auf die ganze Welt ausgeschüttet hat, wird so zum Kompost für neue Identitäten. »Müll« bleibt er trotzdem. Die Geschichte jener Expansion ist eine Geschichte der Erniedrigung, der Gewalt und der blockierten Möglichkeiten; sie ist aber auch rebellisch, synkretistisch und kreativ. Auf diese Ambiguität setzt Clifford all seine Hoffnung für einen Widerstand gegen die destruktiven, homogenisierenden Folgen der globalen Zentralisation.

Auch für Hannerz kommt es darauf an, Kulturen in stärkerem Maße als bisher in »prozessualen Begriffen« zu fassen. Für die kulturelle Organisation der »Dritten Welt« von heute sei entscheidend, dass hier stets sehr unterschiedliche kulturelle Strömungen von innen wie von außen zusammenträfen. Sein Paradebeispiel ist Fela Kuti, der berühmte nigerianische Musiker, der irgendwo bemerkt, »afrikanisiert« worden sei er durch eine amerikanische Freundin in Kalifornien. Dabei impliziert die Rede von der »Hybridisierung« keineswegs, das, was sich vermischt hat, müsse vorher in »reiner« Form existiert haben. Erhellend ist die Parallele zur Sprachentwicklung: Aus der Tatsache, dass es heute eine Reihe von auf dem Englischen basierenden Kreol-Sprachen gibt, würde kein Mensch den Schluss ziehen, die englische Sprache sei historisch »rein« oder frei von fremden Beimengungen. Nicht hybride Kulturen sind nach dieser Argumentation allerdings kaum noch denkbar.

Dass auch Theorien der Hybridbildung nicht gegen alle Gefahren der älteren Kulturkonzeptionen gefeit sind, deutet sich bei Hannerz zumindest an. Angesichts der gegenseitigen »kulturellen Befruchtung« durch Vermischung geraten Klassen- und Herrschaftsverhältnisse nahezu vollständig aus dem Blick. Bei anderen Autoren wird diese Tendenz noch deutlicher. Hybridisierung wird nur noch am weltweiten Siegeszug von Salsa und Sirthaki, afrikanischen Trommeln und kubanischen Blechbläsern, Fela Kuti und Salman Rushdie erläutert. Wenn Hybridität derart im Sinne eines fröhlichen multikulturellen Kunterbunts verstanden wird, lässt auch sie sich problemlos als Ideologie zur Legitimierung der globalen Herrschafts- und Ausbeutungsverhältnisse nutzen.

Gerhard Hauck

Zum Weiterlesen

Césaire, Aimé (1968): An Afrika. Gedichte, München.
Clifford, James (1988): The Predicament of Culture, Cambridge/Mass.
Hannerz, Ulf (1996): Transnational Connections, New York.

Informalisierung

In vielen Ländern der Welt ist die Normalität von Arbeit ihre Informalität. Das heißt, sie wird ohne regulären Vertrag, ohne soziale Absicherung und bei prekären Arbeitsschutzbestimmungen verrichtet. Der Begriff der »Informalisierung von Arbeit« umfasst sehr unterschiedliche Prozesse der »Enttraditionalisierung« von Arbeits- und Sozialbeziehungen mit der Tendenz zur Ausweitung prekärer Existenzweisen auf der Grundlage einer »Ökonomie der Unsicherheit«.

In den Industrieländern ist die Informalisierung der Arbeit sowohl eine Konsequenz der → Deregulierung der Arbeits-, Wirtschafts- und Sozialbeziehungen als aber vor allem auch der zunehmenden sozialen Ungleichheit, die immer mehr Menschen zu prekären Formen der Sicherung ihres Lebensunterhalts jenseits geltender Normalitätsstandards von Arbeit zwingt. Gleichzeitig gewinnen schwach regulierte Formen der Erwerbstätigkeit aber auch in vergleichsweise privilegierten Berufsfeldern an Bedeutung.

Die Informalisierung der Arbeit geht einher mit einer zunehmenden Spaltung zwischen einem schrumpfenden Segment vergleichsweise privilegierter Arbeits- und Lebensverhältnisse und einer sich ausweitenden »Zone der Prekarität« (→ Prekarisierung). Diese Spaltung überlagert sich mit der zunehmenden Diskrepanz zwischen den global vernetzten und den vorrangig lokal verankerten Segmenten der modernen Ökonomien. Die Globalisierung der Wirtschaft in ihren zur Zeit dominierenden Formen befördert den Prozess der Informalisierung der Arbeit, indem sie einerseits als politisch inszenierter Sachzwang der Deregulierung von Arbeitsverhältnissen und einer Politik der sozialen Ungleichheit fungiert; andererseits produziert sich – u.a. auf dem Weg des Outsourcing, d.h. der Auslagerung von Unternehmensteilen – die Herausbildung weitgehend informalisierter Arbeitsmärkte im Umfeld der Global players.

Eine besondere Bedeutung hat die Informalisierung der Arbeits- und Lebensbedingungen in den »postsozialistischen« Ländern. Sie ist dort die Konsequenz des mehr oder minder abrupten oder allmählichen Zerfalls ehemals hochgradig formalisierter Arbeits- und Lebensbedingungen und geht ebenfalls mit einer tiefen Spaltung zwischen unterschiedlichen Segmenten einer allerdings insgesamt prekären Ökonomie einher, die teilweise bis in ihre Zentren hinein von vielfältigen Formen der Informalisierung – nicht zuletzt auch in der Gestalt von Kriminalität und Korruption – durchdrungen ist. Globalisierung hat in einigen der postsozialistischen Transformationsgesellschaften (wie auch in vielen Entwicklungsländern) auch die Form eines sich ausweitenden »informellen Sektors« des grenzüberschreitenden → Menschenhandels und Drogenhandels.

Demgegenüber ist die Informalisierung der Arbeits- und Lebensverhältnisse in den so genannten Entwicklungsländern auch eine Konsequenz der Auflösung von traditionellen, vorrangig familiär, religiös und rituell und weit weniger durch Recht, Gesetz und Vertrag regulierten Lebensformen bzw. der Vermischung von verschiedenen Formen der (auf den Selbstunterhalt zielenden) Subsistenzökonomie mit unterschiedlichen Ausprägungen einer allerdings insgesamt prekären Erwerbsökonomie. Im Zuge der Globalisierung eröffnen sich dort neue und zusätzliche Erwerbschancen – allerdings weit überwiegend zu problematischen Bedingungen, etwa in den so genannten Sweatshops oder in »freien Exportzonen« (FEZ); zum Teil untergräbt die Globalisierung dort aber auch die traditionellen Lebensgrundlagen vieler Menschen – und zwar ohne dass ihnen akzeptable Alternativen eröffnet werden.

Trotz der engen Verbindung zwischen Informalisierung und Prekarisierung, trotz des engen Zusammenhangs zwischen Informalität und → Armut beinhaltet der informelle Sektor für viele Menschen die einzige Chance, überhaupt ein Einkommen zu erzielen und sich eine Existenz aufzubauen. Zumindest potenziell hat Informalität auch die Form der Unkonventionalität und erweitert damit das Möglichkeitsspektrum individueller und kollektiver Lebensgestaltung – etwa auf der Grundlage von Selbstorganisation und Selbstverwaltung jenseits einer wie auch immer normierten Lohnarbeitsexistenz. Dementsprechend zielt das von der ILO entwickelte Konzept zur weltweiten Verwirklichung »menschenwürdiger« Arbeits- und Lebensbedingungen (decent work) nicht auf die Abschaffung des informellen Sektors, sondern auf die Gewährleistung sozialer Mindeststandards – auch unter Bedingungen der Informalität der Arbeits- und Lebensweise.

Ingrid Kurz-Scherf

Zum Weiterlesen

Altvater, Elmar/Mahnkopf, Birgit (2002): Globalisierung der Unsicherheit. Arbeit im Schatten, Schmutziges Geld und informelle Politik, Münster.

Bauman, Zygmunt (2000): Die Krise der Politik. Fluch und Chance einer neuen Öffentlichkeit, Hamburg.

Castel, Robert (2000): Die Metamorphosen der sozialen Frage. Eine Chronik der Lohnarbeit, Konstanz.

PROKLA 117 (1999): Informalisierung: Transformationen und Überlebensstrategien.

Reich, Robert B. (2002): The challenge of decent work, in: International Labour Review, Jg. 141, Nr. 1/2.

Innovation

Innovation bedeutet zunächst »Erneuerung« und ist seit Jahrtausenden wichtiger Teil menschlicher Betätigung. Allerdings war, besonders im Zusammenhang mit Arbeit, das Bewahren und Weitergeben bewährter Strukturen, Verfahren und Produkte oft ebenso bedeutsam wie das Erneuern. Auf der Ebene der Qualifikation hatte persönliche Erfahrung und Können ein ebenso großes Gewicht wie das Erlernen von Neuem. So strebte man eher ein Gleichgewicht zwischen Bewahren und Erneuern an, wobei für das zünftig organisierte handwerkliche Produktionssystem ebenso wie für den von der Kirche dominierten Überbau in der Zeit vor der industriellen Revolution das z.T. gewaltsame Festhalten am Überlieferten dominierte. Mit der industriellen Revolution und der Durchsetzung der kapitalistischen Wirtschaftsweise wird im Wesentlichen aus ökonomischen Gründen die ständige Erneuerung zum → Arbeit und Produktion beherrschenden Begriff, das Bewahren wird als rückständig denunziert. Damit wird Innovation zu einem der zentralen Bewegungsgesetze der Gesellschaft überhöht.

Noch zu Beginn der industriellen Revolution ging es umfassend um wissenschaftlich-technische, soziale und kulturelle Erneuerung, um Entfaltung von Demokratie und Mündigkeit der Bürger, um gesellschaftlich-soziale »Höherentwicklung« der gesamten Menschheit. Der Begriff wurde dann in der Industriegesellschaft eingeengt auf wissenschaftlich-technische Innovation oder auch »technischen Fortschritt«: Dieser sei Voraussetzung und Garant für sozialen und kulturellen Fortschritt einer Gesellschaft (»Bacon-Hypothese«). Im Zuge der → Globalisierung wurde dieses eingeengte Verständnis von Innovation auch auf andere Kulturen übertragen.

Vereinfacht ausgedrückt, sollte so das Ergebnis von Innovation in Gestalt von Produktivkraftsteigerung und Warenkonsum sowie Herrschaft über die → Natur Wohlstand und glückliches Leben sichern (»Mythos der Moderne«). Auch die Arbeiterbewegung machte sich diese Vorstellung zu Eigen und stützte darauf ihre Hoffnungen auf Teilhabe am materiellen gesellschaftlichen Reichtum. Hier wurde der Fortschritts- bzw. Innovationsbegriff auch noch emphatisiert: Die Befreiung der Arbeiterklasse von den Fesseln des Kapitalismus sollte einhergehen mit der Entgrenzung des technischen Fortschritts.

Damit war unabhängig vom politischen und ökonomischen System der Innovationsbegriff zum scheinbar objektiven Leitbegriff der Moderne geworden – vereinfacht in der seitdem verbreiteten Auffassung, das Neue sei allemal besser als das Alte. Daraus resultierte lange Zeit eine Blindheit für die Folgen unbegrenzter Innovation bzw. die Hoffnung, die aus ihr resultierenden sozialen und ökologischen Folgeprobleme seien durch die nächsten Innovationsschübe in den Griff zu bekommen. Seit Ende der 1970er Jahre wächst, u.a. wegen der Erfahrungen mit voreilig ausgerufenen »Heilserwartungen« (z.B. sollte im »Atomzeitalter« die Kernspaltung dauerhaft, ökonomisch und ungefährlich die Energieversorgung sichern) der Zweifel an dieser These. Die angestrebte → Herrschaft über die Natur erweist sich zunehmend als Illusion. Gleichzeitig wird aber Innovation durch das ungebremste kapitalistische Gewinnstreben zunehmend zum irrationalen Selbstzweck, der nicht mehr hinterfragt wird. Es zählt dann nur noch die Innovation, die Geld bringt, die entsprechenden Bedürfnisse werden durch einen gigantischen Werbe-Apparat erzeugt, und inzwischen werden Innovationen schon vermarktet, bevor es sie gibt. Dabei spielt der Sinn des Produzierens, der Arbeit (nicht zufällig wird sie »Beschäftigung« genannt), kaum mehr eine Rolle.

Innovation und Macht stehen zueinander in enger Beziehung. Seit jeher ist ein erheblicher Teil der Erfindungskraft für Rüstungsforschung und -technik vergeudet worden. Besonders Militärtechnik und »High-Tech« dienen der Politik als Identifikationsmuster und Fetisch. Aber auch Innovationen für »zivile« Zwecke, wenn sie nur spektakulär sind (groß und mächtig – z.B. Atomenergie – oder klein und raffiniert – z.B. Nano-Technologie), eignen sich dafür. Auch demokratische Politiker haben die fatale Neigung, sich mit derartigen wissenschaftlich-technischen Großprojekten zu schmücken, auch wenn deren gesellschaftlicher Nutzen oft sehr fraglich ist.

Das Ganze muss also wieder auf die Füße gestellt werden: Zunächst ist ein um kulturelle und soziale Dimensionen erweiterter Begriff von Innovation nötig. Es geht um Orientierung an humaner Sinngebung, am Gebrauchswert; es geht um Allianz mit der Natur, um → Nachhaltigkeit als Stichworte für die gesellschaftlichen Zielsetzungen. Dabei gilt auch und gerade für solche technisch-wissenschaftlichen Innovationen, dass sie entsprechend angepasste Ökonomien erfordern: Vorsorgend, an regionalen Kreisläufen orientiert, natürliche Ressourcen und Entsorgungsfragen einbeziehend und nicht zuletzt das Gleichgewicht mit dem Bewahren suchend.

Wolfgang Neef

Zum Weiterlesen

Anders, Günther (1987): Die Antiquiertheit des Menschen, München.
Böhme, Gernot (1993): Am Ende des Baconschen Zeitalters, Frankfurt/M.
Ullrich, Otto (1980): Weltniveau. In der Sackgasse des Industriesystems, Berlin.

Investor

In der Öffentlichkeit herrscht die Vorstellung, dass eine Investition »die langfristige Anlage von Kapital in Sachgütern« sei und der »Erhaltung, Erweiterung oder Verbesserung eines Produktionsmittelbestandes ... mit dem Ziel einer besseren zukünftigen Güterversorgung« diene (Brockhaus 1997). Diese Vorstellung ist verbunden mit der Erwartung, dass mit einer Investition neben Gütern auch Arbeitsplätze, Dienstleistungen und → Steuern generiert werden. Deshalb soll die Politik dafür sorgen, dass die Investoren günstigere Bedingungen als bisher erhalten.

Der Charakter des Investors hat sich jedoch spätestens seit dem Siegeszug des → Neoliberalismus wesentlich geändert. Früher galt jemand, der Aktien kaufte und schnell weiterverkaufte, als Spekulant, heute gilt er als Investor. Er gilt zudem als Lichtgestalt des Zeitalters, obwohl er immer mehr Investitionen tätigt, die ausdrücklich nicht das Ziel haben, das Kapital langfristig zu binden, ein Unternehmen zu gründen oder zu erweitern. Immer mehr Investitionen dienen z.B. ausschließlich dem Zweck der Steuerreduzierung und der profitablen Kreditvergabe, wie → Cross Border Leasing. → Hedge-Fonds, verschiedene Formen von Derivaten (Aktienanleihen, Optionsscheine, Indexzertifikate u.ä.) machen heute den Großteil dessen aus, was als Investition bezeichnet wird. Sie sind reine Wetten auf zukünftige Verluste und Gewinne.

Eine Zwischenform bilden die institutionellen Investoren, also Versicherungen, Banken, Unternehmensholdings und Pensionskassen (→ Pensionsfonds). Sie kaufen Staatsschuldverschreibungen sowie Anteile an Unternehmen und Investmentfonds. Die Portfolios werden laufend umgeschichtet. Die Erwirtschaftung von Gütern und Dienstleistungen ist ein Nebenzweck und wird zunehmend mit fiktivem Leasing, Steuerreduzierung und Derivaten kombiniert.

Auch bei Direktinvestitionen in Unternehmen wird die »langfristige Kapitalbindung« des Unternehmers, der Eigentümer und der Aktionäre der Tendenz nach abgelöst durch eine immer kurzfristigere, standort- und produktneutrale Kapitalverwertung. Der größte Teil dieser Investitionen geht nicht in die Neugründung oder Erweiterung von Firmen, sondern in Fusionen, Aufkäufe und Verkleinerung. Ein seit den 1980er Jahren v.a. in den USA entstandener, neuer Typ von »Finanzinvestoren« kauft weltweit Unternehmen auf, unterwirft sie einem maximal fünfjährigen »Verwertungszyklus« und rigorosen »Kostensenkungsprogrammen«. Dazu gehören Personalabbau,

Lohnsenkung, »Steueroptimierung« durch Einschaltung von Holdings in Finanzoasen (→ Steueroase), die besonders privilegierte Behandlung des Topmanagements und die Verwertung des Immobilienbesitzes und der Kundenverträge. Die Finanzinvestoren bringen selbst nur etwa 10-20% Eigenkapital ein, für den »Rest« nehmen sie Kredite auf. Jahresrenditen ab 20% gelten als Untergrenze. So stellen die gegenwärtig profitabelsten Investitionen hinsichtlich der Arbeitsplätze, der Dienstleistungen, Güter und der sonstigen Unternehmenssubstanz in Wirklichkeit Desinvestitionen dar: Die bisher aufgebaute ökonomische Substanz, auch die des Staates und der Kommunen, wird ausgezehrt.

Hinzu kommt die → Deregulierung, die im Zuge der → Liberalisierung bisherige arbeits-, menschen- und umweltrechtliche Standards außer Kraft setzt. Investoren können die für sie kurzfristig billigsten Lösungen durchsetzen, auch wenn sie auf Kosten bisher geltender Standards von Gesundheit der Beschäftigten, der Umwelt und des Staates gehen. Zusätzlich dringen sie bei Kommunen und Staaten auf Zuschüsse und Steuerbefreiungen.

Für eine Wirtschaft nach demokratischen Prinzipien muss Investition neu definiert werden: Die Gemeinschaft muss moralisch, rechtlich, politisch und durch die Wirtschaftsordnung solche Investitionen fördern, die über den einzelbetrieblichen Effekt hinaus Werte für die Gemeinschaft schaffen; dazu gehören Steuern, ausreichende Arbeitsplätze mit menschenrechtlichen Standards, sinnvolle Güter und nachhaltige Dienstleistungen.

Werner Rügemer

Zum Weiterlesen

Brockhaus Enzyklopädie (1997), Wiesbaden.

Hafner, Wolfgang (2002): Im Schatten der Derivate. Das schmutzige Geschäft der Finanzelite mit der Geldwäsche, Frankfurt/M.

Rügemer, Werner (2005a): Cross Border Leasing. Ein Lehrstück zur globalen Enteignung der Städte, Münster.

Rügemer, Werner (2005b): Investitionen ohne Arbeitsplätze, in: WSI-Mitteilungen 1, S. 49ff.

Keynesianismus

Im Gegensatz zur liberalen Wirtschaftstheorie, die → Arbeitslosigkeit vor allem mit übermäßig hohen Löhnen erklärt, zeigt der Keynesianismus, dass es in kapitalistischen Wirtschaften auf die effektive Gesamtnachfrage (oder Kaufkraft) ankommt. Diese ist nicht nur in wiederkehrenden Konjunkturkrisen zu gering, um Vollbeschäftigung zu ermöglichen, sondern bleibt auch im langfristigen Trend hinter den Produktionsmöglichkeiten der Gesellschaft zurück. Selbst wenn sie nur eine geringe Kostenbelastung haben, werden Unternehmen nicht investieren, solange sie keinen ausreichenden Absatz erwarten können. So entsteht eine paradoxe Situation: Um ihre Gewinne zu erhöhen, drängen Unternehmen auf niedrigere Löhne. Sind sie damit erfolgreich, werden sie mit dem Problem unzureichender Nachfrage konfrontiert – und dadurch letztlich wieder mit niedrigeren Gewinnen.

Sinkende Gewinne sind nicht nur Folge von Krise und Kaufkraftmangel, sondern auch deren Ursache. Mit einer, von der Erwartung einer bestimmten Profitrate getragenen, Ausweitung der Investitionen nehmen Kapitaleinsatz und → Risiko der Unternehmen zu. Die Unsicherheit, ob die erwarteten Gewinne realisiert werden können, steigt dabei ebenso wie die Verluste im Falle des Scheitern. Deshalb haben Unternehmen einen Anreiz, ihr Geld nicht in Sachanlagen zu investieren, die zu einer langfristigen Kapitalbindung führen. Alternativ können sie sich kurzfristig an der Börse engagieren. Mit einer Verschiebung von Sach- zu Finanzanlagen kommt es zu schwankenden Börsenkursen (→ Finanzmärkte). Es wird daher immer schwieriger, die Gewinne auf langfristige Investitionen halbwegs seriös zu kalkulieren. Die erwartete Profitrate sinkt aufgrund eskalierender Unsicherheit und unabhängig davon, ob es für die ursprüngliche geplante Produktion gesellschaftlichen Bedarf und zahlungsfähige Nachfrage gegeben hätte. Mit dem Rückgang der privaten Investitionen kommt es zu Entlassungen, Druck auf die Löhne und Steuerausfällen. Daher werden auch private und öffentliche Haushalte ihre Ausgaben einschränken. Die im Unternehmenssektor ausgelöste Krise verallgemeinert sich.

Um den negativen Kreislauf aus Lohnsenkungen, Nachfragemangel und rückläufigen Gewinnen zu vermeiden, schlägt der Keynesianismus als wirtschaftspolitische Maßnahme eine Ausweitung der staatlichen Nachfrage vor. Wo die Nachfrage privater Haushalte und Unternehmen nicht ausreicht, um die bestehenden Produktionskapazitäten auszulasten und die gesamte angebotene Arbeitskraft zu beschäftigen, soll der Staat seine Ausgaben erhöhen (→ Fiskalpolitik). Um die Finanzierungskosten niedrig zu halten, müsste eine solche Ausgabenpolitik von der Zentralbank mit niedrigen Zinsen, also einer Politik des billigen Geldes flankiert werden (→ Geldpolitik).

Theoretisch sind die Gewinne in einer vollbeschäftigten Wirtschaft viel höher als bei hoher → Arbeitslosigkeit und Überkapazitäten. Daher stellt sich die Frage, weshalb gerade das Unternehmerlager gegen die keynesianische Wirtschaftspolitik zu Felde zieht. Sind die auch von dieser Seite zu hörenden Klagen über anhaltende Arbeitslosigkeit am Ende gar nicht ernst gemeint? Ohne glaubwürdige Kündigungsdrohung verlören die Unternehmen ihr wichtigstes Instrument zur Disziplinierung abhängig Beschäftigter. Wenn es ausreichend Arbeitsplätze gibt, können die Beschäftigten leichter höhere Löhne und bessere Arbeitsbedingungen durchsetzen. Allein der Gedanke daran scheint den Unternehmern so unerträglich zu sein, dass sie Arbeitslosigkeit und die entgangenen Gewinne, die damit einhergehen, einer keynesianischen Beschäftigungspolitik vorziehen. Nur unter Kriegsbedingungen, im Namen der Verteidigung gegen äußere Feinde, scheint es möglich, staatlich garantierte Vollbeschäftigung und kapitalistische Arbeitsethik gleichzeitig aufrechtzuerhalten (→ Militarisierung). Die Verbindung von Militarismus und Keynesianismus ließe sich durch eine gesellschaftliche Kontrolle der Investitionsentscheidungen jedoch vermeiden. Eine solche Kontrolle wäre auch notwendig, um die unerwünschten ökologischen Folgen einer auf bedingungsloses → Wachstum setzenden Wirtschaftspolitik zu verhindern. Zudem könnte ein globaler Keynesianismus die zwischen armen und reichen Ländern bestehende Ungleichheit bezüglich Reichtumsproduktion und Einkommensverteilung vermindern und damit auch Spannungen im internationalen politischen System abbauen.

Ingo Schmidt

Zum Weiterlesen

Kalecki, Michal (1987): Politische Aspekte der Vollbeschäftigung, in: Ders.: Krise und Prosperität im Kapitalismus – Ausgewählte Essays 1933-1971, Marburg, S. 235-241.

Kromphardt, Jürgen (2004): Konzeptionen und Analysen des Kapitalismus, Göttingen.

Paetow, Holger/Schui, Herbert (Hrsg.) (2003): Keynes heute – Festschrift für Harald Mattfeldt, Hamburg.

Schmidt, Ingo (1997): Gewerkschaften und Keynesianismus, Münster.

Klimapolitik

8.000 Jahre lang galt das Klimasystem als relativ stabil, bis der Mensch es quasi in einem Wimpernschlag aus dem Gleichgewicht gebracht hat. In der kurzen Phase der Industriellen Revolution – etwa seit 1750 – ist mit dem entfesselten Raubbau an den fossilen Erdlagern für Kohle, Gas und Öl und ihrer Verbrennung die atmosphärische Konzentration der Treibhausgase deutlich angestiegen. Dies führte zum Treibhauseffekt: Die globale Mitteltemperatur hat sich im letzten Jahrhundert um ca. 0,6°C erhöht. Für den Zeitraum 1990 bis 2100 wird ein weiterer Anstieg zwischen 1,4 und 5,8°C vorausgesagt.

Dadurch kommt es zum Klimawandel, der als das dramatischste globale Umweltproblem der Menschheit im 21. Jahrhundert bezeichnet wird: Pazifikinseln verschwinden durch den Anstieg des Meeresspiegels von der Landkarte, Gletscher schmelzen, extreme Wetterereignisse wie Überschwemmungen, Dürreperioden und Hitzewellen häufen sich und Tropenkrankheiten nehmen zu. Arme Bevölkerungsgruppen in den so genannten Entwicklungsländern sind – obgleich sie kaum zum Treibhauseffekt beitragen – besonders von den Klimafolgen betroffen.

Bei der Konferenz für Umwelt und Entwicklung (UNCED) 1992 in Rio de Janeiro/Brasilien wurde von 155 Regierungen die Klimarahmenkonvention der UN verabschiedet (UNFCCC). Auf der Vertragsstaatenkonferenz 1997 in Kyoto/Japan verständigten sich die Industrieländer in einem Protokoll darauf, bis 2012 ihre Emissionen im Durchschnitt um 5,2% gegenüber 1990 zu verringern. Das Protokoll trat acht Jahre später, am 16. Februar 2005, in Kraft. Schon 2001 hatten sich die USA unter der Regierung George W. Bush aus dem Kyoto-Prozess zurückgezogen.

Die tragenden Säulen des Protokolls sind die so genannten flexiblen Mechanismen: der Emissionshandel, der Mechanismus für saubere Entwicklung und der Mechanismus für gemeinsame Klimaschutzprojekte. Sie werden auch als »Schlupflöcher« bezeichnet. Die Industrieländer können Emissionsreduktionen, die in anderen Ländern erzielt werden, in die nationale Emissionsbilanz einrechnen. Weltweit führt der steigende Verbrauch an fossilen Brennstoffen zu einer Zunahme der Treibhausgasemissionen. Es bleibt daher auch höchst fraglich, ob die westlichen Industrieländer ihre Reduktionsziele werden einhalten können.

KritikerInnen sehen im Kyoto-Protokoll vier Konstruktionsfehler: Erstens seien die Reduktionsziele viel zu gering. Zweitens seien die Instrumente unzureichend. Alternativen wie Erneuerbare Energien oder ein Wirtschaftssystem jenseits fossilistischer Wachstumsstrategien würden nicht oder nur unzulänglich berücksichtigt werden. Drittens würden die Emissionen der Entwicklungsländer darin nicht erfasst. Und viertens sei unklar, wie es im Jahr 2013 weitergehen soll. Das Kyoto-Protokoll sei von der Vorstellung geprägt, dass ein so komplexes Problem wie der Klimawandel und die damit verknüpften Verursacher- und Betroffeneninteressen quasi »von oben« gelöst werden könnte.

Schwierigkeiten bereitet die Umsetzung der global verhandelten Steuerungsinstrumente vor Ort. In den indigenen Bevölkerungsgruppen in den Entwicklungsländern wächst der Protest gegen Aufforstungsprojekte (so genannte Senken), durch die Kohlendioxid gebunden wird. Die Durchführungsbestimmungen erlauben Monokulturen, die Pflanzung standortfremder Baumarten und den Einsatz gentechnisch veränderter Organismen. In den europäischen Industrieländern stößt die Einführung des Emissionshandels auf Widerstand einiger Industrieverbände. Sie sehen im Emissionshandel eine Bedrohung ihrer Wettbewerbsfähigkeit.

Mit Klimapolitik wird ein stark von unterschiedlichen Interessen geprägtes Konfliktfeld bezeichnet, in dem lokale, nationale, regionale und globale Handlungsebenen eng miteinander verknüpft sind. Die Wirtschafts-, Verkehrs-, Finanz- oder Arbeitsmarktpolitik hat in diesem Konfliktfeld meist Vorrang vor Klimaschutzzielen. Durch die Festlegung auf wenige ökonomische Instrumente werden Klimaschutzmaßnahmen in das herrschende neoliberale Wirtschaftssystem so integriert, dass ein »Weiter so« nicht ernsthaft in Frage gestellt wird.

Achim Brunnengräber

Zum Weiterlesen

Brunnengräber, Achim (2002): Umwelt- oder Gesellschaftskrise? Zur politischen Ökonomie des Klimas, in: Görg, Christoph/Brand, Ulrich (Hrsg.): Mythen globalen Umweltmanagments: »Rio + 10« und die Sackgassen nachhaltiger Entwicklung, Münster, S. 192-215.

IPCC, Intergovernmental Panel on Climate Change (2001): Climate Change 2001. Impacts, Adaptation and Vulnerability. Contribution of Working Group II to the Third Assessment Report of the IPCC, Cambridge.

Missbach, Andreas (1999): Das Klima zwischen Nord und Süd. Eine regulationstheoretische Untersuchung des Nord-Süd-Konflikts in der Klimapolitik der Vereinten Nationen, Münster.

Ott, Hermann/Oberthür, Sebastian (2000): Das Kyoto-Protokoll. Internationale Klimapolitik für das 21. Jahrhundert, Opladen.

Walk, Heike/Brunnengräber, Achim (2000): Die Globalisierungswächter. NGOs und ihre transnationalen Netze im Konfliktfeld Klima, Münster.

Krisenprävention

Krisenprävention manifestiert sich in einem politischen Maßnahmenbündel meist externer Akteure, das die Eskalation eines Konflikts in eine bewaffnete Auseinandersetzung und das Eintreten eines akuten Krisenzustandes verhindern soll. Voraussetzung ist ein leistungsfähiges Frühwarnsystem. Der Versuch des Generalsekretärs der Vereinten Nationen, bereits Ende der 1980er Jahre einen ihm zugeordneten Frühwarnstab einzurichten, wurde blockiert. Erst das vollständige Versagen auf internationaler Ebene, der kriegerischen Eskalation in Bosnien-Herzegowina und dem Völkermord in Ruanda Einhalt zu gebieten, hat vor allem innerhalb der EU vielfältige politische Initiativen ausgelöst, die darauf zielen, wirkungsvollen Maßnahmen zur Krisenprävention einen hohen Stellenwert in der Außen- und Entwicklungspolitik zu verleihen. Der zunehmende machtpolitische Unilateralismus der USA hat die Verabschiedung von Leitlinien und die Bildung von Stäben, die im Rahmen der gemeinsamen Außen- und Sicherheitspolitik mit Krisenprävention betraut sind, außerordentlich beschleunigt. Präventionspolitik muss inzwischen als zentrales Thema der EU-Außen- und Sicherheitspolitik gesehen werden, die nicht zuletzt ihren Wert und ihre Existenzberechtigung aus der Zielsetzung bezieht, weltweit zur Konfliktvermeidung und -bewältigung beitragen zu können. Auch die Bundesregierung hat jüngst einen für alle Ressorts verbindlichen »Aktionsplan Krisenprävention« verabschiedet, der koordiniertes Vorgehen der verschiedenen Akteure sicherstellen soll. Der erfolgreiche Marsch dieses Paradigmas durch die politischen Bürokratien in Brüssel und Berlin ist bemerkenswert. Man spürt öffentlichen Druck und ist bemüht, ein umfassendes Instrumentarium zu entwickeln und vorzuhalten, das schnelle Reaktionen ermöglichen und vor kontraproduktivem Aktionismus schützen soll.

Inhaltlich zielt Krisenprävention darauf, wo immer möglich, zivilen Instrumenten den Vorrang einzuräumen. Gleichzeitig ist aber die in der traditionellen Entwicklungspolitik sakrosankte Trennung von zivilen und militärischen Maßnahmen aufgehoben worden. Unter dem Etikett Sicherheitssektorreform ist es inzwischen selbstverständlich geworden, zivile und militärische Maßnahmen zur Krisenprävention zu bündeln. Allerdings gilt es zu bedenken, dass es methodisch nicht möglich ist, Aussagen über die Wirkungsmächtigkeit des Krisenpräventionsinstrumentariums zu machen. Man kann lediglich die umfänglichen Aktivitäten unterschiedlichster Art beschreiben und davon ausgehen, dass dadurch generell zumindest bessere Informationen zeitnah zur Verfügung stehen.

In der Praxis der europäischen Konfliktprävention dominieren private Träger. Jedoch werden bislang polizeiliche und militärische Aufgaben mit Ausnahme Großbritanniens nur in Ausnahmefällen an private Träger delegiert. Ansonsten hat sich ein Geflecht beschäftigungsintensiver Dienstleistungsindustrien in unterschiedlichen Rechtsformen entwickelt. Dieses Konglomerat privater Träger hat unterschiedliche Wurzeln, die von klassischer Entwicklungshilfe und Nothilfe bis zu pazifistischen Gruppen reichen. Dieser bislang wenig konsolidierte Sektor zielt auf stabile Auftragslagen und entwickelt entsprechende Eigendynamiken.

Das Paradigma Krisenprävention ist seit seiner Entstehung bis zur heutigen Ausdifferenzierung, die den militärischen Bereich einschließt, in Kernbereiche von Außenpolitik vorgedrungen und wird inzwischen als nationale und europäische Interessenpolitik gehandhabt. Dies erklärt die Ausweitung der Instrumente. Inzwischen sind auch präventive Interventionen ohne das völkerrechtlich gebotene Mandat der Vereinten Nationen nicht mehr ausgeschlossen. Kosovo bzw. der Krieg gegen Serbien-Montenegro waren der Präzedenzfall. Der Ausgangspunkt der Paradigmas waren Nichtintervention und zivile Konfliktbearbeitung, für die es allerdings weder leistungsfähige Träger noch konzeptionelle Strategien gab. Die »Plattform Zivile Konfliktbearbeitung« ist eine der deutschen Gruppierungen, die diese Zielsetzung beibehalten haben.

Das wirkliche Dilemma des gesamten Krisenpräventionsdiskurses besteht jedoch in der absoluten Beschränkung auf den systemischen Status Quo. Nur so ist die weitgehend konsensgetragene rasche Expansion des politisch-bürokratischen Präventionsinstrumentariums innerhalb der EU zu erklären. Die Betriebsamkeit des Monitoring und die Abwehr akuter Gewalteskalation zielen auf die fragile Stabilität des Status Quo. Sie verstellen aber den Blick auf systemische Ursachen von Krisen, deren Beseitigung ernsthafte politische Veränderungen der globalen Regulation, insbesondere der Wirtschaft, erfordern würde.

Peter Lock

Zum Weiterlesen

Berghof Forschungszentrum für konstruktive Konfliktbearbeitung: www.berghof-center.org.

Die Friedenswarte (2004), Heft 3-4, Sonderheft Krisenprävention.

Rummel, Reinhardt (2003): Konfliktprävention: Etikett oder Markenzeichen europäischer Interventionspolitik? SWP-Studie, Berlin.

Zentrum für internationale Friedenseinsätze: www.zif.de.

Leitkultur

Der Begriff der Leitkultur ist ein sehr deutscher, die damit verbundene Thematik und Debatte beschäftigt aber alle Einwanderungsgesellschaften. Deren konstitutives Merkmal ist ethnischer, kultureller und religiöser Pluralismus, der einheimische Kulturvorschriften durch fremde ergänzt. ImmigrantInnen wurden als Arbeitskräfte angeworben, doch insbesondere mit dem Nachzug der Familie (oder der Gründung einer solchen) werden kulturelle Differenzen stärker betont und von Einheimischen auffälliger wahrgenommen.

Klassische Migrations- und Assimilationstheorien gingen von einer in drei Generationen abgeschlossenen Angleichung aus, doch zeigt sich heute, dass ethnische Gruppen homogene und endogame Enklaven über längere Zeiträume aufrechterhalten. Sprachinseln und religiös-kulturelle Vereine helfen ImmigrantInnen bei der (Binnen)Integration, werden von der Mehrheit aber oft als »Parallelgesellschaften« skandalisiert.

Der Begriff der Leitkultur, durch Sozialwissenschaftler und Politiker aufgebracht, ist ein defensiver Mobilisierungsbegriff, der oft einen kaum verhohlenen »Herr-im-Hause«-Standpunkt anzeigt – »Gäste« hätten sich gefälligst den Sitten und Gebräuchen der »Gastgeber« anzupassen. Das übersieht, dass viele ImmigrantInnen Vollbürger sind (oder Mitbürger mit gefestigtem Aufenthaltsstatus); ebenso verkannt wird die »Farbenblindheit« säkularer Gemeinwesen, die im Rahmen universaler Menschenrechte Minderheitenschutz und Religionsfreiheit garantieren. Säkulare Gemeinwesen können von ihren Mitgliedern kein fixes Bekenntnis verlangen, und auch dort, wo bestimmte Werthaltungen in Grundrechtskataloge übersetzt und Verfassungsbestandteil geworden sind, können diese nicht in substanzieller Weise postuliert werden, sondern als formale Voraussetzungen gesellschaftlichen Konsenses. Wo immer der Begriff Leitkultur spezifiziert wurde, kamen dabei universalistische Kategorien heraus: Humanismus, Aufklärung etc. oder eben genau das Prinzip Säkularität.

Damit wird der kulturelle oder religiöse Hintergrund neutralisiert. Nicht eine »christliche« oder »deutsche« Substanz kann als Leitkultur proklamiert und oktroyiert werden, verbindlich sind formale Prozeduren wechselseitiger Anerkennung und Toleranz. Kulturelle Vielfalt ist in politischer Gleichheit aufgehoben, das heißt: Identität kann eine kulturelle Gruppe nicht einseitig postulieren, und Integration ist eine gemeinsame bildungs-, sozial- und rechtspolitische Herausforderung.

Die Debatte um die Leitkultur spiegelt zugleich die kulturellen Widersprüche der → Globalisierung. Wirtschaftlich wird globale Freizügigkeit gefordert, zugleich aber kultureller Protektionismus praktiziert. Transnationale Netzwerke machen Einwanderung zu einem Transitstadium, in dem weniger ein Leben »zwischen den Kulturen« praktiziert wird als »dritte Lebensformen«. Für die Kultursoziologie zählen folglich stärker die »routes«, die Routen der Migration, als die »roots«, die Wurzeln personaler Identität in nationalen und ethnischen Kollektiven.

Damit relativieren (oder virtualisieren) sich überkommene Kategorien von Raum (und Grenzen); die relative Verortung rangiert vor der absoluten Lokalisierung. Der kulturwissenschaftliche Gegenbegriff zur »Leitkultur« heißt »Hybridität« (→ Hybride Kulturen), eine Eigenschaft, die kultureller Produktion und Distribution ohnehin wesensmäßig eigen ist. Begonnen hat die wilde Verbindung von Artefakten, Symbolen und Identitäten mit der Sprache, dem primären Ausdrucks- und Kommunikationsmittel, wo es im Kontakt zwischen zwei und mehr Sprechergruppen häufig zur Kreolisierung kam.

Kulturelle Entgrenzung bringt es mit sich, dass Elemente aller Kulturen aus ihren lokalen Wurzeln und Kontexten gelöst werden. Während Wirtschaft und Technik im Weltmaßstab universale Medien wie das Geld und standardisierende Expertensysteme hervorgebracht haben und diese von lokalen Ursprüngen absehen müssen, weil nur eine solche Abstraktion die Kommunikation zwischen Fremden erlaubt und Vertrauen schafft, widersetzen sich kulturelle Produkte und Szenen der Vereinheitlichung und bieten damit die Chance für Distinktion.

Claus Leggewie

Zum Weiterlesen

Clifford, James (1992): Travelling Cultures, London.
Hannertz, Ulf (1996): Transnational Connections: Culture, People, Places, London.
Leggewie, Claus (2003): Die Globalisierung und ihre Gegner, München.
Ritzer, George (1998): The McDonaldization Thesis: Explorations and extensions, London.
Tibi, Bassam (2001): Leitkultur als Wertekonsens, in: Aus Politik und Zeitgeschichte, B 1, S. 23-26.

Liberalisierung

Liberalisierung bedeutet die Umsetzung liberaler Politikvorstellungen in einer Gesellschaft. Der Liberalismus als weltanschaulich-programmatische Grundlage ist allerdings nur als weite politisch-ökonomische Strömung zu fassen, die in den vergangenen drei Jahrhunderten vielfache Wandlungen mit unterschiedlichen länderspezifischen Ausprägungen durchlaufen hat.

Der Liberalismus war zunächst die zentrale Ideologie des aufstrebenden Bürgertums im Übergang vom Absolutismus zum Kapitalismus. Seine ursprünglichen Postulate bestehen im Kern aus drei miteinander verbundenen Freiheitsgrundsätzen: der individuellen Freiheit, verstanden als Fähigkeit und Möglichkeit des Menschen zum selbstbestimmten Handeln; der politischen, durch rechtsstaatliche Grundsätze gesicherten Freiheit; letztlich der wirtschaftlichen Freiheit, die sich auf das private Eigentumsrecht und das Vertrauen in die selbstregulierenden Marktkräfte stützt. Gleichheit, Fortschritt und Vernunft bilden weitere Elemente, die auf der institutionellen Ebene in den Prinzipien der Gewaltenteilung, der Repräsentation und der Öffentlichkeit ihren Ausdruck fanden. Aus historischer Perspektive hat die Politik der Liberalisierung also durchaus ein emanzipatorisches Konzept verfolgt, indem erstmals ein systematischer Ordnungs- und Entwicklungsentwurf von Gesellschaft vorgelegt wurde, der sich im Wesentlichen nicht auf religiöse oder naturalistische Erklärungsmuster stützt.

In der Entwicklung kapitalistischer Gesellschaft zeigt sich im liberalen Denkgebäude allerdings eine restaurative und konservative Tendenz. So erwies sich die Entkopplung der politischen Freiheit von sozialer Emanzipation als Einfallstor für sozialdarwinistische und demokratie-skeptische Denkfiguren. Anti-Egalitarismus und ein autoritäres Gesellschaftsverständnis wurden zu festen Größen liberaler Politik. Mit der Formierung des Neoliberalismus seit den 1930er Jahren rückt ein autoritär umrahmter Wirtschaftsliberalismus vollständig ins Zentrum und verdrängt den politisch-emanzipatorischen Liberalismus an den Rand des liberalen Programms. Aus dieser Perspektive steht Liberalisierung heute fast ausnahmslos für ein rein ökonomisches Konzept, für eine Politik der Marktöffnung, die den gesellschaftlichen Regelungsbedarf möglichst umfassend anonymen Marktkräften überantworten will und den Wettbewerb (→ Wettbewerbsstaat) zum ausschließlichen Steuerungselement wirtschaftlichen Handelns erklärt.

In enger Verbindung zum ökonomischen Prinzip der Liberalisierung sind die daraus abgeleiteten Handlungsmaximen der → Privatisierung und → Deregulierung zu nennen. Dieser Dreiklang bildet seit den 1970er Jahren das Herzstück neoliberaler Wirtschafts- und Finanzpolitik auf nationalstaatlicher wie transnationaler Ebene, die sich vor dem Hintergrund des in die Krise geratenen Nachkriegsreformismus durchsetzen konnte. In der Folge wurde und wird das nach 1945 geflochtene Netz finanz-, wirtschafts- und sozialpolitischer Regulierungen und Arrangements aufgelöst. Entsprechend sind die 1970er/80er Jahre vor allem durch die Liberalisierung der Finanz- und Gütermärkte geprägt, die die Grundarchitektur der neoliberalen → Globalisierung darstellen.

Seit den 1990er Jahren steht nach der → Privatisierung öffentlicher Unternehmen und der Infrastruktur (Telekommunikation, Energie, teilweise Verkehr) die Liberalisierung von Dienstleistungen ganz oben auf der neoliberalen Agenda. Das betrifft neben den regulierten nationalen Dienstleistungsmärkten auch Kernbereiche der öffentlichen → Daseinsvorsorge wie etwa Bildung und Gesundheit. Den institutionellen Rahmen für entsprechende Liberalisierungsverhandlungen bildet das 1995 als multilateraler Vertrag im Rahmen der Welthandelsorganisation ins Werk gesetzte General Agreement on Trade in Services (→ GATS), das allerdings unter dem Eindruck erheblicher Widerstände nicht wie geplant 2005 abgeschlossen wird. In die gleiche Richtung gehen Bestrebungen in der EU, die unter der Bezeichnung »Richtlinie über den Binnenmarkt für Dienstleistungen« (»Bolkestein-Richtlinie«) eine radikale Liberalisierung öffentlicher wie privater Dienstleistungen anstrebt. Damit ist ein weiterer frontaler Angriff auf Lohn- und Arbeitsbedingungen und sozialstaatliche Grundrechte verbunden, der letztlich nur im Rahmen einer internationalen Gegenbewegung zur Wiederaneignung einer umfassenden öffentlichen → Daseinsvorsorge zurückgedrängt werden kann.

Ralf Ptak

Zum Weiterlesen

Arbeitsgruppe Alternative Wirtschaftspolitik (2005): Memorandum 2005, Köln.

Fritz, Thomas (2005): Auf dem Weg zur Sonderwirtschaftszone. Die Dienstleistungsrichtlinie der EU, in: Miren Exezarreta u.a., EuroMemo 2004, Hamburg, S. 73-95.

Huffschmid, Jörg (2002): Politische Ökonomie der Finanzmärkte, Hamburg.

Kühnl, Reinhard (1996): Deutschland seit der französischen Revolution, Heilbronn.

Opitz, Reinhard (1972): Liberalismuskritik und Zukunft des liberalen Motivs, in: Blätter für deutsche und internationale Politik, Heft 1-3.

Menschenhandel

Unter Menschenhandel wird die Rekrutierung, der Transport, die Schleusung, der Verkauf und Ankauf von Personen meist über nationalstaatliche Grenzen hinweg verstanden. Menschenhandel findet ohne die Zustimmung der Gehandelten oder unter Gewaltandrohung bzw. -anwendung statt. Sein Zweck ist die ökonomische oder sexuelle Ausbeutung in Zwangsprostitution, → Sklaverei und für den Organhandel. Im Unterschied zum Menschenschmuggel, bei dem Menschen auf Jobsuche oder auf der Flucht Schleuser und Arbeitsvermittler dafür bezahlen, illegal über Grenzen gebracht zu werden, ist der Handel immer ein Akt der Menschenrechtsverletzung und impliziert Gewalt. Täuschung und falsche Versprechen sind die entscheidenden Merkmale des modernen Menschenhandels .

Diese Definition formulierten die Vereinten Nationen 2000 in einem Protokoll zur Konvention gegen transnational organisiertes Verbrechen. Mit dieser Konvention reagierten sie auf die Expansion und Verdichtung transnational aktiver, krimineller Netzwerke und auf einen Boom des Menschenhandelsgewerbes nach dem Kollaps des realsozialistischen Blocks. Die Internationale Arbeitsorganisation schätzt die Zahl der jährlich gehandelten Menschen auf etwa 2,5 Millionen. Regional verschieden werden zwischen 43 und 65% in die Prostitution gehandelt, knapp ein Drittel in andere Ausbeutung. Die meisten wollen migrieren, um der → Armut zu entkommen, und geraten in Menschenhändlerringe, 60 bis 80% sind Frauen und Mädchen.

Mit einer ganzen Palette von Manövern zwischen Täuschung, Erpressung und brutaler Gewalt werden die Opfer von Menschenhandel ihrer Identität und Bewegungsfreiheit beraubt. Ohne Ausweisdokumente landen sie in Schuldknechtschaft, wo sie die »Reise- und Vermittlungskosten« abarbeiten müssen. Sie dürfen Bordelle, Haushalte und andere Arbeitsplätze nicht verlassen, werden versteigert und verschleppt ohne Orientierung, wo sie sich befinden. Nach Razzien werden sie meist direkt abgeschoben, im Herkunftsland aber oft schnell von derselben Mafia wieder aufgegriffen und wie in einer Drehtür in die Ausbeutungsstrukturen zurückbefördert.

Der moderne Menschenhandel steht im Kontext einer Entmoralisierung des Handels bei der globalen Restrukturierung von Ökonomien. Er wächst, weil die Zahl der Migrationswilligen in den »Lieferländern« zunimmt (→ Migration), und die Nachfrage nach »Billigarbeitskräften« in Transit- und Zielländern durch den Kostensenkungswettbewerb steigt. Gleichzeitig erhöhen die wohlhabenden Länder die Hürden für legale Migration und illegalisieren die Arbeit von undokumentierten MigrantInnen. Menschenhändler machen ihre Geschäfte in dem Spannungsfeld zwischen der Not der Migrationswilligen und den politischen Verboten in Zielländern. So dehnen sich transnationale, rechtlose Korridore und Gewaltmärkte auf der Schattenseite der Globalisierung aus und dringen in die legalen Vertragsmärkte ein. Wie der Drogenhandel dient vor allem der Frauenhandel zur → Geldwäsche, zur Finanzierung von Bürgerkriegen in Afrika oder zur ursprünglichen Akkumulation für andere kriminelle Geschäfte.

In der Topographie des Menschenhandels sind zum einen die Handelswege von Ost- nach Westeuropa mit Tschechien, dem Kosovo und Albanien als Transitstationen markante Räume der Menschenrechtsverletzung, zum anderen die Drehscheibe Thailand-Kambodscha-Vietnam. Frauen und Mädchen werden in Ehen nach China, Taiwan und Korea gehandelt oder über Scheinehen in die Prostitution gezwungen. Eltern verkaufen ihre Kinder aus schierer Not an »Jobvermittler«, die sie dann mit Drohung oder Folter zum Straßenhandel, zur Arbeit in Sweatshops, Salzfeldern oder Minen nötigen. Seit der Verbreitung von AIDS sind Kinder in der Sex-Industrie hoch begehrt. Oft werden sie mit Drogen gefügig gemacht, mit Polio- oder anderen Viren infiziert oder durch Organentnahme verstümmelt, um erfolgreich betteln zu können.

Auch die Kommerzialisierung nicht freiwillig gespendeter Organe für die Transplantationsmedizin wird unter modernem Menschenhandel gefasst. Dazu gehört der transnationale Handel mit Organen, die in China Exekutierten entnommen werden, wie auch der Verkauf von Nieren durch Arme vor allem in Südasien, die nichts anderes zu verkaufen haben.

Bislang ist das nationale wie internationale Instrumentarium zur Strafverfolgung von Menschenhandel trotz einiger gesetzlicher Verbesserungen völlig unzureichend. Statt die Opfer zu kriminalisieren und abzuschieben, müssten sie als ZeugInnen geschützt und in ihrer Existenzsicherung unterstützt werden. Das große Wohlstandsgefälle zwischen Ländern und Regionen und die Zuwanderungsverbote fungieren weiterhin als profitable Voraussetzung für das risikoarme Geschäftemachen mit Menschen als Handelsgütern.

Christa Wichterich

Zum Weiterlesen

Internationales Arbeitsamt (2005): Eine globale Allianz gegen Zwangsarbeit, Genf.
Truong, Than-Dam (2001): Organised Crime and Human Trafficking, ISS, Working Paper Series No 339, Den Haag.
UN Convention Against Transnational Organised Crime (2000)_www.odccp.org/palermo/theconvention.html

Menschenrechte

Menschenrechte sind nicht Gott-gegeben und entspringen schon gar nicht der Natur des Menschen. Ihr Ursprung geht auf die philosophischen Werke der bürgerlichen Aufklärung im 17. und 18. Jahrhundert zurück. Ihre Verbindlichkeit sollten sie jedoch erst durch die gesellschaftliche Übereinkunft erhalten, wie sie in den bürgerlichen Verfassungen seit dem 18. Jahrhundert und später in den internationalen Konventionen kodifiziert worden ist.

Auftakt einer ersten verbindlichen Festlegung bildeten die amerikanische Bill of Rights von 1776 und die Erklärung der Menschenrechte der französischen Revolution von 1789. Sie definierten zum ersten Mal jene bürgerlichen und politischen Rechte, die heute in fast jeder nationalen Verfassung und im Internationalen Pakt über die bürgerlichen und politischen Rechte von 1967 zu finden sind. Diese erste Generation von Menschenrechten, die das Recht auf Leben und körperliche Unversehrtheit, aber auch die politischen Freiheiten umfasst, ist heute universell anerkannt – auch von jenen Rechtskulturen Asiens und Afrikas, die keinen Anteil an der ursprünglichen Definition der Menschenrechte gehabt haben.

Doch ist die Rechtsentwicklung nicht bei dieser ersten Generation der Menschenrechte stehen geblieben. Die europäische Arbeiterbewegung forderte im Verlauf des 19. und 20. Jahrhunderts eine Erweiterung um soziale, ökonomische und kulturelle Rechte – eine Forderung, die durch die Russische Revolution und die revolutionären Erhebungen in Deutschland am Ende des Ersten Weltkrieges politische Resonanz erhielt. Sie wurden 1948 in die Allgemeine Erklärung der Menschenrechte aufgenommen. Da die Staaten jedoch wegen unüberwindlicher Meinungsverschiedenheiten über den rechtlichen Status dieser neuen, zweiten Generation von Menschenrechten übereingekommen waren, der Allgemeinen Erklärung keine Rechtsverbindlichkeit zukommen zu lassen, wurden sie noch einmal 1967 in dem Internationalen Pakt für soziale und ökonomische Rechte zusammengefasst, der dann im Jahr 1976 gemeinsam mit dem Politischen Pakt in Kraft trat. Auch heute noch wird die rechtliche Verbindlichkeit der Sozialrechte vor allem in den kapitalistischen Kernländern angezweifelt und ihnen ein gleichberechtigter Status neben den Politischen Rechten verwehrt. Juristisch ist das allerdings nicht begründbar.

Mit der endgültigen politischen Unabhängigkeit der alten Kolonien in den 1970er Jahren und der Entstehung neuer souveräner Staaten entwickelte sich aus den Erfahrungen der Kämpfe und den neuen Problemen wachsender ökonomischer Abhängigkeit und Unterentwicklung die Forderung nach einer Dritten Generation so genannter kollektiver Menschenrechte. Sie knüpften an das jetzt weitgehend als zwingendes Recht (ius cogens) anerkannte Recht auf Selbstbestimmung der Völker an, welches der Rechtfertigung des bewaffneten Unabhängigkeitskampfes diente. Im Wesentlichen handelt es sich heute um die beiden Rechte auf Entwicklung und auf Frieden. Auch ihnen wird jedoch weitgehend der Charakter konkretisierbarer und verbindlicher Rechte bestritten. Den Hintergrund für die Ablehnung dieser neuen Generation von Menschenrechten vor allem in den transatlantischen Industriestaaten bildet die Furcht vor finanziellen Ansprüchen aus einem Recht auf Entwicklung und konkreten Forderungen der Abrüstung aus einem Recht auf Frieden. Hinzu kommen rechtsdogmatische Einwände, die auf dem klassischen Freiheits- und Abwehrcharakter der Menschenrechte gegen staatliche Eingriffe beharren und jeden Leistungsanspruch gegen den Staat als systemwidrig ablehnen.

Der vertragliche Geltungsgrund der Menschenrechte weist ihnen eindeutig einen zwar ebenbürtigen, aber nicht gegenüber anderen Völkerrechten hervorgehobenen Stellenwert zu. In der Hierarchie der Rechte nehmen sie den gleichen Rang wie auch andere vertraglich begründete Rechte ein wie etwa die der UNO-Charta. Sie taugen deshalb nicht dazu, das absolute Gewaltverbot des Art. 2 Z. 4 UNO-Charta zu durchbrechen und eine dritte Ausnahme als → Humanitäre Intervention zu begründen.

Unabhängig von dieser strikten und unbestreitbaren Begrenzung der Menschenrechte müssen wir anerkennen, dass kaum ein anderer Bereich des Völkerrechts unter der Herrschaft der UNO und ihrer Charta einen so nachhaltigen Zuwachs an Umfang, Bedeutung und rechtlicher Wirksamkeit erhalten hat. Die Menschenrechte sind eine feste Größe des internationalen Rechts geworden. Sie haben nicht zuletzt auch der internationalen Strafgerichtsbarkeit und damit der strafrechtlichen Ahndung schwerer Menschenrechtsverletzungen zum Durchbruch verholfen.

Norman Paech

Zum Weiterlesen

Menschenrechte (2004): Dokumente und Deklarationen, hrsg. von der Bundeszentrale für politische Bildung, Bonn.

Opitz, Peter J. (2002): Menschenrechte und Internationaler Menschenrechtsschutz im 20. Jahrhundert, München.

Paech, Norman/Stuby, Gerhard (2001): Völkerrecht und Machtpolitik in den Internationalen Beziehungen, Hamburg.

Paech, Norman (2004): Die sozialen, ökonomischen und kulturellen Menschenrechte im Rechtssystem der internationalen Wirtschafts- und Handelsordnung, Bonn.

Menschliche Sicherheit

Obwohl in der Friedensbewegung als Gegengewicht zur aufrüstungsintensiven Abschreckungspolitik schon vorher bekannt, wird der Begriff menschliche Sicherheit erst seit 1989 breiter debattiert. Die Verabschiedung von einem auf staatliche Sicherheit abstellenden Sicherheitsbegriff und die Verlagerung auf individuelle Menschen ist dabei ebenso unstrittig wie die Zunahme vielfältiger Gefahrenquellen. Kontrovers aber ist, ob menschliche Sicherheit als normativer Bezugspunkt und übergreifender Referenzrahmen für die Gestaltung von Politik geeignet ist und wie das Konzept sich zu den → Menschenrechten verhält.

Militärische Organisationen wie NATO und Bundeswehr machen neue Gefahrenquellen (Staatszerfall, Schattenwirtschaft, Terrorismus, Umweltkatastrophen u.ä.) aus, welche die nationale Sicherheit des Staates nicht mehr nur an seinen Grenzen, sondern weltweit wie auch im Inneren der Gesellschaft bedrohen. Auf dem Hintergrund eines »erweiterten Sicherheitsbegriffs« beanspruchen sie umfassend erweiterte Eingriffsrechte und entsprechenden Auf- und Umrüstungsbedarf.

Die Entwicklungspolitik, allen voran das UN-Entwicklungsprogramm, greift auf das Konzept der menschlichen Entwicklung zurück, definiert ihr Handlungsfeld als menschlicher Sicherheit dienend um und mahnt die Bereitstellung entsprechender entwicklungspolitischer Ressourcen an. Seit dem 11. September 2001 bewegt sich diese Argumentation hin zur Begründung von Entwicklungspolitik als Friedenssicherung mit dem neuen Handlungsfeld der → Krisenprävention.

Aus globalisierungskritischer Perspektive wird das Konzept mit dem Verlust sozio-ökonomischer Sicherheit verknüpft, vor allem aber mit den Folgen zunehmender → Privatisierung, der Erosion der Gemeinwohlorientierung staatlichen Handelns sowie der Vernachlässigung öffentlicher Güter (→ Globale Öffentliche Güter). Die Bereitstellung öffentlicher Güter auf globaler wie auf nationaler Ebene gilt als unerlässliche Voraussetzung für menschliche Sicherheit. Insofern der Verlust von menschlicher Sicherheit zur Verletzung von Menschenrechten führen kann, ist er diesen gleichsam vorgelagert.

Gegen die Verknüpfung von Sicherheit mit entwicklungspolitischen wie allgemein gesellschaftspolitischen Zielsetzungen werden gravierende Vorbehalte vorgebracht. Die Verschränkung der Diskurse und der Ziele, so der Einwand, führt zu einer »Versicherheitlichung« der Politikfelder, die Recht und

Gerechtigkeit, Demokratie und den Bezugsrahmen der Menschenrechte zu Gunsten umfassender nationaler wie internationaler, zunehmend privatisierter Sicherheitsmaschinerien zurückdrängt. Indem Entwicklungspolitik Armutsbekämpfung zur Sicherheitsfrage erklärt, werden die Armen zur Bedrohung, die sich durch versuchte Grenzüberschreitungen, Unruhen, Epidemien, ökologischen Raubbau, Staatszerfall, terroristische Gefolgschaft, mafiöse Strukturen etc. zum globalen Gefahrenherd entwickeln. Der sicherheitsdominierte Entwicklungsdiskurs trägt systematisch zur De-Solidarisierung bei und fördert Festungsdenken.

Was die gesellschaftspolitische Dimension von menschlicher Sicherheit betrifft, so stellt sich die Frage, ob die im Horizont von menschlicher Sicherheit skizzierten Maßnahmen nicht am global wenig angemessenen Modell des europäischen → Sozialstaats orientiert sind. Zudem begünstigen die Normen, Prioritätensetzungen, Verfahrensweisen und Ressourcenlenkungen sehr viel eher die traditionellen Sicherheitsapparate als emanzipatorische Zielsetzungen verfolgende AkteurInnen. Strittig also ist: Sollten die Zielsetzungen von sozialer Gerechtigkeit einschließlich Geschlechtergerechtigkeit, von nachhaltigem Umgang mit der → Natur, und der Möglichkeit selbstbestimmten Lebens als Sicherheitserfordernis oder als Menschenrecht diskutiert werden? In diese Richtung gehen auch frauenpolitische Zweifel, die wesentliche Elemente von Gleichheit und Geschlechterdemokratie im Konzept von menschlicher Sicherheit nicht aufgehoben sehen und an dem mühsam erkämpften, Frauenrechte einschließenden, Menschenrechtsrahmen festhalten wollen.

Die von den Vereinten Nationen 2003 eingesetzte Commission on Human Security bietet eine Kompromissformel an: »Menschliche Sicherheit ist ein Konzept, das sich der Idee der Menschenrechte verdankt, und es benennt die Notwendigkeit bestimmter Sicherheiten, die unverzichtbar sind für das Erreichen von menschlicher Entwicklung.«

Claudia von Braunmühl

Zum Weiterlesen

Braunmühl, Claudia von (2003): Sicherheit für wen und wovor? Kritische Anfragen zum Sicherheitskonzept der Vereinten Nationen, in: Birgit Mahnkopf (Hrsg.): Globale Öffentliche Güter – für menschliche Sicherheit und Frieden, Berlin.

Commission on Human Security, Final Report, May 2003. www.humansecurity-chs.org/finalreport/index.html

Feministisches Institut der Heinrich Böll Stiftung (Hrsg.) (2004): Human Security = Womens' Security. Keine nachhaltige Sicherheitspolitik ohne Geschlechterperspektive, Berlin.

Migration

Der Terminus → Globalisierung steht für die → Liberalisierung von Finanz- und Gütermärkten sowie für die Nutzung eines weltweiten Arbeitskräftepotenzials durch die Verlagerung (→ Offshoring) von Produktion und Dienstleistungen in Länder mit geeigneten (billigen) Arbeitskräften. Eine Ausnahme von dieser generellen Strategie der Liberalisierung bilden die nationalen Arbeitsmärkte von Industriegesellschaften. Gegenüber der Mobilität von Arbeitskräften werden nationale Grenzen verteidigt. Immigration soll weitgehend verhindert oder doch – je nach Konjunktur oder Spezialbedarf – gesteuert werden. Insbesondere in Ländern mit einem entwickelten System staatlicher Sozialpolitik finden derartige Strategien des Ausschlusses vielfache Unterstützung in der Bevölkerung.

Der international dominanten Immigrationspolitik liegt die Annahme zugrunde, Migration werde aus individueller ökonomischer Kalkulation gespeist. Armut wirke als Push-Faktor, bessere Lohn- und Versorgungsbedingungen als Pull-Faktoren. Angesichts großer internationaler Differenzen wird ein quasi unbegrenztes Migrationspotenzial unterstellt. Im politischen Diskurs ist von »Flut« die Rede und von »Dämmen«, die es aufzurichten gelte.

Die so genannte neue Migrationstheorie richtet sich gegen diese – aus dem Theoriezusammenhang der Neoklassik abgeleiteten – Annahmen. ForscherInnen, die konkrete Migrationsströme untersuchen, weisen darauf hin, dass Migrationsbewegungen zeitlich begrenzt und geografisch spezifisch ausgerichtet waren und sind, und dass Migration finanzielle Mittel und Sozialkompetenz voraussetzt, weshalb denn auch WanderarbeitnehmerInnen in der Regel weder aus den ärmsten Ländern noch aus den ärmsten Bevölkerungsgruppen kommen. In den letzten Jahrzehnten ist der Anteil von Frauen beträchtlich angestiegen.

Ebenso wie früher erfolgt Arbeitsmigration auch heute zumeist im Rahmen von → Netzwerken. Sie werden von Arbeitskräften aus ein und demselben Herkunftsland gebildet. Netzwerke verbreiten Informationen, sie dienen der Unterstützung von Neuankömmlingen und erlauben den Erhalt einer engen kulturellen Bindung zum Herkunftsland, nicht selten nutzen bereits etablierte frühere Einwanderinnen und Einwanderer (ethnisch/nationale) Netzwerke aber auch für eine besonders rigide Ausbeutung von Neuankömmlingen.

Ein zentrales Resultat neuer Migrationsforschungen ist die Feststellung, dass sich Arbeitsmigration im Zeitalter der → Globalisierung weder durch gesetzliche Regelungen noch durch verstärkte Grenzkontrollen erfolgreich verhindern lässt. In der Bundesrepublik hat der 1974 beschlossene Anwerbestopp für »Gastarbeiter« den Anteil dauerhaft im Land lebender nicht-deutscher Arbeitskräfte erhöht. Erst seit dem 1. Januar 2000 erleichtert ein neues Staatsangehörigkeitsrecht ihre Einbürgerung. In den USA ist die Zahl mexikanischer Arbeitskräfte seit der Aufrüstung der Grenze zu Mexiko in den 1980er Jahren immens angestiegen.

Rigorose Ausschlussstrategien provozieren generell (so auch in Japan in den 1990er Jahren) irreguläre Immigration. Sie erfolgt entweder durch die nicht genehmigte Verlängerung eines zeitlich begrenzten Aufenthaltsstatus oder durch geheimen Grenzübertritt. In beiden Fällen handelt es sich um ein Passvergehen, nicht um eine kriminelle Handlung. Der Terminus »Illegale« ist also nicht angebracht. Irreguläre (undokumentierte) Arbeitsimmigration erklärt sich zum einen aus der Suche nach → Arbeit und Einkommen, zum anderen aber auch aus der systematischen Werbung von Schleusern für ihr Geschäft. Denn mit dem Schmuggel von Menschen lassen sich immense Profite erzielen (→ Menschenhandel). Schließlich wäre das Ausmaß irregulärer Migration weitaus geringer, wenn es in den Empfängerländern keine Nachfrage nach billigen und willigen Arbeitskräften gäbe. Vor allem in → Global Cities, den lokalisierten Knotenpunkten internationaler Finanztransaktionen, gibt es nicht nur Beschäftigung für FinanzdienstleisterInnen, sondern auch für Arbeitskräfte, die niedere Dienstleistungen verrichten. Viele der letzteren arbeiten »ohne Papiere« (sans papiers).

Heide Gerstenberger

Zum Weiterlesen

Husa, Karl/Parnreither, Christof/Stacher, Irene u.a. (2000): Internationale Migration: die globale Herausforderung des 21. Jahrhunderts, Frankfurt/M.

Internationale Arbeiterkonferenz (2004): Der Weg zu einer fairen Behandlung von Wanderarbeitnehmern in der globalen Wirtschaft, Genf.

Jordan, Bill/Düvell, Franck (2002): Irregular Migration. The Dilemmas of Transnational Mobility, Cheltenham, U.K./Northampton, MA, USA.

Kwong, Peter (1997): Forbidden Workers: Illegal Chinese Immigrants and American Labor, New York.

Militarisierung

Im globalen, europäischen wie auch bundesdeutschen Kontext wird immer stärker auf Militarisierung als Mittel der Politik gesetzt. In Verteidigungs- und Sicherheitsstrategien schlägt sich diese Politik nieder und wird quantitativ an Zahlen über Rüstungsausgaben und -exporte deutlich. Die weltweiten Militärausgaben stiegen im Jahr 2004 auf mehr als eine Billion US-Dollar. Allein 47% davon entfielen auf die USA. Daneben befinden sich England, Frankreich, Deutschland und Italien zusammen mit China und Japan unter den sieben größten Rüstungsinvestoren. Drastisch zugenommen hat auch der Waffenhandel mit einer Umsatzsteigerung von rund 25% bei den 100 größten Waffenherstellern in den Jahren 2002-2003.

Mit rasantem Tempo und Zielstrebigkeit wird derzeit auch die Militarisierung der Europäischen Union vorangetrieben. Vorbereitet, legitimiert und weiterentwickelt wird sie primär über drei Dokumente: Europäische Sicherheitsstrategie, European Defence Paper und EU-Verfassungsvertrag.

Die Europäische Sicherheitsstrategie (ESS), im Dezember 2003 verabschiedet, benennt drei strategische Ziele: Erstens Kampf gegen Terrorismus, zweitens Kampf gegen die Verbreitung von Massenvernichtungswaffen und drittens Hilfe für »gescheiterte Staaten« als Mittel gegen organisierte Kriminalität. Entscheidend ist die Schlussfolgerung für das außenpolitische Handeln der EU, die aus ihrer Bedrohungsanalyse gezogen wird: Statt Selbstverteidigung im Inneren liegt bei »den neuen Bedrohungen die erste Verteidigungslinie oft im Ausland«, was ein präventives Handeln erfordere. »Verteidigungslinien« im Ausland und »frühzeitiges« militärisches Handeln sind Umschreibung für »Angriffsaktionen«, und ein Angriff, bevor der Gegner angreifen kann, ist ein Präventivkrieg und damit eine völkerrechtswidrige Aggression.

Das European Defence Paper soll die Grundlage für ein künftiges europäisches Weißbuch darstellen und entwirft auf Basis der ESS militärische Einsatzszenarien für das Jahr 2010. Angriffskriege werden damit auch auf europäischer Ebene verankert, nukleare Optionen nicht mehr ausgeschlossen. Neben Szenarien eines präventiven Atomschlages werden zusätzlich Soldaten für »Regionalkriege zur Verteidigung europäischer Interessen« bereitgestellt.

Im EU-Verfassungsvertrag nehmen die »Gemeinsame Außen- und Sicherheitspolitik« und die »Gemeinsame Verteidigungspolitik« eine zentrale Stelle ein und haben offensichtlich zum Ziel, die Europäische Union für die globale Kriegsführungsfähigkeit fit zu machen. Der Vertrag ermöglicht der EU die »auf militärische Mittel gestützte Fähigkeit zu Operationen« und definiert militärische Kampfeinsätze als integralen Bestandteil der künftigen europäischen Außenpolitik. Zudem wird Aufrüstung zum Verfassungsgebot. Auch ohne ratifizierten Verfassungsvertrag werden dessen Bestandteile weitergetrieben. Bereits im März 2004 haben die EU-Verteidigungsminister mit dem »Head-Line Goal 2004« einen Fahrplan für globale Kriegsführungsfähigkeit beschlossen, mit dem Ziel, eine hoch gerüstete Streitmacht aufzubauen, die im Jahr 2010 unter einheitlichem EU-Kommando für weltweite Militärinterventionen zur Verfügung steht. Zwei Säulen der dafür vorgesehenen Einheiten sind die europäische Eingreiftruppe, die bis zu 60.000 Soldaten zum Einsatz bringen und für längere Zeit in einer Krisenregion stationieren soll, sowie die »battle groups«, kleine Kampfverbände von jeweils 1.500 Elitesoldaten, die als erste Einheiten in ein Kriegsgebiet entsandt werden und den Eingreiftruppen den Weg freikämpfen müssen.

Weiteres gemeinsames Merkmal von Militarisierung im → Neoliberalismus ist die zunehmende → Privatisierung der Kriegsführung. Allein im Irak sind 15.000 Söldner und private Sicherheitskräfte aus dem Ausland (ein Zehntel der US-Truppenstärke) beschäftigt. Hinzu kommen noch über 30.000 bewaffnete Iraker im Dienst der Besatzungstruppen. 100 Milliarden US-Dollar geben Regierungen weltweit für private Militärdienstleistungen aus.

Auch in Deutschland besteht eine umfangreiche Zusammenarbeit zwischen privaten Firmen und der Bundeswehr. In Teilen der Bundeswehr findet Outsourcing und Privatisierung statt. Ein umfangreicher Personalaustausch zwischen Bundeswehr und den beteiligten Firmen ist vorgesehen. Nach den neuen verteidigungspolitischen Richtlinien wurde damit endgültig Abschied von der reinen Landesverteidigung genommen. Weltweit operierende und schnell zu mobilisierende Einheiten mit Präventivschlagsoption sollen eingerichtet werden. Das Konzept einer »Transformation als Antwort auf neue Herausforderungen« sieht eine Bundeswehr mit 250.000 Soldaten und 75.000 Zivilkräften im Jahr 2010 vor, die nach neuen Kategorien in Eingreif-, Stabilisierungs- und Unterstützungskräfte gegliedert ist. Der zivil-militärischen Zusammenarbeit kommt dabei eine bedeutende Rolle zu.

Tobias Pflüger

Zum Weiterlesen

Haydt, Claudia/Pflüger, Tobias/Wagner, Jürgen (2003): Globalisierung und Krieg. AttacBasis-Texte 5.

Homepage der Informationsstelle Militarisierung (IMI) e.V.: http://www.imi-online.de

Millenniums-Entwicklungsziele

Im September 2000 verabschiedeten 191 Regierungen beim Gipfel in New York die Millenniums-Erklärung. Sie ist ein Neuaufriss der sicherheits- und entwicklungspolitischen Agenda der Vereinten Nationen und verpflichtet sich den multilateralen Prinzipien der UN. Unter Bezugnahme auf das von den Ländern des Südens geforderte »Recht auf Entwicklung« und ein auf Exportproduktion und Marktliberalisierung orientiertes Entwicklungsmodell knüpft sie an die Beschlüsse der großen UN-Konferenzen der 1990er Jahre an.

In die Millenniums-Erklärung gingen die von einem Expertenteam der UN in Zusammenarbeit mit den → Bretton-Woods-Institutionen und der OECD formulierten Millennium-Entwicklungsziele (MDGs) ein. Die MDGs sollen durch Armutsbekämpfung und soziale Grundversorgung zur »Lösung der dringlichsten Menschheitsprobleme« bis zum Jahr 2015 führen. Die Armutsorientierung der MDGs stellt eine pragmatische Reduktion entwicklungspolitischer Diskurse dar, gab der Entwicklungshilfe und ihrer öffentlichen Finanzierung nach der »Hilfemüdigkeit« seit dem Ende des Kalten Krieges jedoch erneut ein sinnstiftendes Leitmotiv. Nach einer Serie gescheiterter Entwicklungskonzepte sind die MDGs ein Versuch, die angeschlagene Glaubwürdigkeit der Vereinten Nationen und der Nord-Süd-Kooperation zu restaurieren. Tatsächlich gelang es, einen Konsens über diese Minimalagenda herzustellen.

Die acht Ziele kommen mit 16 überwiegend terminierten Unterzielen und 48 quantitativen Indikatoren dem Anspruch der Anwendbarkeit sowie der Mess- und Überprüfbarkeit entgegen. Zwar geht die Millenniums-Erklärung von einer globalen Verantwortung für Armutsbekämpfung aus, doch die Zuständigkeit für die Umsetzung der MDGs wird vor allem den Entwicklungsländern als »nationale Ziele« und als Bestandteil von Good Governance zugeschrieben. Sie sollen → Armut durch öffentliche Investitionen in Bildung und Gesundheit, Geschlechtergleichheit, soziale Grundversorgung und Umweltschutz reduzieren. Die Summe der quantitativen Verbesserungen soll dann die Halbierung der Anzahl extrem armer und hungernder Menschen bis 2015 bewirken. Nur das achte MDG einer »globalen Partnerschaft für Entwicklung« bezieht sich explizit auf die Geberländer und thematisiert Handelsbeziehungen und Verschuldung, allerdings in denkbar vager Form.

Armutsbekämpfung ist in den MDGs als eine Frage zielgerichteter Investitionen und materieller Verbesserungen konzipiert. Inhaltlich und quantitativ fallen die MDGs hinter Zielformulierungen früherer UN-Programme zurück. Der Top-down-Interventionsansatz steht zudem im Gegensatz zu entwicklungspolitischen Konzepten der Selbsthilfe, der → Partizipation und des Empowerments.

Das Halbierungsziel wird von vielen zivilgesellschaftlichen Organisationen im Süden als politischer Zynismus kritisiert, der von strukturellen Armutsursachen, sozialen Ungleichheiten, Verteilungsmechanismen und Machtverhältnissen im globalen und nationalen Maßstab abstrahiert. Aus handels-, geschlechter-, umweltpolitischer oder indigener Perspektive wird bemängelt, dass die MDGs keine menschenrechtlichen Ansprüche benennen (→ Menschenrechte), ein Armutsverständnis zugrunde legen, das sich auf Einkommensarmut und Hunger beschränkt, und damit von Armutsursachen in der neoliberalen → Globalisierung wie auch von Strategien struktureller Veränderung und der Umverteilung ablenkt.

Der strategische Knackpunkt für die Umsetzung der MDGs und Armutsbekämpfung ist die Finanzierungsfrage (→ Entwicklungsfinanzierung). Bisher konnten die notwendigen zusätzlichen Entwicklungshilfemittel nicht mobilisiert werden. Da das bereits 1970 zugesagte Ziel, die Mittel auf 0,7% des Bruttoinlandsprodukts zu erhöhen, bis 2015 nicht erreicht wird, suchen einige Regierungen nach neuen Finanzierungsinstrumenten wie Entschuldung der ärmsten Länder, globale Steuern und Einbindung der Privatwirtschaft.

Die UN setzten eine Legion von ExpertInnen in Gang, um Strategien zu identifizieren, die bilaterale Hilfe an den MDGs auszurichten und → Zivilgesellschaften zu mobilisieren. Weltweit ziehen die MDGs Aufmerksamkeit und Finanzen auf sich, häufig aber auch von anderen UN-Aktionsplänen und der Umsetzung von UN-Konventionen ab. 2004 sah UN-Generalsekretär Annan durch die MDGs »das Antlitz der globalen Entwicklungszusammenarbeit verändert«. Drei Jahre lang untersuchte das »UN Millennium Project« unter Leitung des US-Ökonomen Jeffrey Sachs die Umsetzungsbedingungen und kam Anfang 2005 zu dem Fazit: Die Umsetzung hinke erheblich hinterher, sei aber mit einer großen Finanzanstrengung bis 2015 doch noch machbar.

Christa Wichterich

Zum Weiterlesen

Sachs, Jeffrey (2005): Investing in Development: A practical Plan to Achieve the MDGs, UN Millennium Project, New York.

UN (2000): United Nations Millennium Declaration, Resolution Adopted by the General Assembly, A/RES/55/2.

UN (2001): Road Map to the Implementation of the UN Millennium Declaration, Report of the Secretary General, A/56/236, New York, S. 18-32.

UNDP (2005): Civil Society Perspectives on the Millennium Development Goals, New York.

Modernisierung

Der Begriff der Modernisierung, wie er in den 50er Jahren des 20. Jahrhunderts zuerst benutzt wurde, zielte ursprünglich auf Prozesse des Strukturwandels zeitgenössischer einfacher und armer Agrargesellschaften hin zu komplexen und reichen Industriegesellschaften. Die bereits seit der Aufklärung verbreitete Vorstellung von Fortschritt und Entwicklung durch sich ausbreitende Zweckrationalität wurde damit auch für Gesellschaften, die als traditionell galten, zum Maßstab für die zukünftige Entwicklung erklärt. Die Ausweitung dieses Begriffs zu einer universellen Kategorie machte Modernisierung dann zu einem Schlüsselbegriff der historischen Betrachtung und der Bewertung aller Gesellschaften seit der Industriellen Revolution in England und der Französischen Revolution.

Den Modernisierungstheorien ist die Unterstellung gemeinsam, dass einige »Pioniergesellschaften« wirtschaftlich und politisch vorangehen, die den »Nachzüglern« die Richtung ihrer Wandlungsprozesse zeigen. Marktwirtschaft, Konkurrenzdemokratie, Massenkonsum und Wohlfahrtsstaat werden als Kennzeichen moderner Gesellschaften betrachtet und damit als selbstverständlich anzustrebende Ziele bisher noch traditionell geprägter, »rückständiger«, »unterentwickelter« Gesellschaften angesehen. Es wird angenommen, dass die Zukunft dieser Länder durch die in Westeuropa und den USA herrschenden Muster des politischen, ökonomischen und sozialen Systems vorgezeichnet sei. So besteht der »Entwicklungsprozess« in der zwanghaft wiederholenden Imitation der verschiedenen Stadien, die für den gesellschaftlichen Wandel in diesen »entwickelten« Ländern charakteristisch waren. Die nordamerikanische bzw. westliche Industriegesellschaft wurde so als Ideal von Modernität und als »natürlicher Endpunkt« gesellschaftlicher Entwicklung gesetzt.

Innerhalb dieses eindimensionalen Bildes von Geschichte ist die Überwindung von Hemmnissen und Blockaden, die der Modernisierung im Wege stehen und immer nur als Rückstände der traditionellen Gesellschaftsstrukturen begriffen werden, das eigentliche Ziel von Entwicklung. Dass die Entwicklungspfade von Gesellschaften sehr verschieden sein können und dass insbesondere internationale Machtstrukturen und Abhängigkeiten die ökonomischen Möglichkeiten und politisch-sozialen Strukturen der unterentwickelten Länder in hohem Maße determinieren, wird von den Modernisierungstheoretikern in der Regel vernachlässigt. Darauf aufmerksam gemacht zu haben, ist in besonderem Maße das Verdienst der Vertreter des vor allem in Lateinamerika entwickelten »dependencia-Ansatzes« (Abhängigkeitsansatzes).

Neuerdings hat sich neben dieser universalhistorischen Perspektive auch ein eher technischer Gebrauch des Begriffs durchgesetzt. Unter »Modernisierung« wird dann eine Heranführung an die höchsten bisher erreichten Standards im Sinne größtmöglicher Effizienzsteigerung (→ Effizienz) verstanden. Beispiele sind etwa die Altbausanierung oder die Infrastruktur für die Informationstechnologie. Die rot-grüne Bundesregierung versprach in ihrem Koalitionsvertrag von 2002 eine »ökologische Modernisierung« durch Schaffung von »Öko-Effizienz«.

Versuche, den Begriff der Modernisierung, etwa durch die Einführung eines Begriffs der »reflexiven« Moderne, gegen die Vorwürfe der Einseitigkeit zu immunisieren, haben nicht verhindern können, dass sich mit dem Vordringen neoliberalen Gedankenguts die Marktkonformität als wichtigstes Kriterium von Modernität im Sprachgebrauch von Politik und Wirtschaft immer stärker zu Lasten von Wohlfahrtsstaat und Massenkonsum durchsetzt. Als Modernisierung etwa des Systems sozialer Sicherung, der Arbeitsgesetzgebung, des Bildungssystems oder des Gesundheitswesens wird jetzt nur noch anerkannt, was nach neoliberaler Ideologie einzig Effizienz verspricht, indem es nämlich den Mechanismen des Marktes freie Bahn eröffnet.

Urs Müller-Plantenberg

Zum Weiterlesen

Beck, Ulrich (1993): Die Erfindung des Politischen. Zu einer Theorie reflexiver Modernisierung, Frankfurt/M.

Cardoso, Fernando H./Faletto, Enzo (1976): Abhängigkeit und Entwicklung in Lateinamerika, Frankfurt/M.

Lerner, Daniel (1958): The passing of traditional society: Modernizing the Middle East, Basingstoke/Hampshire.

Rostow, Walt Whitman (1962): The Stages of Economic Growth: A Non-Communist Manifesto, Cambridge.

Wehler, Hans-Ulrich (1975): Modernisierungstheorie und Geschichte, Göttingen.

Multilateralismus

Multilateralismus ist eine außenpolitische Strategie, die auf Kooperation prinzipiell gleichberechtigter Staaten, auf Interessenausgleich und auf einer internationalen Rechtsordnung mit bindenden internationalen Verträgen und internationalen Organisationen beruht. Der Multilateralismus konnte sich erst im Laufe des 20. Jahrhunderts gegen den Unilateralismus durchsetzen. Bis dahin rechtfertigte die Staatsräson die Durchsetzung eigener nationaler Interessen notfalls mit militärischer Gewalt ohne Rücksicht auf die Interessen anderer. Die Folgen sind bekannt: Imperialismus und Kolonialismus, Weltwirtschaftskrise und Weltkriege.

Die Umorientierung auf den Multilateralismus vollzog sich in mehreren Etappen und war immer wieder von Rückfällen in die alte Machtpolitik begleitet. Gegen Ende des Ersten Weltkriegs wurde das Selbstbestimmungsrecht der Völker proklamiert, mit dem Imperien (→ Empire) und Kolonialreiche ihre Legitimation verloren. Es legt trotz aller nationalistischen Auswüchse die Grundlage für die weltweite Durchsetzung der Demokratie als »Volksherrschaft«. Der Völkerbund und seine Nachfolgerin, die UNO, verhalfen trotz aller Unvollkommenheiten der Idee einer institutionalisierten und geregelten internationalen Zusammenarbeit zum Durchbruch. Nach den verheerenden Weltkriegen ächtete die UN-Charta von 1945 den Krieg als Mittel zur Durchsetzung nationaler Interessen. Auf der Konferenz von Bretton Woods (→ Bretton-Woods-Institutionen) wurde 1944 eine liberale → Weltwirtschaftsordnung vereinbart, die die wirtschaftliche Entwicklung zum gemeinsamen Interesse der Menschheit machte und einen erneuten Zusammenbruch der Weltwirtschaft verhindern soll. Die dort geschaffenen Gremien (GATT, Weltbank, IWF) blieben aber anders als das UN-System insgesamt faktisch Clubs der Reichen. Mit der Allgemeinen Erklärung der → Menschenrechte von 1948 setzte sich die Idee der prinzipiellen Gleichheit und Gleichberechtigung aller Menschen durch.

Für den Multilateralismus werden in der Fachdebatte seit den 1970er Jahren verschiedene Argumente angeführt: Erstens leben heute selbst die größten Staaten in vielfältiger wechselseitiger, vor allem wirtschaftlicher Abhängigkeit (Interdependenz). Zweitens kann sich im Zeitalter von Interkontinentalraketen und transnationalem Terrorismus kein Staat mehr vollständig vor militärischen Bedrohungen isolieren. Drittens ist die Kriegsführung zu einem kostspieligen und untauglichen Machtinstrument geworden. Viertens können Staaten die Auswirkungen globaler Probleme gar nicht mehr alleine lösen (z.B. → Klimapolitik). Und fünftens ist es für einen Einzelstaat günstiger, multilaterale Arrangements zu treffen, als eine Vielzahl bilateraler Verträge abzuschließen. Konkreter Ausdruck des Multilateralismus sind internationale Regelwerke (internationale Regime) sowie internationale Organisationen globaler oder regionaler Reichweite.

Im Zentrum des Multilateralismus steht das UN-System. Nur die UNO kann sich auf eine – zumindest was die Staaten angeht – universelle Repräsentativität berufen und besitzt eine umfassende Regelungskompetenz. Taktische »Koalitionen der Willigen« nach dem Muster des Irakkriegs 2003 verweisen aber auf inhärente Gefahren des Multilateralismus, der der widersprüchlichen Logik staatlicher Außenpolitik verhaftet bleibt. Einerseits verfügen nur die Staaten über die notwendigen Ressourcen und Sanktionsmittel zur Durchsetzung von politischen Entscheidungen. Andererseits beruht staatliche Außenpolitik weiterhin auf innen- und außenpolitischen Machtkalkülen. Jede noch so uneigennützig gemeinte Außenpolitik steht immer im Verdacht, partikularen Interessen zu dienen oder eine beschränkte Sichtweise globaler Probleme widerzuspiegeln. Daher bleibt die Legitimität einer staatenzentrierten UN-Ordnung prekär. Sie beruht nicht darauf, dass die UNO schon alle Ansprüche an eine demokratische, faire, effektive und gerechte Weltpolitik erfüllt, sondern bisher lediglich darauf, dass die UNO in dieser Hinsicht das vermeintliche Höchstmaß des historisch Möglichen verkörpert. Die Verknüpfung der Legitimität der UNO mit den sich verändernden historischen Bedingungen bedeutet aber, dass die UNO unter dauerndem Reformdruck steht, will sie nicht an Legitimität verlieren. Defizitär ist das UN-System besonders bei der Regulierung der Weltwirtschaftspolitik, die bislang den »Clubs der Reichen« überlassen bleibt.

Hartwig Hummel

Zum Weiterlesen

Czempiel, Ernst-Otto (2002): Weltpolitik im Umbruch: Die Pax Americana, der Terrorismus und die Zukunft der internationalen Beziehungen, München.

Menzel, Ulrich: Paradoxien der neuen Weltordnung, Frankfurt/M.

Messner, Dirk/Schade, Jeanette/Weller, Christoph (Hrsg.) (2003): Weltpolitik zwischen Staatenanarchie und Global Governance, in: Globale Trends 2004/2005. Fakten Analysen, Prognosen, Frankfurt/M., S. 235-251

Spindler, Manuela (2003): Interdependenz, in: Schieder, Siegfried/Spindler, Manuela (Hrsg.): Theorien der Internationalen Beziehungen, Opladen, S. 89-116.

Multinationale Konzerne

Multinationale Konzerne sind wirtschaftliche Einheiten mit Produktionsstätten in verschiedenen Ländern. Die großen unter ihnen, die so genannten Global Player, haben sich in den vergangenen Jahrzehnten von einer bloßen »Patchwork-Internationalisierung« zu global agierenden Produktionsnetzwerken entwickelt, die einen ständigen Austausch von Komponenten, Produkten, Ressourcen, Menschen und Informationen auf globaler Stufenleiter betreiben. Die Internationalisierung der Wirtschaft ist keine neue Erscheinung, sondern ein – wie bereits Marx gezeigt hat – Wesensmerkmal unregulierter kapitalistischer Systeme, das sich zunehmend in dem Wechselspiel zwischen der von den Kapitalen geforderten → Liberalisierung der internationalen Handelsbeziehungen und den von den Unternehmen entwickelten Kommunikationstechniken durchgesetzt hat.

In den letzten zwei Jahrzehnten haben sich weltweit die Strategien der global ausgerichteten Konzerne verändert: Transnationale Konzerne wachsen seit Anfang der 1980er Jahre kaum noch durch Aufbau neuer Produktionsstätten im Ausland (internes Wachstum), sondern praktisch ausschließlich durch Zusammenschlüsse oder Übernahmen bestehender Unternehmen (Merger- & Akquisitionsprozesse).

Nach der großen Diversifikationswelle, d.h. der Verbreiterung der Leistungs- und Produktpalette, in den 1970er Jahren versuchen sich die Global Player nun eher auf ihre so genannten Kernkompetenzen zu konzentrieren. Die Folge ist eine Outsourcing-Welle, das heißt der Verkauf von Konzernteilen, bei dem sich lediglich die Besitzstrukturen verändern. Zunehmender Konkurrenzdruck und anhaltende Überkapazitäten sowie sich verändernde politische Rahmenbedingungen (Formierung von Wirtschafts- und Handelsblöcken) zwingen die multinationalen Konzerne, → Standorte aufzugeben (→ Standortwettbewerb) und Produktlinien zusammenzufassen, um Vorteile der Massenproduktion (economies of scale) zu realisieren.

Externe Standortveränderungen durch Übernahme bestehender Unternehmen erfolgen im Wesentlichen zur Erschließung oder Erweiterung eines ausländischen Marktes. Es gilt das Gesetz: Produktion folgt Absatz. Es ist deshalb nicht erstaunlich, dass ca. 75% aller Direktinvestitionen als so genannte Crossinvestments in den hoch industrialisierten Triadeländern erfolgen.

Die Auslagerung von Produktion in so genannte Billiglohnländer zielt auf die Nutzung niedriger Lohnkosten und geringer Besteuerung und betrifft größtenteils arbeitsintensive Produktion mit geringem Rationalisierungspotenzial im Industrie- und Dienstleistungssektor, dort vor allem in den Informations- und Kommunikationstechnologien. Für technisch anspruchsvollere Waren gilt: Mit steigender Produktivität wird der Lohnkostenanteil an den Produkten immer geringer, die Komplexität der Industrieanlagen und der Bedarf an hochqualifizierten Arbeitskräften steigen. Damit schwindet der Vorteil niedriger Löhne, und teils werden High-Tech-Produktionslinien in die Heimatländer der Konzerne zurückverlagert. Unbegrenzte Mobilität ist allerdings eine Drohkulisse, mit der Staat und Gewerkschaften zu Wohlverhalten im Sinne des Kapitals gezwungen werden.

Von den Direktinvestitionen, die nicht in den Industrieländern getätigt werden, fließen 10% in die lateinamerikanischen Schwellenländer, 7,5% nach Südostasien und 6% nach China. Zentralasien und Afrika spielen als Nehmerländer praktisch keine Rolle. Der Anteil der eigentlichen Entwicklungsländer als Geber- und Nehmerland ist verschwindend klein. Gehen die multinationalen Konzerne in Entwicklungsländer, verdrängen sie dort auf Grund höherer Finanzkraft und Verfügung über produktivere Produktionsmethoden die einheimischen Betriebe. Eine solche Verdrängung findet nicht nur bei direkter Konkurrenz, also innerhalb einer Branche statt. Qualifizierte Arbeitskräfte, die das Rückgrat einheimischer Klein- und Mittelbetriebe sind, wechseln wegen besserer Bezahlung zu den Konzernen. Aus der Verdrängung bzw. Zerstörung der einheimischen Industrie entsteht eine duale Wirtschaftsstruktur der unterentwickelten Länder: Massenproduktion für den Weltmarkt, dominiert von ausländischem Kapital, und eine zurückgebliebene einheimische Industrie, die für lokale und regionale Nischen produziert. Trotz der Schaffung von Arbeitsplätzen durch die Multis steigt die → Arbeitslosigkeit, da die ArbeiterInnen aus den verdrängten nationalen Unternehmen nicht von den Konzernen absorbiert werden.

Die Fälle, in denen multinationale Konzerne zur Entwicklung eines unterentwickelten Landes beigetragen haben, beruhen auf staatlichen Auflagen, z.B. Kapitalverkehrskontrollen, Beschränkungen des Gewinntransfers oder Gesetzen, die nur Joint Ventures mit einheimischer Mehrheitsbeteiligung zulassen. Unter solchen Bedingungen konnten heutige Schwellenländer, wie z.B. Brasilien, eine nachholende Industrialisierung durchsetzen.

Klaus-Peter Kisker

Zum Weiterlesen

Bülow, Wolfram v. u.a. (Hrsg.) (1999): Globalisierung und Wirtschaftspolitik, Marburg.
Dörrenbächer, Christoph/Plehwe, Dieter (Hrsg.) (2000): Grenzenlose Kontrolle, Berlin.

Nachhaltigkeit

Nachhaltige Entwicklung ist bereits seit dem 18. Jahrhundert als Prinzip aus der Forstwirtschaft bekannt: Aus Gründen eines dauerhaften Ressourcenerhaltes darf nicht mehr Holz eingeschlagen werden als nachwächst. Der Brundtland-Bericht, der 1987 das Nachhaltigkeitskonzept in die Debatte eingeführt hat, beschreibt Nachhaltigkeit als »Entwicklung, die den Bedürfnissen der heutigen Generation entspricht, ohne die Möglichkeiten künftiger Generationen zu gefährden, ihre eigenen Bedürfnisse zu befriedigen und ihren Lebensstil zu wählen«. Mit dem Ziel, den »Umweltraum« als Wirtschafts- und Lebensgrundlage langfristig zu erhalten, ist Nachhaltigkeit dem normativen Anspruch intergenerativer Gerechtigkeit verpflichtet. Zum Leitbild der Staatenwelt ist das Konzept der nachhaltigen Entwicklung spätestens seit der Weltkonferenz zu Umwelt und Entwicklung (UNCED) in Rio de Janeiro 1992 geworden. Dort haben mehr als 170 Staaten die »Agenda 21« unterschrieben (u.a. Deutschland), und sich damit verpflichtet, in ihren Länden nachhaltige Entwicklung zu verwirklichen. In der deutschen Nachhaltigkeitsstrategie wird zwar versucht, die ökologischen, sozialen und ökonomischen Aspekte zu integrieren. Der gesamte Prozess ist jedoch konzeptionell nicht mit den zentralen politischen Reformvorhaben (wie z.B. der Agenda 2010) verbunden.

Im Unterschied zu dem aus den 1980er Jahren bekannten Themenfeld »Umwelt und Entwicklung«, das ein Spannungsverhältnis zwischen gleichrangigen Zielen ausdrückte, suggeriert »nachhaltige Entwicklung« die Vereinbarkeit von Entwicklung/Wachstum und Ökologie. Im Brundtland-Bericht wird mit Bezug auf das Phänomen der »armutsbedingten Umweltzerstörung« in den Entwicklungsländern sogar argumentiert, Wachstum und Entwicklung seien unabdingbare Voraussetzungen für den Schutz der Umwelt (z.B. durch Schaffung von Einkommensmöglichkeiten alternativ zu armutsbedingter Brandrodung).

Am Leitbild der Nachhaltigen Entwicklung ist insbesondere das als kapitalverwertungsorientiert empfundene Verständnis seiner zentralen Grundkategorien Entwicklung, Natur/Ressourcen, Wirtschaft und Arbeit umstritten. Kritisiert wird erstens, dass das Konzept dem Wachstumsparadigma verhaftet bleibt und darauf vertraut, in Win-win-Konstellationen ökonomische, ökologische und soziale Ziele gleichermaßen verfolgen zu können. Damit einher geht die Vorstellung, dass Technik (Effizienzstrategien, Recycling, Substitution) und besseres Management von Naturressourcen wirtschaftliches Wachstum mit weniger Energie- und Ressourcendurchsatz ermöglichen werden.

Als »Achillesferse« dieser ökologischen Modernisierung erweist sich jedoch, dass Effizienzeffekte im Ressourcenverbrauch durch Wachstums- und Mengeneffekte wieder aufgezehrt werden.

Zweitens schreibt diese Form des richtigen »Managens« der → Natur ein durch die herrschende Ökonomie geprägtes Verständnis von Natur als kostenlos und dauerhaft verfügbares Kapital fort und unterstützt die anthropozentrischen Strategien ihrer Zuricht-, Kontrollier-, Gestalt- und Verfügbarkeit mittels Natur- und Technikwissenschaften. Die Unterwerfungs- und Verwertungslogik in der Mensch-Natur/Umweltbeziehung, die ein ursächlicher Bestandteil der heutigen globalen Umweltkrise ist, wird in hegemonialen Nachhaltigkeitskonzepten zu wenig reflektiert.

Unter feministischen Gesichtspunkten wird insbesondere das dem Leitbild der Nachhaltigen Entwicklung zugrunde liegende Wirtschafts-, Wachstums- und Entwicklungsverständnis als Realität verzerrend und Ungerechtigkeiten (re-)produzierend kritisiert. Die derzeitigen Nachhaltigkeitskonzepte beinhalten eine einseitige Fokussierung auf den (warenförmigen) Markt und auf die an einem männlichen lebensbiografischen Modell ausgerichtete Erwerbsarbeit (Vollzeitarbeitsverhältnis). Im Gegensatz dazu wird die noch immer vorrangig von Frauen geleistete, gering oder nicht bezahlte Versorgungs-, Fürsorge-, Eigen- und Gemeinschaftsarbeit als nicht produktiv ausgeblendet. Eine auf dem Prinzip der Nachhaltigkeit beruhende geschlechtergerechte Ökonomie setzt jedoch voraus, dass die vielfältigen fürsorge- und versorgungsbezogenen Tätigkeiten von Frauen in ihrer gesellschaftlichen Bedeutung anerkannt und in das makroökonomische Denken als Grundvoraussetzungen des Wirtschaftens integriert werden. Nicht zuletzt aus Gründen der breiten gesellschaftlichen Beteiligung und Akzeptanz des Leitbildes gilt es, die Gestaltungsmöglichkeiten von Nachhaltigkeit sowie die notwendigen Voraussetzungen und Maßnahmen für ihre Verwirklichung lokal auszubuchstabieren.

Christine Katz/Dagmar Vinz

Zum Weiterlesen

Altvater, Elmar (1996): Feuer & Wasser. Passen Globalisierung und nachhaltige Entwicklung zusammen?, in: Politische Ökologie 46 (Mai/Juni), S. 32-35.

Görg, Christoph/Brand, Ulrich (2002): Mythen globalen Umweltmanagements. »Rio + 10« und die Sackgassen »nachhaltiger Entwicklung«, Münster.

Katz, Christine/Mölders, Tanja (2004): Kritische Einschätzung der Nachhaltigkeitsstrategie aus Geschlechterperspektive, Gemeinsames Positionspapier der AG Frauen im Forum Umwelt und Entwicklung und der Leitstelle »genanet« zum Fortschrittsbericht der Nationalen Nachhaltigkeitsstrategie.

Natur

Natur ist die Grundlage menschlichen Lebens, wir müssen essen, atmen, wohnen. Die Menschheit reproduziert sich von Generation zu Generation. In der Geschichte wurden gesellschaftliche Naturverhältnisse immer planbarer gestaltet, um Not zu entgehen und effizienter zu produzieren.

In der bürgerlich-kapitalistischen Gesellschaft werden die Beherrschung und Zerstörung der Natur dominant. Auch vorher gab es immer wieder die Übernutzung von Natur, doch die kapitalistische Ausbeutung der natürlichen Ressourcen erreicht ganz neue Ausmaße. Die dominanten Akteure versuchen, Natur in Wert zu setzen und damit in den Kapitalkreislauf zu integrieren. Gemäß technischer und sozialer Entwicklungen werden immer größere Teile der Natur ökonomischen Kalkülen unterworfen, werden also zur Ressource. Gleichwohl gab und gibt es Bewegungen gegen die Inwertsetzung und Zerstörung der Natur und die damit einhergehende Verschlechterung der Lebensbedingungen vieler Menschen.

Erst seit den 1970er Jahren wird die ökologische Krise als globales Problem thematisiert. Es gibt aber ganz unterschiedliche Vorstellungen, worin die Krise besteht und wie damit umgegangen werden sollte. Vorherrschend sind seit den 1990er Jahren Strategien ökologischer → Modernisierung. Sie haben zunächst nichts mit den neoliberalen Veränderungen zu tun, sondern wollen durch einen geplanten Umgang und ökonomische Anreize die ökologische Krise bearbeiten. Durch bessere Technologien und höhere Ressourcenproduktivität (Faktor 10 als Metapher), intelligente Stoffströme, politische Regulierungen und ökonomische Anreize wie Ökosteuern sollen Ressourcen nachhaltig genutzt werden.

Das Leitbild einer → nachhaltigen Entwicklung soll ökonomische, soziale und ökologische Fragen zusammenbringen. Neben Fragen der → Effizienz wurden auch solche der Suffizienz thematisiert, also jene nach dem »Was ist genug?«. Teilweise hat der Begriff sein kritisches Potenzial verloren. Schon auf der Konferenz für Umwelt und Entwicklung 1992 in Rio de Janeiro/Brasilien – immerhin ein Jahr nach dem Golfkrieg und Bushs Ankündigung einer Neuen Weltordnung – wurde kaum Kritik an der herrschenden neoliberalen-imperialen Globalisierung geübt. Die politischen Institutionen globaler Umweltpolitik, allen voran die Klimarahmenkonvention und jene über biologische Vielfalt, werden tendenziell den dominanten Entwicklungen angepasst.

Zudem bleiben wichtige Sachverhalte ausgeblendet. Die grundlegenden Funktionsweisen von Weltmarkt und Weltpolitik wie auch die kulturellen

Muster der Naturausbeutung werden genauso wenig in Frage gestellt wie der oligarchische Lebensstil einer globalen Mittel- und Oberschicht, die vor allem in den nordwestlichen Ländern lebt, aber auch in den Ländern des globalen Südens stark wächst. Ein Begriff der nachhaltigen Entwicklung, der so tut, als ob unter Beibehaltung der bestehenden weltwirtschaftlichen und -politischen Bedingungen die sozio-ökonomischen und ökologischen Krisen bearbeitet werden könnten, greift zu kurz. Suggeriert wird zudem, dass mit westlichem Expertenwissen die globalen Probleme gelöst werden könnten.

Ein kritisches Naturverständnis thematisiert, dass Herrschaft über Natur und soziale Herrschaft aufs Engste miteinander verwoben sind. Nicht »die« Gesellschaft, sondern ihre kapitalistische Verfasstheit sowie die damit verbundenen Interessen von Kapitalbesitzern, globaler Mittelklasse und von einer florierenden Wirtschaft abhängige Regierungen sind die Akteure naturzerstörender Entwicklungen.

Gesellschaftliche Naturverhältnisse sind nie homogen, sondern immer plural. Es existieren verschiedene, immer umkämpfte Formen des Umgangs mit Natur. Diese Tatsache wird beispielsweise auf den Weltsozialforen deutlich. Menschen und Bewegungen in südlichen Ländern haben ganz andere Perspektiven des Umgangs mit Natur als Menschen in den Industrieländern.

Ein guter Teil der gegenwärtigen Globalisierungskritik wird um die verschiedenen Formen der Naturaneignung geführt. Große Verdienste haben sich die beiden Kongresse »McPlanet.com« erworben, die aus sozial-ökologischer, politisch-ökonomischer, Nord-Süd- und feministischer Perspektive die aktuellen Entwicklungen kritisiert und Alternativen aufgezeigt haben. Es geht darum, Teile von Natur wie Wasser, biologische Vielfalt oder den menschlichen Körper nicht Profitkalkülen zu unterwerfen, sondern sie zum Teil der Bedürfnisbefriedigung heutiger und zukünftiger Generationen zu machen. Hier kommen ethische Fragen und Machtfragen zusammen.

Ulrich Brand

Zum Weiterlesen

Bello, Walden/Bullard, Nicola u.a. (2003): Die Umwelt in der Globalisierungsfalle, Hamburg.

Braunmühl, Claudia von/Winterfeld, Uta von (2003): Global Governance – Eine begriffliche Erkundung im Spannungsfeld von Nachhaltigkeit, Globalisierung und Demokratie, Wuppertal Papers, Nr. 135.

Görg, Christoph/Brand, Ulrich (Hrsg.) (2002): Mythen globalen Umweltmanagements. Rio plus 10 und die Sackgassen »nachhaltiger Entwicklung«, Münster.

Khor, Martin/Narrain, Sunita u.a. (2005): Konsum. Globalisierung. Umwelt, Hamburg.

Wuppertal Institut für Klima, Umwelt, Energie (Hrsg.) (2005): Fair Future. Begrenzte Ressourcen und globale Gerechtigkeit, München.

Neokolonialismus

Viele Kolonien der imperialistischen Mächte Europas befreiten sich im 20. Jahrhundert in Befreiungskriegen von der kolonialen → Herrschaft. Einige Kolonien wurden unter dem Druck der Blockkonfrontation in die Unabhängigkeit entlassen. Die Bildung souveräner Staaten mit modernen Institutionen sollte die ökonomische, soziale und demokratische Entwicklung beflügeln. Doch die versprochene Unabhängigkeit verwandelte sich häufig in eine neue »neokolonial« genannte Abhängigkeit.

Während des Kalten Krieges geriet die ehemals koloniale Welt unter den Einfluss der beiden Blöcke. Neutralität konnte nur innerhalb der Bewegung der Blockfreien Staaten bewahrt werden. Diese entstand mit der Konferenz von Bandung im Jahre 1955 und wurde dann 1961 von den Staatspräsidenten Jugoslawiens, Ägyptens und Indiens förmlich gegründet. Die politische Blockfreiheit befreite aber nicht aus einer neuen ökonomischen Abhängigkeit. → Multinationale Konzerne beuteten, häufig mit aktiver Unterstützung einer korrupten politischen → Elite, Rohstoffe und Arbeitskräfte aus, ohne einen Beitrag zu einer diversifizierten Ökonomie und Sozialstruktur in der »Dritten Welt« zu leisten. Auch verschlechterten sich in der »säkularen Tendenz« die so genannten Terms of trade, d.h. die Austauschverhältnisse für Rohstoffe produzierende und exportierende Länder. Auf diese Weise kam, wie die »Dependenztheorie« seit den 1960er-Jahren kritisierte, eine »Entwicklung der Unterentwicklung« zustande – so der Titel eines einflussreichen Buches von André Gunder Frank. Auf Grund der fortwirkenden Strukturen der kolonialen Vergangenheit, welche die Ausbildung kohärenter ökonomischer und sozialer Verhältnisse in den ehemaligen Kolonien verhinderten, blieben Ökonomie und Gesellschaft dort »strukturell heterogen«. In diesem Zusammenhang gewann in Lateinamerika Eduardo Galeanos Buch »Die offenen Adern Lateinamerikas« Millionen LeserInnen. Der Algerier Frantz Fanon beschrieb die »Dritte Welt« als jenen Raum, in dem »die Verdammten dieser Erde« leben.

In den 1970er Jahren schien die Aufnahme billiger externer Kredite die Gelegenheit zu sein, aus der Unterentwicklung heraus zu kommen. Doch dies war eine Fehleinschätzung. Erstens stiegen seit Ende der 1970er Jahre die Zinsen und zweitens sind die aufgenommenen Kredite nicht immer produktiv verwendet worden. Mit der → Liberalisierung und → Deregulierung der globalen → Finanzmärkte führte die finanzielle Abhängigkeit direkt in die Schuldenkrise der 1980er Jahre. Die internationalen Organisationen, vor allem Weltbank und Internationaler Währungsfonds (→ Bretton-Woods-Institutionen), erzwangen eine Politik der → Strukturanpassung, die auf lokale und nationale Bedingungen keinerlei Rücksicht nimmt. Zwar wird formal die politische Souveränität gewahrt, doch die Regeln der Anpassung, als → Washington Consensus in den USA entwickelt, sind in aller Welt die gleichen. Von außen vorgegeben, schützen sie im Wesentlichen die Kreditgeber aus den Industrieländern, belasten einseitig die Schuldner in den Entwicklungsländern und halten somit die ökonomische Abhängigkeit aufrecht.

In den 1990er Jahren wurden die so genannten Schwellenländer, von denen schon angenommen werden konnte, dass sie im Begriff waren, erfolgreich aus Abhängigkeit und Unterentwicklung herauszuwachsen, von schweren Finanzkrisen heimgesucht und in ihrer Entwicklung zurückgeworfen. So haben sich Finanzkrisen als wirksame Blockaden der ökonomischen und sozialen → Modernisierung herausgestellt.

Für diese neue Abhängigkeit wird der Begriff des Neokolonialismus allerdings immer seltener verwendet. Denn die koloniale Vergangenheit liegt für viele der ehemaligen Kolonien ein halbes Jahrhundert zurück. Die Abhängigkeiten in Zeiten der Globalisierung haben zunehmend den Charakter ökonomischer, marktvermittelter Sachzwänge und von auf Entwicklungs- und Transformationsländer und ihre Regierungen ausgeübten politischem Druck angenommen, einem Regelwerk der »good governance« zu folgen. Dieses umfasst einerseits die Kampfansage gegen Korruption, Bildung von Humankapital und Maßnahmen des empowerment von Frauen, andererseits und vorrangig Maßnahmen der → Deregulierung, Liberalisierung und Privatisierung. Mit der Verwirklichung dieser »Governance«-Regeln werden neue Abhängigkeiten erzeugt. Auch sind, wie etwa im Irak, Tendenzen eines »Neoimperialismus« und einer quasi-kolonialen Unterwerfung von Staaten zu beobachten.

Elmar Altvater

Zum Weiterlesen

Amin, Samir (1993): Mondialisation et Accumulation (Université des Nations unies), Tokyo/Paris.

Cardoso, Fernando E./Faletto, Enzo (1977): Abhängigkeit und Entwicklung in Lateinamerika, Frankfurt/M.

Furtado, Celso (1976): Economic Development of Latin America. Historical Background & Contemporary Problems, Cambridge etc.

Galeano, Eduardo (1973): Die offenen Adern Lateinamerikas, Wuppertal.

Neoliberalismus

Der »neue« Liberalismus entstand als Reaktion auf das Versagen der liberalen Wirtschaftspolitik in der Weltwirtschaftskrise 1929-32. Gegen den internationalen Trend zu einer aktiven und regulierenden Wirtschaftspolitik im Rahmen des umverteilenden Wohlfahrtsstaates (→ Keynesianismus) suchten die Neoliberalen nach einer neuen Legitimationsgrundlage für den entfesselten Kapitalismus. In Europa und den USA bildeten sich seitdem verschiedene Schulen neoliberalen Denkens heraus, die mit unterschiedlichen Akzenten, aber gemeinsamen Grundsätzen am Projekt der Rechtfertigung einer Marktgesellschaft arbeiteten. Dabei bildeten sich zwei Hauptströmungen heraus: Zum einen eine kontinentaleuropäische Richtung, die maßgeblich durch den deutschen Ordoliberalismus der Freiburger Schule geprägt wurde, zum anderen die durch die Chicago School um Milton Friedman geprägte angelsächsische Richtung. Bereits 1947 schloss sich diese selbsternannte Elite zur neoliberalen Internationale, der Mont Pèlerin Society, zusammen, die heute als einflussreiches globales Netzwerk der Politikberatung wirkt.

Im Kern ist der Neoliberalismus eine modernisierte und radikalisierte Variante des klassischen Wirtschaftsliberalismus. Das Programm des Neoliberalismus beinhaltet allerdings mehr als die umfassende → Privatisierung der öffentlichen → Daseinsfürsorge, → Deregulierung der Arbeitsmärkte und steuerliche Entlastung von Unternehmen und Vermögenden sowie eine an den Interessen der G7/G8-Staaten und transnationalen Konzerne ausgerichtete Weltmarktintegration der Entwicklungsländer. Es definiert die Marktgesellschaft als zivilisatorischen Endpunkt menschlicher Geschichte und zielt fundamental auf eine »Entthronung der Politik« (Hayek) – eine Aufgabe, die kein Ende kennt, gewissermaßen ein Zustand der permanenten »Reform«. Entsprechend befindet sich der Neoliberalismus in Frontstellung zu allen Formen echter, partizipativer Demokratie, die das Projekt einer totalen Ökonomisierung der Gesellschaft gefährden könnten. Konsequent reduziert sich das Freiheitsversprechen der Neoliberalen auf die Freiheit der Marktteilnahme, und selbst der vielgepriesene Individualismus steht durch die Zerstörung des Kollektiven allein für die negative Kategorie atomisierter Einzelwesen in einer den anonymen Marktkräften überlassenen Gesellschaft. Vor diesem Hintergrund ist der neoliberale Staat keineswegs ein schwacher oder »schlanker«, sondern durchaus ein starker Staat, wenn es um die Sicherung der wirtschaftsliberalen Grundsätze und der daraus erwachsenden Machtverhältnisse geht.

Seit Ende der 1970er Jahre ist der Neoliberalismus sukzessive zur dominierenden Ideologie eines weltweiten Kapitalismus geworden. Was unter der Diktatur Pinochets in Chile als Experiment begann, von den Regierungen Thatchers und Reagans in Großbritannien und den USA fortgesetzt wurde, in Deutschland unter der »Wende«-Regierung Kohls Einzug erhielt, ist heute ein weltweites Programm für alle Industrie- und Entwicklungsländer. Dabei ist der Markt eben nicht mehr nur Instrument ökonomischer Dynamik, sondern selbst das Zentrum gesellschaftlicher Steuerung. Ob (neo)konservative oder sozialdemokratische Regierungen: Der Neoliberalismus hat sich als hegemonialer Rat- und Stichwortgeber der politischen Entscheidungsträger etabliert, auch wenn die Ungleichzeitigkeit der Verhältnisse diese Universalität manchmal verschleiert. In Deutschland markieren die Auseinandersetzungen um die Deregulierung des Arbeitsmarktes und des Tarifrechts sowie die Privatisierung der sozialen Sicherungssysteme und der Bildung den anstehenden Höhepunkt zur Umsetzung des neoliberalen Projektes.

Neoliberalismus bedeutet in der Praxis Destruktion des Gesellschaftlichen. Für die dabei entstehenden Ungleichheiten, Verwerfungen und Spannungen hat er außer der Option autoritärer Innen- und Außenpolitik kein taugliches Konzept. In dieser negativen Botschaft liegt aber zugleich die Chance einer emanzipatorischen Gegenbewegung – in der Rückeroberung einer konkreten Utopie von Gesellschaft und Politik im Rahmen einer solidarischen Weltökonomie.

Ralf Ptak

Zum Weiterlesen

Foucault, Michel (2004): Geschichte der Gouvernementalität II. Die Geburt der Biopolitik. Vorlesung am Collège de France 1978–1979, Frankfurt/M.

Ptak, Ralf (2004): Vom Ordoliberalismus zur Sozialen Marktwirtschaft. Stationen des Neoliberalismus in Deutschland, Opladen.

Ptak, Ralf (2004): Neoliberalismus: Geschichte, Konzeption, Praxis, in: Müller, Ulrich/Giegold, Sven/Arhelger, Malte (Hrsg.), Gesteuerte Demokratie? Wie neoliberale Eliten Politik und Öffentlichkeit beeinflussen, Hamburg, S. 14–28.

Schui, Herbert/Blankenburg, Stephanie (2002): Neoliberalismus: Theorie, Gegner, Praxis, Hamburg.

Walpen, Bernhard (2004): Die offenen Feinde und ihre Gesellschaft. Eine hegemonietheoretische Studie zur Mont Pèlerin Society, Hamburg.

Netzwerke

Der Begriff Netzwerke verweist vor allem auf ein spezifisches Strukturprinzip, das für die Anordnung von allem Möglichen gelten kann, unter anderem auch von Menschen und Organisationen. Netzwerke zeichnen sich dadurch aus, dass sie kein Zentrum benötigen. Es geht allein um Verbindungslinien zwischen Elementen, die häufig, aber nicht immer als Knoten vorgestellt werden. Aus der nicht-zentralisierten Grundstruktur folgt, dass Netzwerke nicht hierarchisch und äußerst flexibel sind: Es gibt keine Befehls- oder Kommandozentrale, also keine Herrschaftsinstanz, und zugleich lassen sich Ausfälle durch die Umleitung von Kommunikationslinien, die Aktivierung neuer Knoten u.ä. wesentlich leichter ersetzen als bei hierarchischer, funktionaler Differenzierung.

Die einflussreichsten Beiträge zur »Netzwerkgesellschaft« verwenden den Begriff weitgehend metaphorisch, ohne die formale Netzwerktheorie zu berücksichtigen. Diese Theorie ist insoweit aufschlussreich, als sie auf die Vielgestaltigkeit und auf die Tatsache verweist, dass das Muster der Verbindungslinien zwischen den Knoten sehr unterschiedlich sein kann. Das Fehlen einer Hierarchie bedeutet auch keineswegs, dass die Knoten alle gleich seien. Im Gegenteil variiert gerade in dem heute wohl meist diskutierten Netzwerk, dem Internet, die Anzahl der Verbindungen, die von einzelnen Knoten ausgehen bzw. auf sie zulaufen, enorm. Damit gehen in gesellschaftlichen Zusammenhängen auch deutliche Unterschiede an Macht und Einfluss einher.

Hier hat Manuel Castells die bisher umfassendste, empirisch untermauerte Analyse vorgelegt. Er versteht das Netzwerk neben der Hierarchie als eine der Grundorganisationsformen menschlicher Gesellschaften. In der bisherigen Geschichte waren Netzwerke allerdings nur für relativ kleine gesellschaftliche Zusammenhänge realisierbar, während große Gesellschaften durch einen hierarchischen Aufbau integriert werden mussten. Das hat sich Castells zufolge durch die informationelle Revolution und die mit ihr geschaffenen Möglichkeiten einer potenziell universellen Kommunikation vor allem über das Internet entscheidend geändert. Freilich wird für die Teilhabe am sozialen Netzwerk die Konnektivität, der physische Anschluss an das elektronische Netzwerk wie auch die Einbeziehung in Kommunikationszusammenhänge im Rahmen des »Web« von entscheidender Bedeutung. Wer abgeschaltet wird, existiert für das Netzwerk nicht (mehr). Und es bleibt zu bedenken, dass auch 2001 die Mehrheit der lebenden Menschen noch nie ein Telefongespräch geführt hatten.

Das Internet bietet die Chance zur Schaffung, Aufrechterhaltung und endlosen Variation beliebig vieler Netzwerke beliebigen Inhalts. Das schließt wesentlich die virtuelle Interaktion im Rahmen global agierender, doch lokal organisierter → sozialer Bewegungen (→ Glokalisierung) mit allen Möglichkeiten des Austauschs und auch der schnellen Koordination mit ein. Freilich sind dies eher subversive und subalterne Chancen im Rahmen eines Zusammenhanges, der von ganz anderen Inhalten beherrscht wird. So weist Castells das Prinzip des Netzwerkes in Unternehmensnetzwerken unterschiedlicher Art nach, in Ansätzen zum Netzwerkstaat, aber auch im Netzwerkkrieg oder in den kriminellen Netzwerken, die sich etwa im Drogenhandel weltweit ausgebreitet haben und mit Mafia oder chinesischen Triaden auf eine längere Tradition zurückblicken. An diesen Beispielen zeigt sich nicht nur die inhaltliche Unbestimmtheit des Begriffes, sondern auch die Tatsache, dass die Elemente von Netzwerken selbst durchaus hierarchisch strukturiert sein können. Entscheidend ist dann etwa die Vernetzung von Unternehmen an unterschiedlichen Standorten anstelle ihrer vertikalen oder horizontalen Vertrustung oder auch das Agieren weitgehend selbständig agierender kleiner militärischer Einheiten wie in der Frühphase des Irakkrieges 2003. Nicht zuletzt ist »al Quaeda« als typisches Netzwerk zu nennen, und dies dürfte ein wesentlicher Grund dafür sein, dass es sich zentralisierter Kriegsführung entziehen kann.

Netzwerke sind demnach nicht von vorneherein freundlich oder emanzipativ. Diese subversiven Chancen einzulösen erfordert besondere Anstrengung. Auch wenn es gelingt, Proteste und Alternativen weltweit, aber auch regional und lokal immer dichter zu vernetzen, ist damit der Herrschaftszusammenhang nicht aufgehoben, in dem sie sich bewegen. Umso wichtiger ist es, solche Chancen nicht nur zu nutzen, sondern diese Möglichkeiten gegen (nicht nur) staatliche Kontrollgelüste zu verteidigen.

Reinhart Kößler

Zum Weiterlesen

Castells, Manuel (2001): Das Informationszeitalter. Bd. I: Der Aufstieg der Netzwerkgesellschaft, Opladen.

Castells, Manuel (2005): Die Internet-Galaxie, Wiesbaden.

Elwert, Georg (2003): Weder irrational noch traditionalistisch. Charismatische Mobilisierung und Gewaltmärkte als Basis der Attentäter des 11. September, in: Lars Clausen u.a. (Hrsg.), Entsetzliche soziale Prozesse. Theorie und Empirie der Katastrophen, Münster, S. 95-123.

Watts, Duncan J. (2004): The »New« Science of Networks, in: Annual Review of Sociology 30, S. 243-270.

Nichtregierungsorganisationen

Alles, was man über Nichtregierungsorganisationen (NRO) sagt, ist richtig – irgendwo und zu irgendeinem Zeitpunkt. In dieser resignativen Aussage lassen sich die zahlreichen Versuche zusammenfassen, dem Begriff NRO ein eindeutiges Profil zu verleihen. Als Negativbegriff umfasst er zunächst alles, was nicht Regierung und gleichwohl organisiert ist – ob Mafia oder katholische Kirche. Verständlich wird diese Abgrenzung für die internationale Politik, die bis heute wesentlich von nationalen Regierungen geprägt wird. Das verstärkte Interesse an NROs markiert den allmählichen Abschied von dieser uneingeschränkten Regierungsdominanz.

Die Bewegung gegen die → Sklaverei, das Rote Kreuz, aber auch die internationale Arbeiterbewegung erinnern daran, dass es stets eine »Außenpolitik von unten« gegeben hat, aber die Zahl grenzüberschreitender nichtstaatlicher Akteure hat im Laufe des 20. Jahrhunderts deutlich zugenommen. Darauf verweisen die Einträge des Jahrbuchs Internationaler Organisationen (von rund 100 im ersten Jahrzehnt auf etwa 6.000 am Ende des 20. Jahrhunderts) aber auch die Zahl der NRO, die im Wirtschafts- und Sozialrat der Vereinten Nationen (ECOSOC) einen Konsultativstatus erwerben konnten: von 40 (1948) auf 2.531 (2004).

Dennoch würde niemand von einer NROisierung der Weltpolitik sprechen, hätten nicht UN-Weltkonferenzen, globalisierungskritische Proteste und Weltsozialforen erheblich zur Sichtbarkeit von NRO beigetragen. Sie sind wichtige, lokal verankerte Akteure einer »Globalisierung von unten«, indem sie grenzüberschreitende Themen-, Kampagnen- und Aktionsnetzwerke bilden, die sich in internationale Politik einmischen.

Mit dem Wachstum transnational tätiger NRO sind auch erweiterte Organisations- und Aktionsformen verbunden, für die »amnesty international« beispielhaft geworden ist. 2005 zählt ai mehr als 1,8 Millionen Mitglieder in mehr als 150 Ländern, die u.a. in zahlreichen Kampagnen, Protesten, Themengruppen, aber auch in der Betreuung von politischen Gefangenen aktiv werden. Bei den Weltkonferenzen traten NRO in unterschiedlichen Rollen auf: als »Helden« bei populären Protestaktionen, als »Themenanwälte« und als Experten in den »Wissensgemeinschaften« der Verhandlungsdelegationen. Seit dem Aufschwung globalisierungskritischer Proteste erscheinen NRO häufig als institutionelle und thematische Knoten von transnationalen Mobilisierungsnetzwerken, ohne die solche Mobilisierungen gar nicht denkbar und thematisch vermittelbar wären.

Mit Blick auf die mehr als 300 transnationalen Verhandlungssysteme – Regime (vom Walfang bis zur Verschuldung) –, die gegenwärtig für die Regulierung globaler Austauschprozesse sorgen, lässt sich eine wachsende Anerkennung und Einbeziehung von NRO beobachten – ein Prozess, der allerdings von Bereich zu Bereich sehr unterschiedlich voran geschritten ist. Dies gilt auch für die Vielfalt an Funktionen, die NRO in der transnationalen Politik inzwischen wahrnehmen. An erster Stelle stehen dabei Information und Expertise auf einer politischen Ebene, die klassisch auf Arkanpraxis angelegt, d.h. in der Regel für die Öffentlichkeit nicht zugänglich ist. Es folgen eigene Aktionsformen, die vom Protest bis zur direkten Hilfe für Betroffene reichen können. Vor allem in der humanitären Hilfe und Entwicklungspolitik bedienen sich Staaten häufig der Kompetenzen großer transnationaler, aber auch lokaler NRO in den Ländern des »Südens«.

Diese NROisierung der Weltpolitik wird allerdings unterschiedlich beurteilt. NRO buchstabieren Öffentlichkeit und Demokratie auf transnationaler Ebene und beheben deren Akteursschwäche, lautet eine hoffnungsvoll sympathisierende Sichtweise, die auf eine globale → Zivilgesellschaft mit entsprechend demokratisch verfassten internationalen Organisationen setzt. Skeptiker dagegen sehen NRO entweder als hoffnungslos ohnmächtig gegenüber anderen Akteuren im Globalisierungsprozess, wie den großen Staaten und den Transnationalen Konzernen (→ Multinationale Konzerne) oder gar als Totengräber einer internationalen Ordnung, die in Richtung eines neuen Mittelalters zu zerfallen drohe. Je stärker die Hoffnung auf eine von NRO vorangetriebene Demokratisierung der Weltpolitik ins Spiel gebracht wird, umso deutlicher treten Schwachstellen von NRO in ihrer gegenwärtigen Verfassung hervor. Dies gilt u.a. für die häufig beklagte Legitimationsschwäche, die fehlende innere Demokratie, die Dominanz von Edel-NRO aus dem Norden oder die Funktionalisierung von NRO in zwischenstaatlichen Auseinandersetzungen. NRO bieten insgesamt wichtige Impulse für eine Demokratisierung der Weltpolitik, die bitter nötige institutionelle Antwort stellen sie jedoch nicht dar.

Roland Roth

Zum Weiterlesen

Brand, Ulrich u.a. (Hrsg.) (2001): Nichtregierungsorganisationen in der Transformation des Staates, Münster.

Brunnengräber, Achim/Klein, Ansgar/Walk, Heike (Hrsg.) (2005): NGOs im Prozess der Globalisierung. Mächtige Zwerge – umstrittene Riesen, Bonn: Bundeszentrale für politische Bildung.

Offshoring

Der Begriff Offshoring hat in den letzten Jahren eine rasante Karriere erfahren. Aus dem Fachjargon der Unternehmensberater stammend, ist er inzwischen zum Gegenstand kontroverser öffentlicher Debatten geworden. Übersetzt bedeutet offshore soviel wie »der Küste vorgelagert«. Daher wird von → Steueroasen wie den Cayman-Inseln auch als Offshore-Zentren gesprochen. Als Ausdruck der modernen Managementsprache bezeichnet Offshoring jedoch die Verlagerung von Teilen bzw. Teilaufgaben eines Unternehmens in Länder mit günstigerer Kostenstruktur – oft gleichbedeutend mit niedrigeren Einkommens- und Sozialstandards. Derartige Vorgänge sind nicht neu, betrafen in der Vergangenheit allerdings im Wesentlichen arbeitsintensive Tätigkeiten im Bereich industrieller Fertigung und Montage (z.B. Textilindustrie). Heute erfasst die Internationalisierung der Ökonomie hingegen zunehmend auch hochqualifizierte Dienstleistungstätigkeiten, etwa im kaufmännischen Bereich oder in Forschung und Entwicklung.

Tätigkeiten, die vorwiegend auf der Bearbeitung digitalisierter Daten basieren, können zergliedert und aufgrund der Leistungsfähigkeit moderner Informations- und Kommunikationstechnologien (IKT) in vergleichbarer Weise grenzüberschreitend gehandelt werden wie klassische Güter. Entsprechende Potenziale finden sich in fast jedem Wirtschaftszweig z.B. bei den so genannten Backoffice-Funktionen (Personalverwaltung, Buchhaltung u.ä.). Dabei lassen sich zwei Formen von Offshoring unterscheiden. Erstens die konzerninterne Verlagerung von Unternehmensteilen ins Ausland, d.h. die Gründung entsprechender Niederlassungen mittels ausländischer Direktinvestitionen, das so genannte Captive-Offshoring. Zweitens die Ausgliederung von Tätigkeiten aus dem Unternehmen bei gleichzeitiger Vergabe entsprechender Dienstleistungsaufträge an Firmen im Ausland. Hierbei spricht man von Offshore-Outsourcing.

Auf Seiten deutscher Unternehmen des produzierenden Gewerbes wurden in den letzten Jahren vor allem die osteuropäischen EU-Beitrittsländer als attraktive Verlagerungsziele im Nahbereich entdeckt (z.T. auch als Nearshoring bezeichnet). An zweiter Stelle rangiert Asien. Im Dienstleistungsbereich kommen Verlagerungstendenzen aktuell am stärksten bei Finanzdienstleistungen sowie in der IKT-Branche zum Tragen. In Bezug auf letztere ist Indien derzeit der führende Offshore-Standort.

Die Möglichkeit des Offshoring wird nicht selten als Drohkulisse und Druckmittel genutzt. So erpresste Siemens von seinen Beschäftigten an deutschen

→ Standorten mit Verweis auf die niedrigeren Lohnniveaus in Osteuropa verlängerte Wochenarbeitszeiten und den Verzicht auf Einkommen. Dabei ist Offshoring nicht notwendig mit einem Nettoverlust von Beschäftigungsmöglichkeiten in den Heimatländern verbunden. Insbesondere der Aufbau von Auslandsstandorten kann positive Arbeitsplatzeffekte sowohl für die Herkunfts- als auch für die Empfängerländer ergeben. Entscheidend ist, dass der Strukturwandel nicht dem Selbstlauf von Markt und Wettbewerb (→ Wettbewerbsfähigkeit, → Wettbewerbsstaat) überlassen bleibt, sondern durch eine kohärente Politik sozialverträglich gestaltet wird.

Das zukünftige Offshoring-Potenzial ist nur schwer abzuschätzen. Unternehmensberatungen – die selbst zu den treibenden Kräften gehören (→ Berater) – gehen davon aus, dass bis zu zwei Drittel der Tätigkeiten entlang der Wertschöpfungskette verlagert werden könnten. Viele Firmen unterschätzen jedoch die Risiken. Zusätzliche Kosten etwa durch erforderliche Qualifizierungsmaßnahmen, Reise- und Kommunikationsaufwand, Übersetzungen sowie für die Rechtspflege lassen den erhoffen Einspareffekt oft erheblich schrumpfen oder können diesen gar übersteigen.

Aus Sicht von Entwicklungs- und Schwellenländern kann Offshoring durchaus Vorteile bringen, wenn wirklich höher qualifizierte und für die regionalen Verhältnisse zumeist auch hochbezahlte Tätigkeiten ausgelagert werden. Dann kann es zu Know-How-Transfers und Spillover-(»Ausstrahlungs«-)Effekten kommen. Auch könnte der Brain-Drain, also die Abwanderung von Fachkräften geringer ausfallen. Dass auf diesem Wege die grundlegenden Strukturdefizite und weltwirtschaftlichen Asymmetrien behoben werden könnten, zeichnet sich jedoch nicht ab. Denn selbst in Indien finden gegenwärtig noch weniger als eine Million Menschen in der IKT-Branche einen Arbeitsplatz, und auch optimistische Wachstumsprognosen (→ Wachstum) bleiben weit hinter den Erfordernissen des zu erwartenden Wachstums der dortigen Erwerbsbevölkerung zurück.

Jörg Reitzig

Zum Weiterlesen

Boes, Andreas/Schwemmle, Michael (Hrsg.) (2005): Bangalore statt Böblingen? Offshoring und Internationalisierung im IT-Sektor, Hamburg.

Falk, Rainer (2004): Die neue Globalisierungswelle, Outsourcing und Offshoring von Dienstleistungen, in: Informationsbrief Weltwirtschaft & Entwicklung, Sonderdienst Nr. 4/2004, S. 1-2.

Kinkel, Steffen/Lay, Gunter (2004): Produktionsverlagerungen unter der Lupe. Fraunhofer-ISI, Mitteilungen aus der Produktionsinnovationserhebung Nr. 34, Karlsruhe.

Partizipation

Hinter dem Begriff Partizipation verbergen sich sehr unterschiedliche Möglichkeiten von Beteiligung und Mitwirkung in Staat und Gesellschaft. Sie reichen von den Parteien über Verein und Verband bis zu → sozialen Bewegungen. Es lassen sich sowohl die Intensität als auch die Ziele der Partizipation unterscheiden. Partizipation ist nicht auf die Wahl von ParteienvertreterInnen in einer repräsentativen Demokratie und darüber hinausgehende Formen direkter Demokratie (Bürgerbegehren, Bürgerentscheide) beschränkt. Sie kann sich zum Beispiel auch im Aufbau eigenverantwortlich gestalteter Bereiche (selbst verwaltete Betriebe, Kinderläden, Einkaufsgemeinschaften, etc. als Alternative zu entsprechenden Angeboten von Staat oder Markt) oder in Protesten sozialer Bewegungen realisieren.

Ziele der Beteiligung von Seiten der Verwaltung können Bestrebungen sein, die inhaltliche Qualität einer Entscheidung zu verbessern, Akzeptanz und Legitimation zu schaffen oder auch die gesellschaftlichen und wirtschaftlichen Akteure zu eigenverantwortlichem Handeln zu motivieren (→ Eigenverantwortung). In vielen Fällen ist Partizipation gesetzlich vorgeschrieben. Die dabei eingesetzten Methoden veränderten sich im Zeitverlauf der letzten 30 Jahre von eher informativen Verfahren und Betroffenenbeteiligung hin zu einer eher kooperierenden Problembearbeitung. Neben den rechtlich fixierten, formal definierten Beteiligungsinstrumenten gibt es natürlich noch eine ganze Palette von Partizipationsmöglichkeiten vor allem in den Kommunen – von Zukunftswerkstätten über Runde Tische bis zu kommunalen Foren.

Erst die Beteiligung an politischen Entscheidungsprozessen dringt zum Kern des Begriffsverständnisses vor: Ohne Partizipation an Entscheidungsprozessen gibt es keine Demokratie. In diesem Zusammenhang stellt sich die Frage: Wie weit reichen in den Verfahren und Organisationen die Möglichkeiten der Beteiligung und Mitwirkung an wichtigen Entscheidungen? Denn erst mit der Beantwortung dieser Frage zeigt sich, inwiefern es sich um bloße Partizipationsrhetorik handelt.

Mit der zunehmenden Verlagerung politischer Entscheidungen auf internationale und supranationale Institutionen werden die Möglichkeiten von Betroffenen, politische Entscheidungen zu beeinflussen, immer geringer. Zwar wird den zivilgesellschaftlichen Akteuren im Rahmen von internationalen Konferenzen und Stakeholderprozessen zunehmend die Teilnahme ermöglicht – auch wird häufiger auf die Expertise von → NRO zurückgegriffen; doch was die tatsächlichen Einflussmöglichkeiten anbelangt, so haben sich die Hoffnungen bislang nicht erfüllt.

Seit Anfang der 1990er Jahre wird der Begriff Partizipation im Zusammenhang mit der Debatte um bürgerschaftliches Engagement diskutiert. Gegenstand ist auch hier die breite Teilhabe von BürgerInnen an verschiedenen gesellschaftlichen Bereichen. Bürgerschaftliches Engagement umfasst ein weites Spektrum: von der politischen Beteiligung in Gewerkschaften und Parteien über die Selbsthilfe im sozialen oder medizinischen Bereich, das Ehrenamt in Kultur und Sport bis zur Nachbarschaftshilfe. Jedoch wird von einem eher harmonischen als konflikthaften Gesellschaftsbild ausgegangen. Ziel von Partizipation ist hierbei weniger die Selbstbehauptung ausgegrenzter Gruppen und Positionen oder die Infragestellung politischer → Herrschaft. Vielmehr geht es auf Basis der bestehenden sozialen Ordnung um gemeinsame Gestaltung des Lebensumfeldes, um ein Gegengewicht zu Individualisierungsprozessen, persönliche Weiterentwicklung und oft auch um die Kompensation spärlicher verfügbarer sozialstaatlicher Leistungen.

Ansgar Klein/Heike Walk

Zum Weiterlesen

Baranek, Elke/Fischer, Corinna/Walk, Heike (2005): Partizipation und Nachhaltigkeit. Reflektionen über Zusammenhänge und Vereinbarkeiten, ZTG-discussion paper, Nr. 15.

Heinze, Rolf, G./Olk, Thomas (Hrsg.) (2001): Bürgerengagement in Deutschland – zum Stand der wissenschaftlichen und politischen Diskussion, in: Heinze, Rolf, G./Olk, Thomas: Bürgerengagement in Deutschland. Bestandsaufnahme und Perspektiven, Opladen, S. 11-26.

Roth, Roland (1994): Demokratie von unten. Neue soziale Bewegungen auf dem Wege zur politischen Institution, Köln.

Pensionsfonds

Fonds kommt aus dem Französischen und bedeutet Kapital. Fonds, beispielsweise Investment-, Pensions- und → Hedge-Fonds, werden von Unternehmen, Banken und Finanzgesellschaften aufgelegt, um Kapital zu sammeln und auf dem → Finanzmarkt anzulegen. Das Fondsvermögen wird durch einmalige oder regelmäßige Zahlungen von Privatpersonen und Unternehmen aufgebaut, die Fondsanteile in Form von Eigentumszertifikaten erhalten. Die Finanzanlage differiert nach Branchen/Sektoren, Regionen, Wertpapierarten (Aktien, Anleihen), Währungen, Risiken usw. oder ist eine Mischform aus alledem. Eine Form des Investmentfonds ist der Pensionsfonds. Hier speist sich das Fondsvermögen aus freiwilligen oder obligatorischen Beiträgen der Beschäftigten, die privat oder direkt als Lohnabzug vom Arbeitgeber abgeführt und durch Zulagen oder Steuervergünstigungen ergänzt werden. Der Kapitalstock wird zum Übergang in den Ruhestand über eine einmalige Ausschüttung oder gestaffelte Auszahlungen aufgelöst. Die Zahlungen sollen den Konsum im Alter (mit)finanzieren und deshalb gelten für Pensionsfonds spezielle Regulierungen, um riskante Anlagestrategien zu verhindern oder zu beschränken.

Pensionsfonds gab es bereits im 19. Jahrhundert und schon damals sollte die Kapitalanlage eine ausreichende → Alterssicherung finanzieren. Diese Zusage konnte aber nur in wenigen Fällen eingelöst werden, da die Einlagen zu gering waren, oft veruntreut, zweckentfremdet, durch Insolvenzen vernichtet oder Inflation entwertet wurden. Vor diesem Hintergrund kam es in den Industrienationen zum Aufbau der staatlichen Alterssicherung im Umlageverfahren, die über → Steuern und/oder direkte Lohnabzüge finanziert wird. Die Pensionsfonds spielten nur in den angelsächsischen Ländern eine wichtige Rolle, da dort die staatliche Alterssicherung meist als Grundsicherung konzipiert war und die private Absicherung die niedrigen staatlichen Leistungen ergänzen musste.

Der internationale Siegeszug der Pensionsfonds setzte Mitte der 1970er Jahre ein. Seitdem wird international die private Alterssicherung mittels Kapitalanlage propagiert sowie national um- und durchgesetzt. Die → Liberalisierung der → Finanzmärkte schuf die Voraussetzung für ein dynamisches → Wachstum der Pensionsfonds, denen im Vergleich zu Pensionskassen von Unternehmen und Direktversicherungen eine riskantere Anlagepolitik zugestanden wird. Ende der 1990er Jahre wuchs das von Pensionsfonds, Versicherungen, Banken etc. global angelegte Kapital zur Pensionsfinanzierung auf

12 Billionen US-Dollar. Dem stand ein Weltsozialprodukt von etwa 28 Billionen US-Dollar gegenüber. Das Gewicht der Pensionsfonds und deren Einfluss differiert stark: Während in den USA und Großbritannien Finanzaktiva in Höhe von bis zu 65% des heimischen Bruttoinlandsprodukts verwaltet werden, liegt diese Relation in Kontinentaleuropa nur bei etwa 25%. Erklärtes Ziel von Politik und Wirtschaft ist es, den daraus resultierenden Wettbewerbsnachteil europäischer Pensionsfonds aufzuheben und den eigenen Finanzplatz zu stärken. Sozialpolitische Versprechungen über eine Verbesserung der Alterssicherung durch kapitalgedeckte Systeme dienen dazu, diese Zielsetzung in den Hintergrund zu rücken.

Pensionsfonds haben die Krisenanfälligkeit auf den Finanzmärkten erhöht und waren selbst von den massiven Wertverlusten im Zuge der Finanzkrisen in den 1980er/1990er Jahren betroffen. Ferner orientieren sich die Pensionsfonds an den Vorgaben des → Shareholder Value-Konzepts: maximale Anlagerendite durch Kostenreduktion in den Unternehmen. Was also Beschäftigte als Anteilseigner von Pensionsfonds gewinnen, bezahlen sie selbst oder ihre KollegInnen in anderen Betrieben und Branchen weltweit mit dem Abbau von Sozialleistungen und Löhnen. Außerdem sind private Fondslösungen zur Alterssicherung nur für Beschäftigte und Selbständige mit kontinuierlich hohen Einkommen von Vorteil. Die Mehrheit verdient zu wenig oder zu unbeständig, um überhaupt adäquate Summen sparen zu können. Ganz zu schweigen von der stark wachsenden Gruppe, für die private Lösungen nie in Frage kommen – Arbeitslose, prekär Beschäftigte, Sozialhilfebezieher etc. Schließlich werden die Gelder weiter zweckentfremdet, veruntreut und versprochene Renditen stark gekürzt, was das Modell USA beispielhaft belegt: Dort existieren in 360 der 500 im Standard&Poors Börsenindex gelisteten Unternehmen betriebliche Pensionsfonds, aber laut staatlichem Rentengarantiefonds weist das System eine Deckungslücke von rund 500 Mrd. US-Dollar auf – das vermeintliche Erfolgsmodell ist faktisch bankrott.

Christian Christen

Zum Weiterlesen

Clark, Gordon L. (2000): Pension Fund Capitalism, Oxford/New York.

Ghilarducci, Teresa (1992): Labor's Capital – The Economics and Politics of Private Pension, Cambridge/Massachusetts.

Labarde, Philippe/Maris, Bernard (2001): Börse oder Leben – Die große Manipulation, München.

Lordon, Frédéric (2003): »Aktionärsdemokratie« als soziale Utopie. Über das neue Finanzregime und Wirtschaftsdemokratie, Hamburg.

Minns, Richard (2001): The Cold War in Welfare – Stock Markets versus Pensions, London/New York.

Postfordismus

Während der Fordismus auf den Wechselbeziehungen zwischen der Expansion standardisierter Massenproduktion einerseits, Tarifautonomie und → Sozialstaat andererseits beruhte, bildeten zentrale Prinzipien des → Neoliberalismus (→ Privatisierung, → Flexibilisierung und → Liberalisierung) die Grundlage von Prozessen der → Globalisierung der Märkte und der Produktionsstrukturen. Flexible Spezialisierung im globalen Raum charakterisiert das neue postfordistische Akkumulationsregime.

Neoliberale Strategien setzen einerseits fordistische Strukturen (Arbeitsmarkt, sozialpolitische Absicherung) unter Druck, vergrößern andererseits den wirtschaftspolitischen Spielraum für die Nutzung des Potenzials an Flexibilisierung und Differenzierung der nun verfügbaren Informations- und Kommunikationstechnologien sowie der Beschleunigung und Verbilligung von Transporten.

Dies ermöglichte es den großen Unternehmen, die Fesseln, die nationalstaatliche Reglementierung und Protektion für die profitable Nutzung dieser Technologien darstellten, zu überwinden. Der Prozess wachsender sozialer Ungleichheit globalisiert sich: Vermittelt über wirtschaftliche Konkurrenz (vor allem Standortkonkurrenz, → Standortwettbewerb) und → Migration stehen Arbeitskräfte in den Industrieländern in einer Vielzahl von Branchen von standardisierter Industriearbeit bis hin zur Produktion von Software immer mehr in direkter Konkurrenz zu Arbeitskräften in Ländern mit niedrigeren Löhnen und geringeren Sozialleistungen. Dies hat Auswirkungen auf die sozialen und politischen Konflikte in einzelnen Ländern; wachsende soziale Ungleichheit stellt aber auch eine zusätzliche Belastung für die Umwelt dar (armutsbedingte Umweltbelastungen, Verschwendungstendenzen einer reichen Oberschicht).

Über diese grundlegenden Formen der Transformation des dominanten Akkumulationsregimes gibt es einen weitgehenden Konsens, umstritten ist jedoch bereits die Frage nach der zentralen Triebkraft postfordistischer Akkumulation. Noch umstrittener ist die Frage nach den Charakteristika einer postfordistischen Regulationsweise, also einer institutionalisierten Form der Verknüpfung von Akkumulation und sozialer Integration. Alain Lipietz definiert »Regulation eines sozialen Verhältnisses« als »die Art und Weise, in der sich dieses Verhältnis trotz und wegen seinem konfliktorischen und widersprüchlichen Charakters reproduziert«. Er identifiziert in seinen Arbeiten unterschiedliche Modelle der Transformation fordistischer Strukturen im nationalstaatlichen Rahmen: Neotaylorismus in den USA, Toyotismus in Japan, Kalmarismus in Schweden.

Die verbreitet festgestellte Tendenz der Transformation der Nationalstaaten in »→ Wettbewerbsstaaten« (Joachim Hirsch) impliziert dagegen eine reduzierte Fähigkeit des Nationalstaates, Träger sozialer Kompromisse zu sein. Gleichzeitig ist eine wachsende Bedeutung transnationaler Netzwerkstrukturen (→ Netzwerke) in allen gesellschaftlichen Bereichen (→ Global Cities, transnationale → Migration, Netzwerkstrukturen von → Global Governance) festzustellen. Dies legt die Überlegung nahe, postfordistische Regulation in der Verknüpfung des globalisierten, wettbewerbsorientierten Akkumulationsregimes mit einer Global Governance zu sehen, die soziale und ökonomische Ungleichheiten durch politisches und ökonomisches Empowerment abzubauen versucht. Diese Verknüpfung von sozialer Unterstützung und → Wettbewerbsfähigkeit (»Existenzgründung«) stellt offenbar auch ein zunehmend wichtiges Element der Sozialpolitik (→ Sozialstaat) in den Industrieländern dar.

Während einige Autoren die Existenz von Ansätzen einer postfordistischen Regulationsweise grundsätzlich bezweifeln, diskutieren andere bereits die Widersprüche des Postfordismus und das Entstehens einer revolutionären Weltgesellschaft der »Multitude« (→ Empire). Diese Einschätzungen haben offensichtlich wichtige Implikationen für globalisierungskritische Strategien: Während die einen eher die Stärkung traditioneller sozialstaatlicher Institutionen in den Vordergrund stellen, sehen die anderen die Ansätze einer »anderen Globalisierung« eher in Formen netzwerkförmiger Selbstorganisation.

Wolfgang Hein

Zum Weiterlesen

Brand, Ulrich/Raza, Werner (Hrsg.) (2003): Fit für den Postfordismus? Theoretisch-politische Perspektiven des Regulationsansatzes, Münster.

Hein, Wolfgang (2002): Globalisierung und Regionalentwicklung. Neue theoretische Ansätze und die Chancen des Empowerment durch Global Governance, in: Nord-Süd aktuell, 2, 16. Jg., S. 214-234

Hübner, Kurt (1989): Theorie der Regulation. Eine kritische Rekonstruktion eines neuen Ansatzes der Politischen Ökonomie, Berlin.

Lipietz, Alain (1998): Nach dem Ende des »Goldenen Zeitalters«. Regulation und Transformation kapitalistischer Gesellschaften, Berlin.

Prekarisierung

Mit Prekarisierung soll eine stärker werdende Tendenz zur existenziellen Verunsicherung in industriell voll transformierten, kapitalistischen Ländern beschrieben werden. Sie umfasst mehrere Faktoren. Nicht → Armut oder Ausgrenzung an sich ist in erster Linie gemeint, sondern die größer werdende Wahrscheinlichkeit, im ökonomischen Sinn arm oder ausgegrenzt zu werden. Bezogen auf andere, möglicherweise auch stärker werdende Tendenzen der existenziellen Verunsicherung, beispielsweise durch Kriminalität, Individualisierung der Lebensformen, Scheidung, Rassismus, Sexismus, Umweltprobleme oder Epidemien, scheint die Bezeichnung Prekarisierung keine Anwendung zu finden.

Prekarisierung ist ein aus dem französischen Sprachgebiet kommender Begriff. Auch dieses Modewort ist sowohl in seinem Inhalt als auch in seiner Anwendung diffus. Dadurch wird sein sozialwissenschaftlicher Gebrauchswert stark reduziert. Alltagssprachlich und politisch allerdings kann mit Prekarisierung die Erfahrung einer ganzen Generation eingefangen werden. Etymologisch führt der Duden »prekär« auf das französische Wort »précaire« im 18. Jahrhundert zurück. Der Duden braucht für prekär die Synonyme misslich, schwierig, heikel, unsicher, widerruflich, durch Bitten erlangt.

Prekarisierung wird vor allem mit Bezug auf die erhöhten → Risiken der ökonomischen Existenzsicherung im offiziellen Arbeitsmarkt angewendet. Dieser hat sich im Verlauf der Systemkrise der letzten 30 Jahre äußerst schlecht entwickelt. Die ungenügende offizielle Nachfrage nach Arbeitskräften führte zur erhöhten offiziellen Voll- oder Teilarbeitslosigkeit. Vermehrt sind Menschen entweder in ungenügender Zahl in den offiziellen Arbeitsmarkt hineingekommen und/oder in zu großer Zahl aus ihm herausgefallen. Der so entstehende Druck wiederum führte zu verschiedenen Begleiterscheinungen. Erstens hat sich die nur für eine fragile Existenzsicherung dienliche informelle Ökonomie ausgeweitet. Damit wurden gleichzeitig auch die Möglichkeiten reduziert, sich mit Sozialversicherungen gegen Risiken wie Invalidität, Krankheit, → Arbeitslosigkeit und Alter abzuschirmen. Zweitens ist die Konkurrenz um Lohnarbeit gestiegen, gleichzeitig hat der Druck auf die Lohnkosten im Kontext der Realisierungskrise, d.h.der Absatzprobleme, und der Überkapazität in den Betrieben zugenommen. Dieser Druck hat sich in verschiedenster Weise materialisiert: zunehmende Teilzeitarbeit, flexibilisierte Arbeitsverhältnisse und Arbeitszeiten, Leiharbeit, befristete Anstellung, niedrigere Löhne, Entqualifizierung durch Arbeitsteilung zwecks Senkung der

Lohnkosten, Ausspielen der Länder und ihrer unterschiedlichen nationalen Lohngesetzgebungen und Gesamtarbeitsverträge im wirtschaftlichen Integrationsprozess, Outsourcing und → Privatisierung zur Umgehung von Gesamtarbeitsverträgen, selbständiges (Schein-)Kleinunternehmertum statt Lohnarbeit, Import von billigen Arbeitskräften, illegale Arbeit, forcierte Arbeitsmobilität, institutionell erzwungene Trennung der familiären Sorgeökonomie vom Ort der bezahlten Lohnarbeit, Import von billiger hergestellten Waren und Dienstleistungen in Umgehung von Umweltgesetzgebung und von Arbeits- und → Menschenrechten, Netto-Kapitalexport und »Investitionsstreik« etc. Mittels einiger dieser Vorgehensweisen konnte ein derartiger Lohndruck erzeugt werden, dass von Lohndumping gesprochen wird.

Diese Entwicklung hat in den vergangenen 30 Jahren einen immer größeren Teil der Bevölkerung in den transformierten Industrieländern in Beschlag genommen, sodass zunehmend eine objektive und subjektive Verunsicherung entstanden ist, die sich weiter auszubreiten scheint und als Prekarisierung bezeichnet werden kann. Ein größer werdender Teil der Bevölkerung ist einer größer werdenden Gefahr von → Armut und ökonomischer (Voll- oder Teil-)Ausgrenzung ausgesetzt. Die Geschwindigkeit, mit der die so verstandene Prekarisierung zugenommen hat – und der Umfang, den sie erreicht hat – wird im geschichtlichen Empfinden der Bevölkerung als veritabler Bruch in der Nachkriegszeit gedeutet.

Mit dem Begriff Prekarisierung soll eine »Neuentwicklung« umschrieben werden. Sie betrifft uns alle und lässt uns ansatzweise erfahren und ahnen, welch noch höherer Wahrscheinlichkeit die Bevölkerung im Kapitalismus vor dem Zweiten Weltkrieg ausgesetzt war, in Armut und Ausgrenzung abzugleiten. Prekarität und Prekarisierung haben den Kapitalismus von je her konstituiert. Umso mehr benötigen wir heute zusätzlich zur beschreibenden auch wieder eine analytische Kapitalismuskritik und eine politische Bewegung gegen den Kapitalismus.

Isidor Wallimann

Zum Weiterlesen

Bourdieu, Pierre (2001): Das Elend der Welt – Zeugnisse und Diagnosen alltäglichen Leidens an der Gesellschaft, Konstanz.

Lipietz, Alain (1996): La société en sablier. Le partage du travail contre la déchirure sociale, Paris.

Ray, J.-C. (1987): La précarité, définie et mesurée en tant que pauvreté potentielle. In: Cahiers Économiques de Nancy, Vol. 18.

Wallimann, Isidor/Dobkowski, M. (Hrsg.) (2003): Das Zeitalter der Knappheit – Ressourcen, Konflikte, Lebenschancen, Bern.

Privatisierung

Privatisierung ist die Einführung gewinnorientierter Steuerung in Bereiche, die bisher an Kriterien des Gemeinwohls ausgerichtet waren. Sie findet in verschiedenen Formen statt: als Umwandlung öffentlicher in private Unternehmen wie bei der Post, als private Bereitstellung bisher öffentlicher Dienstleistungen – etwa in der Bildung oder der Kultur – und als Übertragung sozialer Sicherung, beispielsweise der → Alterssicherung, an die → Finanzmärkte oder als Verwandlung von Teilen der → Natur wie Wasser oder Gene in Privateigentum.

Privatisierung ist ein globaler Prozess. Sie begann schon in den 1960er Jahren in Westeuropa als Re-privatisierung verstaatlichter Industrien. In Lateinamerika und Afrika haben private, meist ausländische Konzerne einen großen Teil der Rohstoffe und Infrastruktureinrichtungen durch Privatisierung unter ihre Kontrolle gebracht. Dem Zusammenbruch der sozialistischen Länder in Osteuropa folgte die größte Privatisierungswelle in der bisherigen Geschichte der Menschheit. Die globalen Institutionen IWF und Weltbank (→ Bretton-Wods-Institutionen) verlangen weit reichende Privatisierungen als Voraussetzung für finanzielle Unterstützung. Auch die Forderung nach umfassender Marktöffnung im Rahmen des → GATS läuft vielfach auf Privatisierung öffentlicher Dienste hinaus. Privatisierung ist also eine wesentliche Säule der neoliberalen Strategie der Gegenreform, die sich in den letzten beiden Jahrzehnten weltweit weitgehend durchgesetzt hat.

Die wichtigste ökonomische Triebkraft für die aktuelle Privatisierungswelle ist vor allem die Suche nach profitablen Anlagemöglichkeiten für privates Kapital. Sie zielt darauf ab, in den schwach wachsenden Industrieländern immer größere Bereiche der Gesellschaft für die private Gewinnmaximierung zu öffnen und in den Entwicklungsländern die Wachstumsbranchen unter private Kontrolle zu bringen. Weitere Triebkräfte sind der Wunsch staatlicher Stellen, durch Privatisierungen die öffentlichen Haushalte zu entlasten, sowie die oft schlechte Qualität öffentlicher Dienstleistungen.

Wenn staatliche Unternehmen wie Werften privatisiert werden, entfällt damit in der Regel der Charakter ihrer Produkte als öffentliche Güter. Bei Dienstleistungen wie Telekommunikation, Strom- und Wasserversorgung ist das oft anders. Wenn sie privatisiert werden, bleibt der öffentliche Versorgungsauftrag in der Regel offiziell bestehen. Die Privatisierung wird damit begründet, dass private, unter Konkurrenzdruck stehende Unternehmen effizienter arbeiteten (→ Effizienz) und daher das öffentliche Gut besser bereitstellen könnten als öffentliche Monopole. In diesen Fällen wird Privatisierung in der Regel mit der Einrichtung politischer Überwachungs- und Regulierungsbehörden verbunden. Bisherige Erfahrungen zeigen jedoch, dass es außerordentlich schwierig ist, durch politische Kontrolle dafür zu sorgen, dass private Unternehmen Standards des Gemeinwohls einhalten (→ Unternehmensverantwortung). Tatsächlich führt Privatisierung vielmehr häufig dazu, dass öffentliche durch private Monopole oder Oligopole ersetzt werden.

Der Kern des Problems besteht darin, dass für das Verhalten privater Unternehmen nicht das Gemeinwohl und das öffentliche Interesse, sondern der einzelwirtschaftliche Gewinn und der Druck der Konkurrenz entscheidend sind. Dies veranlasst sie dazu, wo immer möglich die Preise zu erhöhen und die Kosten dadurch zu senken, dass sie Arbeitsplätze vernichten und Arbeitsbedingungen verschlechtern. Bei dem Versuch, in der Konkurrenz Marktanteile zu erobern, spielen die Qualität und Sicherheit der Versorgung nur eine untergeordnete Rolle, in den Vordergrund treten stattdessen Marketing und Werbung. Hierdurch wird zum einen das Gesamtniveau der Versorgung mit öffentlichen Gütern gesenkt. Zum anderen werden gerade diejenigen von öffentlichen Dienstleistungen zunehmend ausgeschlossen, die wegen niedriger Einkommen hierauf in besonderem Maße angewiesen sind. Das führt zu Entsolidarisierung und sozialer Polarisierung.

Soziale Sicherheit, Bildung, Gesundheit, Kultur und andere Bereiche, die für das Funktionieren einer demokratischen und solidarischen Gesellschaft notwendig sind, sollten daher prinzipiell dem privaten Gewinnstreben entzogen und öffentlich organisiert und finanziert werden.

Jörg Huffschmid

Zum Weiterlesen

Dickhaus, Barbara/Dietz, Kristina (2004): Folgen der Privatisierung und Liberalisierung öffentlicher Dienstleistungen in Europa. Studie im Auftrag der Rosa-Luxemburg-Stiftung, Berlin.

Huffschmid, Jörg (2004): Erdumfassend und porentief: die Privatisierung der Welt. Eine Einführung. In: Reader des Wissenschaftlichen Beirats von Attac: Die Privatisierung der Welt. Hintergründe, Folgen, Gegenstrategien, Hamburg, S. 9-17.

Mandell, Betty R. (2002): The Privatization of Everything. In: New Politics, vol. 9 (ns), no. 1.

Reimon, Michael/Felber, Christian (2003): Schwarzbuch Privatisierung. Was opfern wir dem freien Markt? Wien.

Produktivität

Der Begriff Produktivität ist ursprünglich ein eher vielfältiger: Sie sei »Kraft der Hervorbringung und Fruchtbarkeit«, wie es im Brockhaus-Lexikon von 1841 heißt. »Wir waren produktiv« als Ergebnis einer gemeinsamen Anstrengung bedeutet: Wir haben gute Ideen gehabt und mit wenig Aufwand umgesetzt. Darin sind viele Aspekte enthalten: Sinn bzw. Gebrauchswert und Qualität, sparsamer Einsatz von materiellen/immateriellen Ressourcen und Zeit, Kooperation, sogar Vergnügen an Prozess und Ergebnis.

Wie viele andere Begriffe, ist auch Produktivität durch den globalisierten Kapitalismus mehrfach verengt worden. Ingenieure sehen sie nur als quantitatives Verhältnis von Aufwand und Ertrag, als Quotient von Mengen: Ertrag im Zähler, dividiert durch Aufwand im Nenner, jeweils gemessen in Kennziffern oder Geldsummen.

Als Leitbegriff für die Industrielle Revolution und den damit verbundenen Produktionswahn wurde Produktivität weiter reduziert auf die Herstellung von Sachen (Artefakte), so auch bei Marx als »Produktivkraft der Arbeit« bei der Waren-Herstellung, als »Ergiebigkeit des Wirtschaftsprozesses«, bezogen auf die Herstellungskosten. In der Produktionstechnik ging es dabei bisher wesentlich um die Minimierung menschlicher Arbeitskraft als Kostenfaktor (Ideal der Automatisierung), aber auch um die Erhöhung des Ertrags, also der Mengen, und des Gebrauchswerts durch technische Innovation. Bei der Automatisierung wird die angeblich »teure« menschliche Arbeitskraft (die auch noch den »Nachteil« hat, dass sie einen eigenen Willen und Ziele hat, die sich nicht auf Kosten reduzieren lassen) durch leichter beherrschbare Maschinerie ersetzt, die riesige Mengen an (fossiler) Energie und an Rohstoffen verbraucht und Müll produziert. Verbunden damit ist das Paradigma des ständigen → Wachstums, das durch Steigerung der – so eingeengt verstandenen – Produktivität immer größere Mengen von Waren hervorbringt. Insofern wurde Produktivität zu einem der wichtigsten Fetisch-Begriffe unserer Zeit.

Systematisch ausgeblendet wird hier die so genannte Reproduktion: Aufziehen und Ausbilden, Pflege von Menschen, aber auch Zerstörung bzw. Erhalt von natürlichem Leben und Lebensräumen. (Die → Natur »arbeitet« übrigens in der Regel mit weitaus weniger Aufwand.) Im Zuge der neoliberalen → Globalisierung werden allerdings inzwischen auch Natur, Dienstleistungen und damit auch die bisherige »Reproduktion« als Ware behandelt und dem Produktivitäts-Fetisch unterworfen: Habermas spricht von »Kolonisierung« der Lebenswelt.

Bei der innerbetrieblichen Umsetzung neoliberaler Methoden zur Produktivitätssteigerung verschärfen sich in den letzten 15 Jahren die Widersprüche. Die Unternehmen haben die Strategie, zu Gunsten des → Shareholder Value fast um jeden Preis Personalkosten zu reduzieren, so stark zugespitzt, dass selbst in den Branchen, die in der Vergangenheit auf hohe Qualität und technische → Innovation setzten, die Qualität der Ertragsseite der Produktivität sich verschlechtert. Es entwickelt sich ein zunehmendes Missverhältnis zu Gunsten des Tauschwertes. Kosten- und Termindruck und die entsprechenden Controlling-Systeme engen Entwicklungsarbeit immer mehr ein, technische Pannen häufen sich (wie z.B. beim Toll-Collect-Projekt, bei Elektronik-Systemen in Automobilen). Downsizing und ständige Umstrukturierungen in den Unternehmen zerstören das produktive Potenzial der Kooperationsbeziehungen der arbeitenden Menschen und deren Motivation. Mittelfristig wird so auch die Existenz dieser Unternehmen gefährdet.

Diese Strategie verfolgen aber nicht alle Unternehmen. Eine sehr erfolgreiche Minderheit von ca. 10% setzt im Gegenteil auf ihre Belegschaft, deren Qualifikation und Erfahrungswissen, auf gute Organisation der Arbeit und systematische Entwicklung von Kompetenz in integrierten, kooperativen Arbeitsprozessen.

Damit ist auch auf Unternehmensebene ein Ansatz vorhanden, Produktivität wieder weiter zu fassen, den Nutzen der Produkte und die Ressourcen-Effektivität in den Vordergrund zu bringen und damit auch soziale und ökologische Kriterien zu berücksichtigen. Bezieht man dabei dann auch die gesellschaftliche Ebene und die Natur mit ein, kann ein zukunftsfähiger bzw. nachhaltiger Produktivitätsbegriff entwickelt werden, der (wieder) lebendige Vielfältigkeit und eine »Allianz mit der Natur« (Bloch) umfasst und eine daran angepasste Technik und Ökonomie möglich macht.

Wolfgang Neef

Zum Weiterlesen

Brödner, Peter/Latniak, Erich (2002): Will they ever take the »High Road«? In: Smeds, R. (Ed.): Continuous Innovation in Business Processes and Networks, Helsinki.

Habermas, Jürgen (1981): Theorie Kommunikativen Handelns, Bd. 2: Zur Kritik der funktionalistischen Vernunft, Frankfurt/M.

Kiefer, Tina u.a. (2001): Befindlichkeit in der chemischen Industrie, Wirtschaftswissenschaftliches Zentrum der Universität Basel, WWZ-Studien Nr. 59.

Public-Private Partnership

Der wirtschaftswissenschaftliche Begriff der öffentlich-privaten Partnerschaft bezeichnet die Kooperation von Staat und Privatwirtschaft bei der Realisierung öffentlicher Aufgaben, im Unterschied zum Beispiel zur reinen Auftragsvergabe. Seit Anfang der 1990er Jahre hat er in immer mehr Bereiche öffentlich-staatlichen Handelns Einzug gehalten – auf kommunaler, nationaler und internationaler Ebene. Inzwischen gibt es eine Vielfalt von Erscheinungsformen wie die »Entwicklungspartnerschaften« der deutschen Entwicklungspolitik, den »Global Compact« von UN-Generalsekretär Kofi Annan, die »Beteiligung des Privaten Sektors (PSP)« der Weltbank, zahlreiche »Allianzen« und »Fonds« im internationalen Gesundheitsbereich oder globale »Politiknetzwerke«.

Im Kern handelt es sich um gemeinsam entwickelte, finanzierte und durchgeführte Vorhaben, um Güter oder Dienstleistungen bereitzustellen, für die der Staat allein nicht mehr sorgen kann oder will. Dabei sollen Belastungen und Risiken ebenso »partnerschaftlich« verteilt sein wie der Nutzen (»Win-win-Situation«), der in privatem Profit, verbesserten Investitionsbedingungen oder der Entlastung öffentlicher Haushalte bestehen kann. Es kann sich aber auch um Legitimationsgewinn, um die Verankerung von Sozial- oder Umweltstandards (→ Unternehmensverantwortung) oder die Versorgung mit Medikamenten handeln.

Hintergrund für den Aufschwung des PPP-Konzepts sind die neoliberale Forderung (→ Neoliberalismus) nach Rückzug des Staates auf seine »Kernaufgaben« und die damit verbundenen Erwartungen auf Effizienzgewinn (→ Effizienz), Entlastung überschuldeter Staatshaushalte usw. Dazu gehörte im Rahmen der Strukturanpassungsprogramme (→ Strukturanpassung) die → Privatisierung öffentlicher Unternehmen und Aufgaben. Diese Strategie stieß jedoch insbesondere in Sektoren wie Wasserversorgung, Transport, Gesundheit oder Bildung sowie in den ärmeren Ländern angesichts hoher Risiken und geringer Profitaussichten rasch auf Grenzen. Partnerschaften sollen helfen, für diese Bereiche private Investoren und Betreiber zu mobilisieren, indem ihnen mit öffentlichen Mitteln – materielle wie immaterielle – Anreize und Absicherung gegen politische und wirtschaftliche → Risiken geboten werden.

Kritisiert wird zum einen der Paradigmenwechsel durch das Partnerschaftskonzept: Die (mehr oder minder) klare Aufgaben- und Verantwortungsverteilung zwischen Staat und Privatwirtschaft wird aufgelöst und die Realisierung öffentlicher Verpflichtungen (Gemeinwohllogik) von privatwirtschaftlichen Motiven (Profitlogik) abhängig gemacht. Interessengegensätze werden mit Euphemismen wie »Komplementarität« und »Synergien« übertüncht. Gleichzeitig wird die staatliche Funktion der Regulierung und Kontrolle weitgehend in die Partnerschaft verlegt bzw. durch »freiwillige Selbstverpflichtungen« abgelöst und suggeriert, dass Interessen- und Machtunterschiede allein durch »Dialog«, »Vertrauen« und »guten Willen« vermittelt werden können.

Untermauert wird diese Kritik durch Erfahrungen mit der sprunghaft wachsenden Zahl von Partnerschaftsprojekten: Erwartungen auf eine substanzielle Mobilisierung zusätzlicher privater Mittel für entwicklungs- und armutsorientierte Vorhaben oder auf Effizienzgewinne im Vergleich mit öffentlichen Unternehmen werden vielfach nicht erfüllt; Planung und Durchführung erfolgen oft unter Ausschluss der Öffentlichkeit, Spielräume für demokratische und zivilgesellschaftliche Einflussnahme und Kontrolle sind beschränkt. Die beteiligten Unternehmen gewinnen Einfluss auf politische Entscheidungen und Prioritätensetzungen; Projekte werden ausgerichtet an privatwirtschaftlichen Interessen und fungieren als Einstieg in eine Teilprivatisierung, während unprofitable Aufgabenbereiche in öffentlicher Verantwortung verbleiben.

Angesichts einer wachsenden Zahl von Projekten, die aufgrund innerer Widersprüche, wirtschaftlicher Probleme oder unerfüllter Erwartungen scheitern, sprechen Beobachter bereits von »Öffentlich-Privater Scheidung«. Das gilt insbesondere für den Wassersektor, aber auch für Normsetzungs-Projekte, in denen die Privatwirtschaft immer wieder versucht, Standards und deren Umsetzungs- und Kontrollmöglichkeiten systematisch einzuschränken.

Gefordert wird daher u.a. eine stärkere Verbindlichkeit von Partnerschaften, etwa durch ihre Ergänzung um nationale und internationale Regeln, sowie mehr Transparenz. Reformen, die die Leistungsfähigkeit öffentlicher Unternehmen verbessern, sollten Vorrang haben vor einer schrittweisen Privatisierung durch Partnerschaftsmodelle.

Uwe Hoering

Zum Weiterlesen

Brühl, Tanja, u.a. (2004): Unternehmen in der Weltpolitik: Politiknetzwerke, Unternehmensregeln und die Zukunft des Multilateralismus, Bonn.

Richter, Judith (2005): Public-Private Partnerships und Entwicklungspolitik: kommentierte Bibliographie, in PPPs und Entwicklungspolitik: Schweizerisches Jahrbuch für Entwicklungspolitik, Genf.

Rating

Das Rating wird in wachsendem Ausmaß als Methode genutzt, die ökonomische Lage eines Unternehmens, aber auch von Nationen (Länderranking) zu benoten. Dabei stehen jedoch nicht die mittelfristige Wertschöpfung und die dazu beitragenden Beschäftigten im Mittelpunkt. Vielmehr geht es um die Frage, ob ein Unternehmen die Risiken aus Forderungen sowie aus den Märkten durch ausreichende Zahlungsfähigkeit (Liquidität) bzw. Eigenkapital zu bewältigen vermag. Die Rangfolge beim Rating, das Ranking, wird auf die Frage reduziert, wie groß »die Fähigkeit zur Zinszahlung und Kapitalrückzahlung« zu bewerten ist. Deshalb wird in diesem Zusammenhang oftmals auch von der Benotung der Bonität gesprochen. Die Rating-Agenturen übernehmen in der Finanzwelt die Rolle von »bissigen Wachhunden«. Ihre Bewertungen entscheiden darüber, zu welchen Konditionen sich Firmen Kredite an den Kapitalmärkten holen können. Dabei gilt die Faustregel: Je schlechter die Einstufung, desto teurer wird der Bittgang bei den Kreditgebern. Diese Klassifizierung von Risiken nutzen bei börsennotierten Unternehmen die Aktienanleger.

Das Ratinggeschäft boomt jedoch derzeit wegen der neuen Eigenkapitalvereinbarung (Basel II), die ab Ende 2006 verbindlich wird. Im Kern geht es darum, die Anforderungen an das Eigenkapital einer Bank nach dem ökonomischen Risiko zu differenzieren. Neben den Marktrisiken und den operativen Risiken steht die verbindliche Berücksichtigung des differenzierten Kreditrisikos im Mittelpunkt (→ Risiko). Dadurch werden einem Schneeballeffekt vergleichbar die Bonitätsanforderungen an alle Kreditnehmer in der Wirtschaft weitergewälzt. Die Banken ihrerseits verlangen von den Kreditnehmern ein entsprechendes Rating. Künftig werden alle Unternehmen im Rahmen der Fremdfinanzierung über Banken zu dieser Bonitätsprüfung verpflichtet. Die Folgen dieser Ratingexpansion sind klar: Je schlechter die Bonität eines kreditnehmenden Unternehmens bewertet wird, umso höhere Zinsen werden verlangt, ja der Kredit kann am Ende auch verweigert werden. Daher wird das nach Basel II verlangte Rating der Banken im Zuge ihrer Kreditvergabe zu Belastungen der kleinen und mittleren Unternehmen führen.

Nachdem das Rating enormen Einfluss auf die Einschätzung von Unternehmen hat, stellt sich die Frage, wer dieses Geschäft eigentlich betreibt. Für die börsennotierten Unternehmen stehen einem oligopolistischen Markt vergleichbar vor allem wenige große Ratingagenturen zur Verfügung. Die wichtigsten Agenturen, die jeweils ihre spezifische Methode zur Ermittlung der

Ratingsymbole einsetzen, sind: Moody's Investor Service, Standard&Poor´s Corporation sowie mit starker internationaler Ausrichtung die fusionierte Agentur Fitch IBCA. Übrigens sind viele Agenturen in Medienkonzerne integriert. Die Bewertung erfolgt bei Moody's und Standard&Poor's über mehrere Buchstaben und Zahlenkombinationen in rund 20 Stufen. Sie reichen von den Bestbewertungen »Aaa« (Moody's) und AAA (S&P) bis zur Kennzeichnung der Zahlungsunfähigkeit über »C« (Moody's) und »D« (S&P). Das Geschäft wird auf gewinnwirtschaftlicher Basis angeboten. Damit ist ein Konflikt vorprogrammiert.

Während sich Ratingaktivitäten vor allem bei den Unternehmen im Banken- und Versicherungsbereich in das System der staatlichen Aufsicht einbetten, verfügen die profitwirtschaftlich arbeitenden Agenturen mit ihren Urteilen über große Macht. Erfolgt beispielsweise für eine Großbank nach der Ratingmethode von Moody's eine Abwertung der Note (»downgrading«) vom höchsten Rang AAA lediglich auf die folgende Stufe Aa, dann kann dies zu Kursverlusten führen. Hinzu kommt, dass die Ratingagenturen ihre Methoden und ihre Entscheidungen bei der Benotung nach den »Managementgesprächen« nicht nachvollziehbar offen legen. Jüngstes Beispiel sind die umstrittenen, schlechten Ratings zu den Landesbanken für deren Phase nach dem Verlust ihres öffentlich garantierten Haftungssystems ab Mitte 2005. Die Kontrolle der Kontrolleure sowie Transparenz bei diesem Geschäft sind dringend erforderlich. Fundamentaler Reformbedarf besteht bei der Zielsetzung und Methodik der Ratingagenturen. Die Feststellung des Bonitätsstatus gilt heute nur der Frage nach der »Fähigkeit zur Zinszahlung und Kapitalrückzahlung« (gleichermaßen bei S&P sowie Moody's). Damit reduziert sich die Bewertung auf die Interessen kurzfristig orientierter Anleger. Der perspektivlose Shareholder-Kapitalismus (→ Shareholder Value) hat sein Informationssystem. Der Auftrag an die Ratingagenturen muss erheblich ausgeweitet werden. Zur Benotung eines Unternehmens gehören u.a. dessen mittelfristige Perspektiven der Wertschöpfung, die Motivation der Beschäftigten sowie die Erfüllung ökologischer Kriterien. Schließlich sind Anforderungen an die demokratische Unternehmensverfassung sowie an eine Unternehmensethik in den Prüfauftrag legitimierter Ratingagenturen aufzunehmen.

Rudolf Hickel

Zum Weiterlesen

Büschgen, Hans E./Everling, Otto (Hrsg.) (1996): Handbuch Rating, Wiesbaden.
Everling, Otto (2002): Rating, in: Gerke, Wolfgang (2002): »Börsenlexikon«, Wiesbaden.

Regionale Blockbildung

Wenn benachbarte Nationalstaaten wirtschaftspolitisch kooperieren und ihre Ressourcen zusammenlegen, um ihr Gewicht in der Weltwirtschaft und Weltordnung (→ Weltwirtschaftsordnung) zu stärken, so spricht man von regionaler Blockbildung. Um den Charakter der regionalen Blockbildung zu erfassen, wird in der wissenschaftlichen Diskussion analytisch zwischen zwei Dimensionen unterschieden: der Regionalisierung, d.h. der grenzüberschreitenden Verflechtung der nationalen Wirtschaftsräume durch Handel und Direktinvestitionen, und dem Regionalismus, d.h. dem dominanten politisch-strategischen Leitbild der regionalen Integration. Zumeist gibt es mehrere konkurrierende Leitbilder. Diese können dabei die angestrebte politisch-institutionelle Form der regionalen Blocks beschreiben (z.B. Bundesstaat, Staatenbund); sie können sich auf das Niveau der Integration beziehen (z.B. Freihandelszone, Zollunion, Binnenmarkt, Wirtschafts- und Währungsunion); und sie können mit den Zielvorgaben einer neoliberalen Markt- und Wettbewerbsökonomie, eines protektionistisch separierten Wirtschaftsraums oder einer sozial und ökologisch orientierten Regulierungsstruktur auch die politökonomische Qualität der regionalen Integrationsräume thematisieren. Gerade letzteres zeigt, dass die Prozesse der regionalen Blockbildung zwischen den beteiligten Regierungen und gesellschaftlichen Akteuren (politischen Parteien, Verbänden und sozialen Bewegungen) stets umkämpft sind.

Im Zeitablauf haben sich die konkreten Formen und Funktionen der regionalen Blockbildung beträchtlich gewandelt. In den 1930er Jahren entstanden in Reaktion auf die Weltwirtschaftskrise und einen sich aufschaukelnden Nationalismus und Protektionismus konkurrierende Währungsblöcke. Diese Währungsblöcke wiesen keine innere Integrationsdynamik auf und trugen dazu bei, die Fragmentierung der internationalen Ökonomie zu zementieren.

Im Unterschied hierzu korrespondierte die regionale Wirtschaftskooperation in den Nachkriegsjahrzehnten recht eng mit dem »eingebetteten« bzw. begrenzten Liberalismus des Weltwirtschaftssystems von Bretton Woods (→ Bretton-Woods-Institutionen). Die wohlfahrts- und entwicklungspolitischen Strategien und Instrumente der beteiligten Nationalstaaten wurden durch die regionale Integration und ihre handelsschaffenden wie handelsumlenkenden Effekte zumeist nicht geschwächt, sondern eher unterstützt. In Westeuropa erfolgte dies z.B. durch die EWG (Europäische Wirtschaftsgemeinschaft, 1958) oder die EFTA (European Free Trade Association, 1960) und in der »Dritten Welt« durch den CACM (Central American Common Market, 1960), den Andenpakt (1969), die ASEAN (Association of Southeast Asian Nations, 1967) oder die ECOWAS (Economic Community of West African States, 1975).

In den späten 1980er Jahren wurde eine weitere Welle der regionalen Blockbildung eingeleitet. Das NAFTA (North American Free Trade Agreement, 1994), die APEC (Asia Pacific Economic Cooperation, 1989), der Mercosur (Mercado Común del Cono Sur, 1991) und auch viele der alten regionalen Integrationsprojekte, so z.B. auch die heutige Europäische Union, repräsentieren inzwischen einen neuen bzw. »offenen« Regionalismus, der die neoliberale → Globalisierung kaum mehr blockiert, sondern eher im Sinne eines »Sprungbretts« erleichtert und voran treibt: nach außen durch bilaterale Handelsabkommen, die → Liberalisierung im Rahmen der → WTO-Verhandlungen, aber auch durch die Unterstützung des → Washington Consensus und der Politik von IWF und Weltbank; nach innen durch die Beseitigung so genannter nichttarifärer Handelshemmnisse – Subventionen, Import- und Exportquoten oder spezifische Produkt-, Umwelt-, Gesundheits- und Kulturnormen –, die den grenzüberschreitenden Kapital- und Dienstleistungsverkehr zuvor begrenzt hatten.

Die hierdurch initiierten → Deregulierungs- und → Privatisierungsprozesse werden von den ökonomisch führenden Ländern Westeuropas und Nordamerikas und den dort angesiedelten transnationalen Konzernen (→ Multinationale Konzerne) gemeinhin begrüßt. Sie provozieren jedoch ebenso den sozialen Protest und Widerstand der Gewerkschaften und der globalisierungskritischen Bewegung.

Hans-Jürgen Bieling

Zum Weiterlesen

Badziura, Alexander/Müller, Bea/Speckmann, Guido/Weißbach, Conny (Hrsg.) (2005): Hegemonie – Krise – Krieg. Widersprüche der Globalisierung in verschiedenen Weltregionen, Hamburg.

Breslin, Shaun/Higgott, Richard (2000): Studying Regions: Learning from the Old, Constructing the New, in: New Political Economy 5 (3), S. 333-352.

Gamble, Andrew/Payne, Anthony (Hrsg.) (1996): Regionalism and World Order, New York.

Hettne, Björn/Inotai, András/Sunkel, Osvaldo (Hrsg.) (2001): Comparing Regionalisms. Implications for Global Development, Houndmills.

Risiko

Menschliches Handeln findet unter Bedingungen der Kontingenz statt: Im Handeln werden Möglichkeiten verwirklicht, was voraussetzt, dass es eben auch anders möglich ist als je schon der Fall. In diesem Sinne ist Kontingenz eine Voraussetzung für Handeln. Doch diese Kontingenz bringt mit sich, dass auch Handlungsfolgen anders möglich sind als durch den Handelnden intendiert: Handlungsziele werden nicht immer erreicht bzw. die Handlungsfolgen sind ganz andere als jene, die sich ein Handelnder erwartet oder gewünscht hat. Und in genau diesem Kontext steht die Rede vom Risiko: Denkt man über Risiken nach, so versucht man zu kalkulieren, wie wahrscheinlich der Erfolg oder Misserfolg einer bestimmten Handlung ist bzw. welche Verwirklichungschance bestimmte Handlungsoptionen haben. In dem Moment, in dem man also beginnt, über mögliche Risiken zu sprechen, gesteht man sich gewissermaßen ein, dass die erfolgreiche Verwirklichung geplanter Handlungen nicht selbstverständlich, die Realisierbarkeit von Optionen nicht allein im Verfügungsbereich des Handelnden und die Handlungsfolgen nicht vollständig vorhersehbar sind.

Es verwundert vor diesem Hintergrund wenig, dass Risiken und ihre Berechnung von jeher ein Thema der Versicherungswirtschaft sind, aus der auch die klassische Definition des Risikobegriffes stammt: Ein Risiko ist das Produkt aus Eintrittswahrscheinlichkeit und Schadensausmaß eines bestimmten Ereignisses, das entweder aus Handlungen und ihrem möglichen Scheitern folgt (wie bei einem Verkehrsunfall) oder aber die Validität von Handlungsoptionen betrifft (wie im Falle eines Hausbrandes oder Wirbelsturmes). Gemäß dieser Definition ist ein Risiko kalkulierbar, wenn beide Produktelemente quantifiziert werden können. Das macht Risiken, so zumindest der Anspruch der Theorie, objektiv bestimmbar und unterscheidet sie von Gefahren: Gefahren lassen sich nur subjektiv einschätzen, nicht aber objektiv berechnen.

Ein Blick in die Alltagssprache lässt schnell deutlich werden, dass die beiden Begriffe häufig nicht so trennscharf verwendet werden, wie es die obige Definition nahe legt. Das liegt nicht nur an laxer Sprachdisziplin, sondern hängt auch mit grundlegenden konzeptionellen Problemen zusammen, die sich aus dem Versicherungsbegriff des Risikos ergeben: Dann nämlich, wenn die Eintrittswahrscheinlichkeit eines Schadens gegen Null, das Schadensausmaß aber gegen Unendlich tendiert – wie zum Beispiel im Falle der Kernenergienutzung –, stößt das Modell ebenso an seine Grenzen wie dann, wenn die Fernwirkungen von Handlungen beziehungsweise aus ihnen resultierende, mögliche Schäden (noch) nicht bekannt sind wie etwa im Falle der Gentechnik. Grundsätzlich ist zudem zu konstatieren, dass die Quantifizierungslogik des Rechenmodells immer dann an Grenzen stößt, wenn substanzielle qualitative Größen wie menschliches Leben, Gesundheit oder Lebensqualität im Spiel sind: Für diese Fälle können streng genommen keine Risiken ermittelt, sondern nur Gefahren und Gefährdungen konstatiert werden. Wird hier aber dennoch der Objektivität suggerierende Begriff des Risikos verwendet, handelt es sich somit entweder um eine Fehleinschätzung oder aber um eine Verschleierungstaktik, die nicht selten einen offenen Diskurs über reale Gefährdungen (etwa durch Freisetzung von gentechnisch veränderten Organismen oder eine politische Strategie der völligen → Liberalisierung von Handel) behindern möchte.

Vor diesem Hintergrund muss man im Kontext der Globalisierungsdebatte zwischen verschiedenen Risikotypen unterscheiden. Zum einen »echte« und »unechte« Risiken: Echte Risiken lassen sich in ihrer Größe mehr oder weniger sinnvoll ermitteln und hinsichtlich der Risikoverteilung (Nutznießer und potenzielle Betroffene) benennen (wie etwa Umweltrisiken), unechte Risiken entstammen eher diffusen Prognosen (wie das angebliche Risiko eines Zusammenpralls der Kulturen im Zuge der → Globalisierung).

Zum zweiten ist zu unterscheiden zwischen Risiken, die durch die Globalisierung entstehen – wie etwa das Ungleichgewicht zwischen einer rasanten Globalisierung der Wirtschaft auf der einen Seite und einer zähen Globalisierung politischer Institutionen zur Regulierung dieser Wirtschaft auf der anderen Seite oder die zunehmende Ungleichverteilung von Chancen und Risiken durch ein neoliberales Wirtschaftssystem – und Risiken für die Globalisierung im Sinne einer globusumspannenden Wechselwirkung menschlicher Aktivitäten: Risiken für die Globalisierung entstehen etwa dann, wenn »Globalisierung« durch BefürworterInnen oder KritikerInnen auf ein wirtschaftliches Projekt verkürzt wird und aus dem Blick gerät, welche vielfältigen kulturellen (Such-)Räume sich eröffnen, sobald eine sich in ihrer Pluralität bejahende Menschheit an der Gestaltung einer den Globus umgreifenden humanen Welt zusammenwirkt.

Jens Badura

Zum Weiterlesen

Beck, Ulrich (1986): Risikogesellschaft, Frankfurt/M.
Ewald, François (1986): L'Etat providence, Paris.
Japp, Klaus Peter (2000): Risiko, Bielefeld.

Schattenglobalisierung

Schattenglobalisierung beleuchtet die dynamische ökonomische Verflechtung zwischen den überwiegend westlichen Wohlstandsarenen und der in sozialer Apartheid in → Armut lebenden Mehrheit der Menschen. Armut in den informellen Lebenswelten, denen die ILO rund vier Milliarden Menschen zurechnet, ist keineswegs ein isolierter oder statischer Zustand. Es handelt sich um systemisch vom aktuellen Globalisierungsprozess determinierte Lebenssphären. Begriffe wie Schattenwirtschaft und informeller Sektor vernachlässigen die globale Dimension des Überlebenskampfes der offenkundigen VerliererInnen im Prozess der gegenwärtigen neoliberal regulierten → Globalisierung. Die breite Palette illegaler internationaler Waren- und Menschenströme, die von leistungsfähigen transnationalen kriminellen Netzwerken generiert werden, bleibt ausgeblendet. Es liegt in deren Funktionslogik, wenig transparent zu sein, so dass man viele disparate Informationen zusammenfügen muss, um ein realitätstüchtiges Bild der Schattenglobalisierung zu gewinnen. Einen wichtigen Hinweis bietet das unaufhaltsam wachsende Volumen der Rücküberweisungen von legalen und illegalen MigrantInnen, die zur wichtigsten Devisenquelle für viele (rohstoff-)arme Länder geworden sind. Bei der Schattenglobalisierung handelt es sich um einen siamesischen Zwilling der neoliberal regulierten Globalisierung, deren aggressiver systemischer Druck keine Nischen abgeschotteter autonomer Lebenswelten belässt. Armut überwinden heißt daher nicht Anschluss an die Globalisierungsdynamik gewinnen, sie ist vielmehr das Produkt derselben. Es geht um eine insgesamt anders gestaltete Globalisierung.

Die transnationale ökonomische Regulation auf der Grundlage des neoliberal ausgerichteten → Washington Consensus wird vom IWF (→ Bretton-Woods-Institutionen) durchgesetzt. Nationalstaatliche Wirtschaftspolitik verliert ihren Handlungsspielraum und ist dazu verdammt, die Anlagebedingungen für Kapital im Wettbewerb mit allen übrigen Staaten zu verbessern. Dies führt u.a. zu einem ständigen Nebeneinander von sozialem Ausschluss und wirtschaftlicher Integration von Menschen als Folge von profitorientierten Standortoptimierungen im gesamten Weltmarkt.

Die Reichweite von Staatlichkeit verringert sich in allen Dimensionen. Das Steueraufkommen sinkt vielerorts derart, dass der Staat die klassischen öffentlichen Güter Sicherheit, Rechtsstaatlichkeit und Erziehung nicht bereitstellen kann. Der Sozialkontrakt zwischen Bürger und Staat, der seinen Ausdruck in der Zahlung von → Steuern zur Reproduktion von Staatlichkeit findet, war in vielen postkolonialen Staaten niemals wirklich existent, entsprechend waren die Gesellschaften schon immer von Informalität (→ Informalisierung) geprägt. Die durch neoliberale Politik erzwungene weitere Schwächung von Staatlichkeit hat diese zu einer weltweiten Erscheinung werden lassen, die sich wie ein Nebel über alle Gesellschaften legt. In diesen informellen Welten sind weder Sicherheit noch Recht als öffentliches Gut verfügbar, mehr noch: Der zerfallende Staat und seine Hoheitsträger stellen nicht selten eine Bedrohung für Leib und Gut dar. Im Gegenzug trägt die informelle Wirtschaft kaum zur Reproduktion des Staates bei.

Man kann die aktuelle Weltwirtschaft als ein symbiotisches Geflecht von drei Sektoren abbilden: regulär – informell – kriminell. Die weltweite soziale Apartheid ohne Rechtsordnung produziert fortlaufend neue Formen der (Überlebens-) Reproduktion, die ständig angeeigneter krimineller Gewalt ausgesetzt sind. Denn diese Räume werden von kriminellen Akteuren dominiert, die sich mit bei Bedarf glaubwürdig gemachten Drohungen Ordnungsfunktionen aneignen, die teuer bezahlt werden müssen. Gewalt und deren Androhung werden zu einem Regulativ des Sozialsystems.

Die informelle Welt bildet einen sicheren Operationsraum für kriminelle Netzwerke, die vor allem aufgrund der Kriminalisierung von Drogen aller Art weltweit reüssieren. Immer neue weitere Geschäftsfelder erschließen sich aufgrund des integrativen Versagens der neoliberalen Weltordnung. Eine unerschöpfliche Reservearmee ausgeschlossener junger Menschen steht kriminellen Netzwerken zu Gebote. Das geschätzte weltweite Bruttokriminalprodukt liegt heute irgendwo zwischen einer und zwei Billionen Dollar.

Legale und illegale → Migration tragen zur Leistungsfähigkeit von transnationalen kriminellen Netzwerken bei, die ähnlich → Multinationalen Konzernen weltweit Asymmetrien relativer Staatlichkeit nutzen, um mit krimineller Energie ertragreiche Transaktionen mit dem Ziel abzuwickeln, letztendlich in die reguläre Warenzirkulation einzudringen. Aufgrund der allseitigen Bereicherungsmöglichkeiten in den Tauschsphären zwischen Legalität und Illegalität spricht alles dafür, dass reflexiv zur »regulären« Globalisierung die Dynamik der Schattenglobalisierung sich weiter entfaltet.

Peter Lock

Zum Weiterlesen

Kurtenbach, Sabine/Lock, Peter (Hrsg.) (2004): Kriege als (Über)Lebenswelten. Schattenglobalisierung, Kriegsökonomien und Inseln der Zivilität, Bonn.

Naylor, R.T. (2002): Wages of Crime, Ithaca.

Schuldenerlass

Schuldenerlass wurde von → sozialen Bewegungen und gelegentlich auch südlichen Regierungen seit den 1980er Jahren immer wieder als Instrument zur Lösung der Schuldenkrise gefordert. Im vorherrschenden Schuldenmanagement galt die Streichung oder Reduzierung der Auslandsschulden der Entwicklungsländer jedoch lange Zeit als politisches Tabu, da die Schuldenkrise als vorübergehender Liquiditätsengpass (und nicht als strukturelle Zahlungsunfähigkeit/Insolvenz) angesehen wurde. Das übergeordnete Ziel der von den G7-Ländern und den → Bretton-Woods-Institutionen IWF und Weltbank dominierten Schuldenstrategie bestand stets in der Wiederherstellung der »Schuldendienstfähigkeit«, d.h. der Fähigkeit der Schuldnerländer zur Leistung ihrer Zins- und Rückzahlung auf die aufgenommenen Kredite.

Diese Sicht änderte sich erst allmählich, beginnend mit ersten Statements aus der Bankenwelt Ende der 1980er Jahre und dem so genannten Brady-Plan Anfang der 1990er Jahre. Letzterer führte in die bis dato reinen Umschuldungspläne der privaten Gläubiger, die im Wesentlichen auf eine zeitliche Streckung des Schuldendienstes hinausliefen, das Element der Schuldenreduktion ein, wobei – etwa in Mexiko – die Schuldtitel der Gläubigerbanken mit gewissen Abschlägen durch US-amerikanische Staatsanleihen (Bonds) eingetauscht wurden. Im Bereich der bilateralen öffentlichen Schulden hatten einzelne Schuldnerländer schon vorher begonnen, auf die Beitreibung von Zahlungsverpflichtungen aus der Entwicklungshilfe (→ Entwicklungsfinanzierung) zu verzichten.

Insgesamt erfolgten die Schuldenerleichterungen jedoch so zögerlich, dass der gesamte Schuldenberg der so genannten Dritten Welt stetig weiter anstieg, bis heute auf weit über 2.000 Mrd. US-Dollar. Besonders hartnäckig war der Widerstand der Industrieländer, auch die Schulden armer Länder gegenüber den multilateralen Finanzinstitutionen in Streichungspläne mit einzubeziehen. Hier wurde lange Zeit argumentiert, beispielsweise IWF- und Weltbank-Schulden müssten privilegiert bedient werden, um das Standing dieser Institutionen (konkret die höchste Bonitätsstufe AAA) auf den internationalen Kapitalmärkten nicht zu gefährden. Erst mit der Initiative zur Erleichterung der hochverschuldeten armen Länder (HIPC: Highly Indebted Poor Countries) ab Mitte der 1990er Jahre wurde hier ein gewisser Durchbruch erzielt. Unter HIPC übernimmt ein eigens geschaffener und von den Industrieländern gespeister HIPC-Trust-Fonds die Schulden der betreffenden Länder gegenüber IWF, Weltbank und weiteren multilateralen Entwicklungsbanken.

Zur HIPC-Gruppe gehören nach Definition der Weltbank insgesamt 38 vornehmlich afrikanische Länder aus der Gruppe der am wenigsten entwickelten Entwicklungsländer (LDCs). Auch ihre Entschuldung erfolgte jedoch so zögerlich und in so geringem Umfang, dass das Ziel der → Schuldentragfähigkeit bis heute nicht erreicht wurde. Und dies, obwohl die HIPC-Initiative mehrfach, z.B. vom G8-Gipfel 1999 in Köln, erweitert wurde. Auch unter HIPC blieben Schuldenerleichterungen grundsätzlich an die Erfüllung der Strukturanpassungskonditionalität von IWF und Weltbank geknüpft (→ Strukturanpassung). Zusätzlich müssen HIPC-Kandidaten so genannte Strategiepapiere zur Armutsreduktion vorlegen, die »partizipatorisch« im Dialog mit der jeweiligen Zivilgesellschaft und unter Einhaltung von Gepflogenheiten des »good governance« erarbeitet werden sollen. Mitte 2005 hatten 18 Länder diese Bedingungen erfüllt, neun weitere stehen kurz davor.

Der G8-Gipfel 2005 in Gleneagles/Schottland ging insofern über die bisherige Praxis der Schuldenerleichterung hinaus, als er beschlossen hat, den erwähnten 18 HIPC-Ländern sämtliche offenen Schulden gegenüber dem IWF, der Weltbank und der Afrikanischen Entwicklungsbank zu erlassen. Die Entlastung beläuft sich auf rund 40 Mrd. US-Dollar über die nächsten 40 (!) Jahre gerechnet, wobei die dazu benötigten Finanzmittel zumindest teilweise mit Entwicklungshilfezahlungen verrechnet werden.

Der zwar langsame, aber unverkennbare Fortschritt in punkto Entschuldung reflektiert den Druck der internationalen Entschuldungsbewegung, die um die Jahrtausendwende unter dem Stichwort »Jubilee 2000« Mobilisierungshöhepunkte erreicht hat. Während früher über das »Ob« gestritten wurde, bewegt sich die Diskussion seither darum, »wieviel« Schuldenstreichung erforderlich ist. Aus der Sicht von → NGOs deckt das Ausmaß der genehmigten Erlasse bislang allenfalls 10% des tatsächlichen Entschuldungsbedarfs ab. Kaum Fortschritte gibt es in Bezug auf die Lockerung der Entschuldungskonditionalität und die von der Jubilee-Kampagne erhobene Forderung nach einem unabhängigen Insolvenzverfahren für überschuldete Länder.

Rainer Falk

Zum Weiterlesen

ActionAid/Jubilee Debt Campaign/Christian Aid (2005): In the Balance. Why Debts Must be Cancelled Now to Meet the Millennium Development Goals, London.

Boris, Dieter u.a. (Hrsg.) (1987): Schuldenkrise und Dritte Welt. Stimmen aus der Peripherie, Köln.

World Bank, jährlich: World Development Finance, Washington, DC.

www.erlassjahr.de, www.weltwirtschaft-und-entwicklung.org.

Schuldentragfähigkeit

IWF und Weltbank betrachten Auslandsschulden von Entwicklungsländern als tragfähig, wenn zwei Kriterien erfüllt sind: Das Verhältnis der Gesamtschulden zu den Exporterlösen (Schuldenquote) sowie das Verhältnis des Schuldendienstes, also der Zins- und Tilgungszahlungen, zu den Exporterlösen (Schuldendienstquote) dürfen bestimmte Grenzwerte nicht überschreiten. Der Grenzwert für die Schuldenquote lag ursprünglich bei 200-250% der Exporte, der für die Schuldendienstquote bei 20-25%. Unter anderem wird die Kategorie der Tragfähigkeit dazu verwendet zu entscheiden, ob einem Land Schulden erlassen werden sollten. Konzeptionell steht einem der ärmsten Länder also unabhängig von anderen Faktoren nur dann ein Schuldenerlass zu, wenn die Schulden und der Schuldendienst so hoch sind, dass die Quoten überschritten werden. Nur dann zählt das Land zu den hochverschuldeten, ärmsten Ländern (HIPC).

Dass diese Grenzwerte politische Bedeutung haben und keiner ökonomischen Logik folgen, zeigt sich daran, dass sie 1999 offiziell auf 150% beziehungsweise 15-20% gesenkt wurden. Das hätte einen weiter reichenden Schuldenerlass für die ärmsten Länder zur Folge. In der Praxis werden allerdings nach wie vor die höheren Grenzwerte verwendet. Ein weiterer Indikator dafür, dass politisches Kalkül hinter dem Ganzen steht, ist ein sehr spezielles drittes Kriterium, das Fiskalkriterium: Der Gegenwartswert der Gesamtschulden muss über 280% der Haushaltseinnahmen liegen, die Steuereinnahmen müssen mindestens 20% des Bruttosozialproduktes und die Exporteinnahmen müssen mindestens 40% des Bruttosozialproduktes ausmachen. Das Fiskalkriterium ist eigens für die Côte d'Ivoire eingeführt worden, die dadurch auch in die Gruppe der HIPC aufgenommen werden konnte.

Die Kritik an diesem Konzept bezieht sich erstens auf die Höhe der Grenzwerte. Westdeutschland wurde nach dem Zweiten Weltkrieg z.B. nur eine Schuldendienstquote von 1-3% zugemutet – also nicht einmal ein Zehntel des aktuellen Wertes für Entwicklungsländer. Je nach Anteil der Exporteinnahmen am Bruttosozialprodukt übersteigt ein »tragfähiger« Schuldendienst um ein Vielfaches das 0,7%-Ziel für Entwicklungshilfe, das von den meisten reichen Ländern nicht einmal eingehalten wird.

Zweitens ist die Betrachtung der ökonomischen Faktoren allein zu kurzsichtig. Es wird nicht beachtet, wie lange sich ein Land schon jenseits der Tragfähigkeit befindet. Besondere Situationen wie politische Umwälzungen, Hungersnöte und Umweltkatastrophen finden keine Berücksichtigung.

Ein dritter Kritikpunkt ist, dass der Bezug auf die Exporterlöse als weiteres Druckmittel gegen die verschuldeten Länder verwendet werden kann. Eine Möglichkeit zur Wiederherstellung der Tragfähigkeit der Schulden, ohne diese zu senken, besteht darin, die Exporte zu steigern. Die Ausfuhren steigen aber oft nur, wenn die Preise gesenkt werden und die Rohstoffe weiter ausgebeutet werden. Mengensteigerungen führen zu niedrigeren Preisen, aber nicht notwendigerweise zu größeren Exporterlösen. Die Abhängigkeit von Exporten wird so noch verstärkt.

Ein vierter, grundsätzlicher Kritikpunkt an dem Konzept der Tragfähigkeit und der Arbeit der → Bretton-Woods-Institutionen ist, dass Schuldenerlass bis gerade unterhalb der Tragfähigkeitsgrenze lediglich den Status quo fortsetzt. Das ist bequem für Banken, die regelmäßige Zins- und Tilgungszahlungen aus diesen Ländern erhalten. Der geringe ökonomische Spielraum, den die hochverschuldeten Länder haben, wirkt sich negativ auf ökonomisches Wachstum, die Binnennachfrage und die Arbeitsmarktsituation aus. Dadurch wird weder die Armut reduziert, noch hilft es dem Land, sich aus eigener Kraft aus der hohen Verschuldung zu befreien.

Die HIPC befinden sich seit 1983 jenseits der ursprünglichen Tragfähigkeitsgrenzen. Sie kommen aus eigener ökonomischer Kraft nicht aus dieser Situation heraus, obwohl sie weniger als die Hälfte der fälligen Zahlungen tatsächlich leisten. Für eine eigenständige Entwicklung dieser Länder ist dagegen finanzieller Spielraum nötig. Das Konzept der Tragfähigkeit von Schulden dient dagegen lediglich dazu, Länder weiter auf einem Niveau zu halten, auf dem sie zwar Zahlungen leisten, aber sich von der Schuldenlast nicht wirklich lösen können. Auch wenn der Begriff der Schuldentragfähigkeit in den aktuellen Debatten um → Schuldenerlass kaum noch auftaucht, müssen sich arme Länder immer noch gemäß diesen Kriterien als hochverschuldete, arme Länder qualifizieren, um Schulden im Rahmen der HIPC-Initiative erlassen zu bekommen.

Eva Ebenhöh

Zum Weiterlesen

International Monetary Fund and International Development Association (2005): Operational Framework for Debt Sustainability Assessments in Low-Income Countries – Further Considerations, Washington.

Roodman, David Malin (2001): Still Waiting for the Jubilee. Pragmatic Solutions for the Third World Debt Crisis, Worldwatch Paper 155, Washington D.C.

WEED (1999): Schulden Report 1999. Auswege aus der Schuldenkrise der Entwicklungsländer, Bonn.

Shareholder Value

Unter Shareholder Value ist eine Unternehmenswertsteigerung im weitesten Sinne zu verstehen. Shareholder Value bezeichnet den Wert, den eine Aktie für ihren Eigentümer darstellt. Demnach wird mit Shareholder Value ein Konzept beschrieben, das auf die Steigerung des Marktwertes von Unternehmen abzielt und die Managemententscheidungen stärker als bisher an die Interessen der Kapitaleigner (Shareholder) bindet. Damit prallen zwei Sichtweisen aufeinander: die vorwiegend noch europäische, gesellschaftsorientierte »Stakeholder«-Sichtweise und die US-amerikanische, eigentümerbezogene »Shareholder«-Orientierung. Der Stakeholder-Ansatz schließt die Interessen der Anteileigner, der Mitarbeiter, Gläubiger, Lieferanten, Kunden und der politischen Öffentlichkeit mit ein. Der »Shareholder-Ansatz« ist eigentümerbezogen und fordert, dass sich eine Unternehmung auf das alleinige Ziel der Wertmaximierung für die Aktionäre konzentriert, da die gesamte Volkwirtschaft davon profitiere.

Unmittelbar verbunden mit dem Shareholder Value-Ansatz ist eine Änderung im Verhältnis von Kapitalgebern und dem Management. Mit der Rückbindung der Managemententscheidungen an die Renditekriterien, wie sie der Kapitalmarkt vorgibt, erhöht sich der Legitimitätsdruck der Unternehmungsführung gegenüber den Kapitalanlegern. Die Forderung nach Shareholder Value lässt sich als Aufforderung an die Manager eines Unternehmens verstehen, sich an den Interessen der Aktionäre zu orientieren. Als Methode der »Corporate Governance« soll es den Anteilseignern ermöglichen, das Handeln des Managements stärker zu kontrollieren.

Der theoretische Ausgangspunkt im Shareholder Value-Konzept ist die Trennung zwischen → Eigentum und Verfügungsgewalt, die der Aktie als solcher eigen ist. Es handelt sich hierbei um das so genannte Prinzipal-Agenten-Problem zwischen Aktionären und Managern. Der Ansatz der Agency-Theorie problematisiert das Interesse der Eigentümer und der Manager folgendermaßen: In einer Welt, in der die Eigentümer (z.B. Aktionäre) nur beschränkt Kontrolle über ihre Agenten (z.B. Manager) ausüben, ist es möglich, dass diese Agenten nicht immer im besten Interesse der Eigentümer handeln. Der Prinzipal (Aktionär) entlohnt den Agenten (Manager) für eine Handlung, die sich entweder der Beobachtung des Prinzipals entzieht (versteckte Aktien) oder handlungsrelevante Sachverhalte einschließt, die nur dem Agenten, nicht aber dem Prinzipal bekannt sind (versteckte Information). Die Aufgabe, die sich das Prinzipal-Agenten-Problem stellt, ist es nun, eine Entlohnungsfunktion zu finden, die für den Prinzipal einerseits möglichst geringe Kosten bedeuten, die ihm andererseits aber versichert, dass der Agent tatsächlich so handelt, wie es für den Prinzipal am besten ist. Der Grundgedanke besteht darin, dass die Unternehmensführung an der Wertsteigerung des Unternehmens partizipiert. Wenn das Management mit Aktien bezahlt wird, so liegt es im Privatinteresse der Manager, den Aktienwert zu steigern.

Wenn aber durch solche Entlohnungsfunktionen das Management von einer Wertsteigerung direkt profitiert, kann der Fall eintreten (wie die Börsenskandale und Pleiten von Enron, Worldcom, Global Crossing, Xerox u.a. gezeigt haben), dass von Seiten der Unternehmensführung eine Wertsteigerung betrieben wird, die langfristig nicht zu Gunsten des Unternehmens verläuft, sondern die Spekulation an der Börse massiv in die Höhe treibt. Es war ein sich selbst verstärkender Prozess, der erst zu enormen Höhenflügen führte und dann zum Absturz. Eine wesentliche Rolle spielten dabei die privaten Rating-Agenturen (→ Rating), die Druck auf die Unternehmen ausübten, schnelle und dauerhafte Ergebnisse vorzuweisen, um einerseits nicht von den Analysten zurückgestuft, andererseits aber nicht zum Übernahmekandidaten zu werden. Massenentlassungen und Stilllegungen von ganzen Produktionsstätten sind die Folgen dieser nur auf Wertmaximierung fokussierten Unternehmensstrategie.

Die Marktmacht der Shareholder wird derzeit massiv global begünstigt durch die → Liberalisierung der → Finanzmärkte und die Welle von »Mergers« und »Acquisitions«, durch die forcierte → Privatisierung von öffentlichen Gütern und Öffnung von Märkten als Ziel der Welthandelsorganisation (→ WTO) sowie durch die neoliberale Binnenmarktintegration der Europäischen Union. Wichtig dabei zu bedenken ist, dass der Shareholder Value-Ansatz kein ökonomischer »Sachzwang« ist, sondern dass die Bedingungen dafür von staatlichen und ökonomischen Akteuren geschaffen werden.

Brigitte Young

Zum Weiterlesen

Aglietta, Michel (2000): Shareholder value and corporate governance: some tricky questions, in: Economy and Society: Shareholder Value & the Political Economy of late Capitalism. Volume 29, Nr. 1, February, S. 146-159.

Lazonick, William/Sullivan, Mary (2000): Maximizing shareholder value: a new ideology for corporate governance, in: Economy and Society, Vol. 29, S. 13-36.

Young, Brigitte/Hegelich, Simon (2003): Shareholder Kapitalismus und das Casino Spiel an den Aktienbörsen, in: Österreichische Zeitschrift für Politikwissenschaft, 1, S. 77-96.

Sklaverei

Sklaverei ist keineswegs eine nur vor-kapitalistische Form der Ausbeutung von Arbeitskraft. Ebenso wenig sind Versklavungen historische Ausnahmefälle im Zusammenhang mit Menschenraub und ursprünglicher Akkumulation. Vielmehr ist seit dem Ende des Zweiten Weltkriegs ein stetiger Anstieg zu beobachten – und dies obwohl Sklaverei seit dem Sklaverei-Übereinkommen des Völkerbundes von 1926 weltweit geächtet und inzwischen in allen Ländern der Welt verboten ist.

Durch die Zunahme des globalen Wettbewerbsdrucks, der → Migration und der → Deregulierung der Arbeitsmärkte werden immer mehr Menschen Opfer von Sklavenarbeit und sklavereiähnlicher Praktiken. Die Internationale Arbeitsorganisation ILO nennt dies die »Kehrseite der Globalisierung«.

Im Gegensatz zur »traditionellen« Sklaverei, bei der es Eigentumstitel und »Inventarlisten« gab und Sklaven oftmals ein wertvolles Wirtschaftsgut waren, läuft die Sklaverei von heute weitgehend im Verborgenen ab. Sklaverei ist laut ILO gegeben, wenn eine Person die absolute Kontrolle über eine andere ausübt und Arbeit oder eine Dienstleistung unfreiwillig verrichtet wird. Das entscheidende Merkmal ist Gewalt und das Festhalten einer Person gegen den eigenen Willen. Während die ILO in ihrem 2005 veröffentlichten Bericht »Eine globale Allianz gegen Zwangsarbeit« von mindestens 12,3 Millionen Menschen (40-50% davon Kinder) ausgeht, die weltweit gegenwärtig unter sklavenähnlichen Bedingungen leben, sprechen andere Organisationen wie die → NRO Anti-Slavery International mit Sitz in London von ca. 25 Millionen Sklaven weltweit.

Anders als in früheren Jahrhunderten können heute arbeitsunfähige Menschen jederzeit leicht ausgetauscht werden, da es einen Überschuss an potenziellen Sklaven gibt. Menschen sind »billiger« als jemals zuvor in der Geschichte der Menschheit. Aber auch die enorm gestiegene Rentabilität lässt die Sklaverei immer weiter ansteigen. Insgesamt werden laut ILO jährlich mindestens 44 Milliarden US-Dollar Profit erzielt, die Hälfte davon allein in den Industrieländern, wo die Zahl der ZwangsarbeiterInnen auf 360.000 geschätzt wird. Die höchsten Profite werden bei der sexuellen Ausbeutung erzielt. So wird der monatliche Reingewinn eines Bordells in Thailand auf ca. 4.000 US-Dollar pro Zwangsprostituierte geschätzt. Sexuelle Sklaverei ist nahezu weltweit Teil des Bruttoinlandsproduktes: Kinderhandel für die Bordelle in Thailand, die von europäischen und japanischen Kunden besucht werden, während wiederum die thailändischen Kunden auf dem Land von noch »billigeren« SklavInnen aus Myanmar und Laos »bedient« werden; SexsklavInnen aus Nepal, die oft von ihren Eltern nach Indien verkauft werden.

In der Praxis ist es allerdings schwer zu beurteilen, ob eine Person »freiwillig« zu sklavenähnlichen Bedingungen arbeitet. Religiöse Ängste, die Androhung von körperlicher Gewalt oder fehlende Alternativen, das Überleben zu sichern, führen dazu, dass Menschen sich »freiwillig« in Sklaverei begeben. Beispiele hierfür sind Sklaven in Brasilien, die aus den Elendsvierteln der Megastädte in die Köhlerminen und in die Rodungsgebiete im Regenwald gelockt werden, Wanderarbeiter in China, die unter sklavenähnlichen Bedingungen Ziegel für den Bauboom im Land brennen, Kindersoldaten in West- und Ostafrika oder Menschen, die von der Militärjunta in Myanmar als Sklaven für Trägerdienste und Bauarbeiten verschleppt werden. In einigen Kulturen (so z.B. in Ghana die Trokosi-Tradition oder in Südindien das Devadasi-System) werden Mädchen von den eigenen Familien dem lokalen Priester unter religiösen oder sozialen Vorwänden übereignet und von ihm sexuell versklavt. Ein weiteres Beispiel für tradierte Sklaverei ist die in Indien und Pakistan immer noch stark verbreitete Schuldknechtschaft.

Obwohl das Problem in Asien, Afrika und Lateinamerika am größten ist, ist Sklaverei auch in Industrieländern verbreitet. In Deutschland arbeiten Frauen vor allem aus Osteuropa als Zwangsprostituierte und sind den mafiaähnlich aufgebauten, gewalttätigen Händlerringen (→ Menschenhandel) ausgeliefert. In Westeuropa werden Tausende als Haussklaven gefangen gehalten (allein für Paris wird die Zahl auf 3.000 geschätzt), in den USA werden immer wieder Fälle aufgedeckt, in denen Hausangestellte über Jahre hinweg eingesperrt waren. Politisch wird dann auch in den seltensten Fällen die Sklaverei bekämpft, sondern es wird systematisch gegen die sich meistens ohne gesicherten Aufenthaltsstatus im Land aufhaltenden Opfer vorgegangen.

Zumindest auf internationaler Ebene hat jedoch der Kampf gegen Sklaverei und Zwangsarbeit durch die Aktivitäten der ILO in den letzten Jahren an Dynamik gewonnen. Es soll eine »Globale Allianz« gebildet werden, um bis 2015 alle Formen der Zwangsarbeit zu beseitigen.

Stefan Thimmel

Zum Weiterlesen

Bales, Kevin (2001): Die neue Sklaverei, München.

Der Überblick (2002): Sklaverei heute – Verraten und verkauft. Quartalszeitschrift des kirchlichen Entwicklungsdienstes, März, Hamburg.

ILO (2005): Eine Globale Allianz gegen Zwangsarbeit, Genf.

www.anti-slavery.org.

Solidarität

Ursprünglich bezeichnet Solidarität einen Zwangszusammenhang, etwa die gemeinsame Verpflichtung zur Steuerzahlung. Heute lassen sich im gesellschaftlichen und politischen Bereich vier Hauptfelder unterscheiden, in denen Solidarität eine wichtige Rolle spielt.

Mit dem anti-revolutionären Interesse gesellschaftlicher Integration hat Émile Durkheim zwei Formen gesellschaftlichen Zusammenhalts unterschieden: »Mechanische Solidarität« verbindet Gleiche miteinander durch persönliche Beziehungen, während bei »organischer Solidarität« nach dem Modell der Arbeitsteilung gerade die Ungleichheit der u.U. in sehr großen Zusammenhängen miteinander Verbundenen den Zusammenhalt konstituiert.

Die klassische Arbeiter-Solidarität beruft sich auf die den Beteiligten gemeinsame, auf Veränderung drängende soziale Lage als Lohnabhängige. Freilich muss die vorgegebene »Konkurrenz unter den Arbeitern« (Karl Marx) durch hierarchische Organisation und Disziplin überwunden werden. Solidarisches Handeln und solidarisches Ethos beziehen sich in erster Linie auf die eigene Klasse, und dies soll nationale Grenzen überschreiten. Auf so verstandene internationale Solidarität bezog sich auch die Hoffnung, der gemeinsame Widerstand der internationalen Arbeiterklasse werde die Gefahr imperialistischer Kriege bannen, die im August 1914 so grausam und folgenreich enttäuscht wurde.

Um die Sicherung nationalstaatlicher Integration geht es bei den großen, staatlich garantierten Solidarfonds zur Absicherung gegen zentrale Lebensrisiken: → Arbeitslosigkeit, Krankheit und Alter. Den im Nationalstaat Zusammengeschlossenen soll über die Abforderung von Loyalität hinaus eine minimale materielle Teilhabe in Form der Umverteilung durch den Steuermechanismus in Aussicht gestellt werden. Die aktuelle Krise dieser Solidarfonds wird zumindest von der offiziellen Politik weitgehend als Auswirkung der → Globalisierung beschrieben. Sie bedeutet jedoch unverkennbar die effektive Umkehr des Umverteilungseffekts und die Verschlechterung sozialer Verhandlungspositionen durch Ausweitung der → Prekarisierung. Das hat nicht nur Auswirkungen auf Millionen von Einzelschicksalen und verschlechtert die Verhandlungsposition der Lohnabhängigen nachhaltig, sondern stellt letztlich auch den Integrationseffekt zur Disposition, der gerade in Deutschland unter Bismarck ein wesentliches Motiv zur Schaffung der Solidarfonds gewesen war.

Als Ausdruck des globalen Aufbruchs neuer sozialer Bewegungen in den 1960er und 1970er Jahren repräsentiert die vor allem auf die »Dritte Welt«

orientierte »Solidaritätsbewegung« ein deutlich anderes Modell: Solidarität bezieht sich nicht auf Gleiche oder den eigenen (nationalen) Zusammenhang, sondern ausdrücklich auf Andere und Fremde, teilweise geradezu im Sinne einer Fernstenliebe. Daneben stand häufig eine unbesehene Identifikation mit nationalen Befreiungsbewegungen, die als Träger von im eigenen Land auf absehbare Zeit nicht realisierbaren gesellschaftlichen Zielsetzungen imaginiert wurden. Beides hat sich immer wieder mit dem Willen zu praktischer Hilfeleistung verbunden. Dabei wurde freilich selten das Problem reflektiert, dass auch erfolgreiche Entwicklungs- und Hilfsprojekte die globalen Hierarchien und Wohlstandsgefälle selbst immer wieder reproduzieren.

Seit den 1990er Jahren zeichneten sich neue Formen transnationaler Organisation und Aktion ab, die auf der Erfahrung von Vermittlungsmöglichkeiten zwischen zunächst sehr unterschiedlichen Perspektiven (z.B. die Weltfrauenkonferenzen 1975, 1985 und 1995), neuerdings aber auch auf der Erfahrung mit gemeinsamen institutionellen Gegnern beruhen. → WTO-Politik oder G7-Gipfel boten wichtige Kristallisationspunkte, auch für die sinnliche Erfahrung von Solidarität zwischen Gruppen aus vielen Ländern, beispielhaft in Seattle 1999 oder Genua 2001. Ein ähnliches Ziel verfolgen das Weltsozialforum und die entstehenden regionalen Sozialforen. Das Zusammenführen unterschiedlich gelagerter lokal, aber auch gesellschaftlich definierter Interessen bleibt eine Herausforderung, nicht zuletzt an neue, nicht-hierarchische Organisationsformen (→ Netzwerke, → soziale Bewegungen). Sie bezieht sich auch auf unterschiedliche Dimensionen von Solidarität: Nicht allein sind gerade in Deutschland durch die Krise der Solidarfonds die materiellen Bedingungen gesellschaftlichen Zusammenhalts ernsthaft in Frage gestellt. Diese Krise verweist ebenso wie die globale → Migration auf die Dringlichkeit eines globalen Ausgleichs der Lebenschancen. Es geht darum, aus dem Spannungsverhältnis herauszukommen, dessen Pole mit der Solidarität mit Fremden einerseits oder vor allem mit »Seinesgleichen« (Bertolt Brecht) andererseits bezeichnet sind. Das bedeutet, nach Inhalten und Formen eines realistischen Arbeitens an gemeinsamen Anliegen zu suchen.

Reinhart Kößler

Zum Weiterlesen

Bayertz, Kurt (Hrsg.) (1998): Solidarität. Begriff und Problem, Frankfurt/M.

Brunkhorst, Hauke (2002): Solidarität. Von der Bürgerfreundschaft zur globalen Rechtsgenossenschaft, Frankfurt/M.

Kößler, Reinhart/Melber, Henning (2002): Globale Solidarität? Eine Streitschrift, Frankfurt/M.

Soziale Bewegungen

Soziale Bewegungen greifen Probleme einer Gesellschaft auf und tragen zu deren öffentlicher Thematisierung bei. Allen sozialen Bewegungen gemein ist ihr Veränderungsanspruch. Viele politische und soziale Errungenschaften gehen auf erfolgreiche Kämpfe historischer und moderner sozialer Bewegungen zurück (z.B. Trennung von Kirche und Staat, Abschaffung von Ständen, bürgerliche Rechte einschließlich des allgemeinen und gleichen Wahlrechts, Gewerkschaften etc.). Häufig werden soziale Bewegungen mit praktisch demokratisierenden Wirkungen in Zusammenhang gebracht; der mit Abstand wichtigste Protestbereich sind demokratische Anliegen.

Der Begriff Soziale Bewegung umfasst sowohl »alte« soziale Bewegungen wie zum Beispiel die Arbeiter-, die Frauen- oder die Friedensbewegung als auch »neue« soziale Bewegungen (Ökologiebewegung, Solidaritätsbewegung u.a.). Auch die Bürgerbewegungen in der DDR wurden als soziale Bewegung gekennzeichnet. Der Begriff umfasst aber analytisch auch Bewegungen mit antidemokratischen Orientierungen wie zum Beispiel den Nationalsozialismus. Im Vordergrund der Diskussionen um den Begriff stehen seit den 1970er Jahren in der Bundesrepublik die aus Studentenbewegung und Neuer Linker hervorgegangenen links-libertären »neuen« sozialen Bewegungen (Forschungsjournal Neue Soziale Bewegungen). Seit Ende der 1990er Jahre lässt sich auch das Entstehen mehrerer globaler sozialen Bewegungen gegen den Neoliberalismus (Globalisierungskritiker, Attac, Peoples' Global Action etc.) beobachten.

Soziale Bewegungen vergeben – anders als Parteien oder Gewerkschaften, auch wenn diese aus sozialen Bewegungen hervorgegangen sind und oft auch als Träger von Protest fungieren – keine Mitgliedschaften, zielen jedoch auf möglichst viele AnhängerInnen und Mitwirkende. Die Mobilisierung von Protest und zunehmend auch die Inszenierung öffentlicher Aufmerksamkeit durch Kampagnen gehören zu ihren unverzichtbaren Handlungsinstrumenten. Als mobilisierte Netzwerke von Gruppen und Organisationen sind soziale Bewegungen keine Organisationen, doch können Organisationen in sozialen Bewegungen wichtige Rollen übernehmen (etwa bestimmte → NGOs für die globalisierungskritischen Bewegungen).

Für das Aufkommen von sozialen Bewegungen sind die jeweiligen gesellschaftlichen Gelegenheitsstrukturen und kulturellen Kontexte relevant. Soziale Bewegungen können sich institutionalisieren, abflauen bzw. auf einem bestimmten Niveau existieren. Seit den 1990er Jahren gewinnen Diskussionen über soziale Ungleichheit und → Neoliberalismus, die in grenzüberschreitenden Netzwerken behandelt werden, wieder an Gewicht. In globalisierungskritischen Bewegungen wird versucht, den Norden mit dem Süden zusammenzubringen und ein Bündnis alter und neuer sozialer Bewegungen zu schaffen (Gewerkschaften, sozialistische Bewegungen, neue soziale Bewegungen, Menschenrechtsgruppen u.a.).

Die Zusammenarbeit von Gewerkschaften und sozialen Bewegungen war in den 1980er und 1990er Jahren eher gering ausgeprägt – als korporatistische Verbände vertraten Gewerkschaften klar umrissene Partikular- beziehungsweise Beschäftigteninteressen. Allerdings zeichnet sich gegenwärtig in den meisten europäischen Ländern eine Trendwende ab und die gemeinsamen Aktivitäten von Gewerkschaften und globalisierungskritischen Bewegungen nehmen deutlich zu.

Ansgar Klein/Heike Walk

Zum Weiterlesen

Brunnengräber, Achim/Klein, Ansgar/Walk, Heike (Hrsg.) (2005): NGOs im Globalisierungsprozess. Mächtige Zwerge – umstrittene Riesen, Bonn/Wiesbaden.

Forschungsjournal Neue Soziale Bewegungen (1988ff.): Vierteljahreszeitschrift mit Themenschwerpunkt, Stuttgart.

Krüger, Sabine (2002): Nachhaltigkeit als Kooperationsimpuls? Kooperation zwischen NGOs und Gewerkschaften, Münster.

Rucht, Dieter (2003): Bürgerschaftliches Engagement in sozialen Bewegungen und politischen Kampagnen, in: Enquete-Kommission »Zukunft des Bürgerschaftlichen Engagements« (Hrsg.): Bürgerschaftliches Engagement in Parteien und Bewegungen, Band 10 der Schriftenreihe der Enquete-Kommission, Opladen, S. 17-155.

Walk, Heike/Boehme, Nele (Hrsg.) (2002): Globaler Widerstand, Internationale Netzwerke auf der Suche nach Alternativen im globalen Kapitalismus, Münster.

Sozialstaat

Überall auf der Welt sind Menschen von materieller Not und sozialen Risiken wie → Arbeitslosigkeit, Krankheit, Alter und → Armut betroffen. Der Sozialstaat, international als Welfare State bezeichnet, hat die Aufgabe, durch wirtschafts- und sozialpolitische Maßnahmen diesen sozialen Missständen entgegenzuwirken und soziale Sicherheit zu gewährleisten. Umfang und Ausgestaltung der sozialen Aufgaben des Staates sind jeweils Ausdruck politischer Kräfteverhältnisse und werden in einzelnen Ländern unterschiedlich geregelt.

Die Entwicklung des Sozialstaates wurde vor allem durch die Herausbildung der Arbeiterbewegung und das Aufkommen der sozialen Frage im 19. Jahrhundert vorangetrieben. Historisch betrachtet war der Sozialstaat zunächst obrigkeitsstaatlich und paternalistisch geprägt. In der Weimarer Republik wurde durch die verfassungsmäßige Verankerung sozialer Grundrechte sowie der Neuorganisation der Arbeitsbeziehungen – Anerkennung der Gewerkschaften als Tarifpartei, Betriebsrätegesetz etc. – ein qualitativ neuer Schritt in der Entwicklung des Sozialstaates getan. Mit dem historischen Prozess bildete sich ein Doppelcharakter des Sozialstaates heraus, der sich darin zeigt, dass er einerseits als Instrument der sozialen Kontrolle und Disziplinierung eingesetzt wird, andererseits die materielle Basis für gesellschaftliche Emanzipation und → Partizipation darstellt.

Im internationalen Vergleich wohlfahrtsstaatlicher Regime wird insbesondere zwischen dem liberalen (z.B. Australien, USA, Kanada), dem korporatistischen (z.B. Deutschland, Österreich, Frankreich) und dem sozialdemokratischen Typus (z.B. Schweden, Norwegen, Dänemark) unterschieden. Im Hinblick auf seine Struktur können grundsätzlich zwei Leitbilder sozialer Sicherung zu Grunde gelegt werden: Zum einen das System der Sozialversicherung, das auf die Bismarcksche Sozialpolitik des späten 19. Jahrhunderts zurückgeht und anteilig von abhängig Beschäftigten und Arbeitgebern über an den Lohn gekoppelte Sozialabgaben finanziert wird. Zum anderen das Grundversorgungsprinzip, das vom englischen Sozialpolitiker Beveridge in den 1940er Jahren vorgeschlagen wurde und eine vorwiegend steuerfinanzierte soziale Sicherung vorsieht. In der sozialpolitischen Praxis sind bis heute Mischformen beider Ansätze vorzufinden.

Die nach dem Zweiten Weltkrieg in den Industrieländern anhaltende Phase wirtschaftlicher Prosperität unterstützte eine expansive Verteilungs- und Sozialpolitik, die auch stimulierend auf die binnenwirtschaftliche Nachfrage wirkte und entsprechendes Wirtschaftswachstum (→ Wachstum) in Gang setzte. Unter den gegenwärtigen Bedingungen neoliberaler → Hegemonie und ökonomischer → Globalisierung wird dagegen ein Um- und Abbau des Sozialstaates betrieben, der nach neoliberaler Anschauung als reiner Kostenfaktor betrachtet wird. Es liegt demnach nicht mehr im Ermessen einer Gesellschaft, was sich ein politisches Gemeinwesen an sozialer Sicherheit leisten will, sondern die Wettbewerbsbedingungen einer globalen Wirtschaft diktieren das Maß sozialstaatlicher Politik. Anstelle kollektiver sozialer Sicherungssysteme wird eine individuelle, private Absicherung gegenüber sozialen Risiken und Problemlagen verlangt, die im Kern auf gesellschaftliche Umstände und nicht auf persönliches Versagen zurückzuführen sind.

Damit rückt die Frage sozialer Mindestsicherung (Grundsicherung, Mindestlohn) in den Mittelpunkt arbeitmarkt- und sozialpolitischer Auseinandersetzungen (→ Grundeinkommen). Für eine emanzipatorische sozialstaatliche Politik ist darüber hinaus entscheidend, umfassende, international gültige und verbindliche sozial- und arbeitsmarktpolitische Standards zu schaffen, die den bisherigen nationalstaatlichen Rahmen überschreiten, um den Sozialstaat aus dem Wettbewerbsdruck (→ Wettbewerbsstaat) zu befreien.

Bettina Lösch

Zum Weiterlesen

Butterwegge, Christoph (2005): Krise und Zukunft des Sozialstaates, Wiesbaden.

Christen, Christian/Michel, Tobias/Rätz, Werner (2003): Sozialstaat. Wie die Sicherungssysteme funktionieren und wer von den »Reformen« profitiert, AttacBasisTexte 6, Hamburg.

Esping-Andersen, Gøsta (1998): Die drei Welten des Wohlfahrtskapitalismus. Zur Politischen Ökonomie des Wohlfahrtsstaates, in: Lessenich, Stephan/Ostner, Ilona (Hrsg.): Welten des Wohlfahrtskapitalismus. Der Sozialstaat in vergleichender Perspektive, Frankfurt/M., S. 19-56.

Ptak, Ralf (1998): Verordnet – geduldet – erledigt? Zur Entwicklung des deutschen Sozialstaates im historischen Kontext, in: Butterwegge, Christoph/Hickel, Rudolf/Ptak, Ralf: Sozialstaat und neoliberale Hegemonie, Berlin, S. 9-60.

Ritter, Gerhard A. (1991): Der Sozialstaat. Entstehung und Entwicklung im internationalen Vergleich, München.

Staatsverschuldung

Zweck der Staatsverschuldung ist es, durch öffentliche Nachfrage Produktionsmöglichkeiten zu aktivieren, die weder von den Privaten noch durch steuerfinanzierte Staatsausgaben genutzt werden. Über höhere Staatsausgaben wirkt die Staatsverschuldung auf den Produktionssektor ebenso ein wie auf die Geld- und Kreditsphäre.

Die Wirkung der öffentlichen Verschuldung hängt ab vom Entwicklungsstand des Kapitalismus. Im klassischen Kapitalismus etwa des 19. Jahrhunderts werden – abgesehen von konjunkturellen Schwankungen – die Produktionsmöglichkeiten restlos genutzt: Was bei geringem Lohn und Massenkonsum nicht der Herstellung von Konsumgütern dient, wird von den Unternehmen zur Produktion von Investitionsgütern beansprucht. Die Mittel zur Herstellung von Realkapital sind in dieser Entwicklungsetappe knapp: Kapitalrestriktion ist die Entwicklungsschranke des Systems. Kreditaufnahme des Staates oder → Steuern bedeuten hier eine Verdrängung (crowding out) privater Investitions- oder Konsumausgaben zu Gunsten staatlicher Ausgaben. Dies kann die wirtschaftliche Entwicklung dann fördern, wenn der Staat Aufgaben finanziert, die für den wirtschaftlichen Fortschritt von Bedeutung sind, aber von der Privatwirtschaft nicht wahrgenommen werden – so der Aufbau der Eisenbahnen oder der Energieversorgung. Soweit der private Sektor in diesem Falle durch seine Kreditvergabe an den Staat auf Ausgaben verzichtet, ergibt sich keine Übernachfrage: Das Preisniveau bleibt unverändert. Finanziert dagegen die Zentralbank den Kredit durch zusätzliche Kreditschaffung, wird bei vollständig ausgelasteten Produktionskapazitäten das Preisniveau steigen.

Bei liberalisierten Kapitalmärkten werden die Regierungen von Entwicklungsländern oft durch ausländische Finanzanleger in übermäßige Verschuldung gedrängt, deren Bedienung sie nicht gewährleisten können. Das führt zu Verschuldungskrisen mit hohen wirtschaftlichen und sozialen Kosten. Um aus einer derartigen Schuldenfalle herauszukommen, müssen die Regierungen dann → Strukturanpassungsprogramme akzeptieren, die ihre wirtschaftliche Entwicklung in erster Linie nicht auf die Stärkung eigenständiger Potenziale und Strukturen, sondern auf die Bedienung der öffentlichen Schulden abstellen.

Die Funktion der Staatsverschuldung ändert sich grundlegend im entwickelten Kapitalismus, in dem nicht der Mangel an Realkapital, sondern eine unzureichende gesamtwirtschaftliche Nachfrage die Schranke für das Wirtschaftswachstum ist (Nachfragerestriktion). Den Grund hierfür sieht der → Keynesianismus in einer niedrigen Konsumnachfrage, die nicht von einer hohen Investitionsgüternachfrage ausgeglichen wird. Wenn die Konsumausgaben wegen zu niedriger Lohneinkommen nicht in ausreichendem Maße steigen und daher auch die Investitionsausgaben wegen schlechter Absatzaussichten nicht zunehmen, dann sind kreditfinanzierte zusätzliche Staatsausgaben notwendig, um Wachstum und Beschäftigung zu stabilisieren. Ein ähnlicher Effekt tritt ein, wenn eine möglichst hohe Unterstützung an die Arbeitslosen gezahlt wird (eingebaute Stabilisatoren). Hohe Beschäftigung oder Vollbeschäftigung sowie die Nutzung und Weiterentwicklung von Produktionsmöglichkeiten erfordern demnach bei unzureichender privater Nachfrage und unzureichenden Steuereinnahmen ein Ungleichgewicht beim Staatshaushalt. Im Verlauf des Aufschwungs ist die staatliche Neuverschuldung durch Verteilungspolitik zu Gunsten der – gegenüber den Gewinnen konsumintensiveren – Löhne und Gehälter und durch die steuerliche Abschöpfung nicht re-investierter Gewinne zu ergänzen und schließlich zu ersetzen.

Eine Platzierung der Staatsschuld auf dem Kreditmarkt erfordert Zinszahlungen. Wer diese Zinsen aufbringen muss, wird durch die Steuergesetzgebung geregelt. Diese entscheidet darüber, welche Bevölkerungsschichten und welche Einkommen in Anspruch genommen werden. Mit einer angemessenen Besteuerung des Einkommens aus Geldvermögen kann erreicht werden, dass per Saldo die Zinslast niedrig ausfällt. Ökonomisch möglich, wenngleich in der EU rechtlich nicht zulässig, ist ebenfalls eine Finanzierung der Staatsschuld durch die Zentralbank.

Staatsverschuldung, die zum Ausgleich unzureichender Nachfrage eingesetzt und zur Stärkung der produktiven Basis der Wirtschaft genutzt wird, geht schon deshalb nicht zu Lasten künftiger Generationen, weil diese das ausgeliehene Geld mit Zinsen zurück erhalten. Überdies ist es für künftige Generationen vorteilhafter, eine starke und produktive Wirtschaft zu übernehmen und dafür auch den verbleibenden Schuldendienst zu leisten, als in schuldenfreien, aber maroden Wirtschaftsstrukturen zu leben.

Herbert Schui

Zum Weiterlesen

Bajohr, Stefan (2003): Grundriss Staatliche Finanzpolitik. Eine praktische Einführung, Opladen.

Fißel, Dieter/Huffschmid, Jörg u.a. (2004): Öffentliche Finanzen: gerecht gestalten! AttacBasis-Texte 10, Hamburg.

Musgrave, Richard A. (1958): Theorie der öffentlichen Schuld, in: Handbuch der Finanzwissenschaft, Bd. III, Tübingen.

Stabilitätspolitik

Umgangssprachlich wird Stabilitätspolitik mit wirtschaftspolitischem Handeln assoziiert und als (scheinbar) wertneutraler, wissenschaftlich fundierter Begriff verstanden. In der Bundesrepublik Deutschland findet sich eine Art Definition von Stabilitätspolitik in dem 1967 in Kraft getretenen »Gesetz zur Förderung der Stabilität und des Wachstums der Wirtschaft« (§ 1 Stabilitätsgesetz). Stabilität wird dort mit einem »gesamtwirtschaftlichen Gleichgewicht« identifiziert, das folgende vier – als »magisches Viereck« bekannte – Zielsetzungen umfasst: hohes Beschäftigungsniveau, Preisniveaustabilität, außenwirtschaftliches Gleichgewicht und angemessenes, kontinuierliches → Wachstum.

Die quantitative Konkretisierung der Ziele (welche Arbeitslosenquote gilt beispielsweise noch als vollbeschäftigungskonform) erfolgt jedoch, wenn auch in Grenzen, nach politischer Opportunität. Eine ursprünglich vorgesehene fünfte, nämlich verteilungspolitische Zielsetzung im Sinn einer »sozialen Symmetrie« wurde hingegen nicht in den Zielkatalog aufgenommen. Bereits an diesem Sachverhalt lässt sich die Interessenabhängigkeit und ideologische Anlage solcher nur scheinbar wertneutraler, »wissenschaftlicher« Begriffe wie »gesamtwirtschaftliches Gleichgewicht« und Stabilitätspolitik erkennen. Ob zwischen den einzelnen Zielsetzungen des »magischen Vierecks« Zielkonflikte bestehen, ist zwischen den verschiedenen wirtschaftstheoretischen bzw. -politischen Schulen umstritten. Im Rahmen der durch die → Bretton-Woods-Institutionen vertretenen Stabilitätspolitik spielen Preisniveaustabilität und außenwirtschaftliches Gleichgewicht die Hauptrollen. Diese als »→ Strukturanpassungen« im Sinne des → Washington Consensus den Schwellen- und Entwicklungsländern aufgezwungene Deflationspolitik dient vorrangig dem Zweck, die Schuldendienstfähigkeit der Länder zu gewährleisten. Wiederholt hat der IWF durch seine Stabilitätspolitik (faktisch Deflationspolitik), schwerste → Wachstums- und Beschäftigungseinbrüche mit verheerenden sozialen Folgen bewirkt. Auch die Europäische Zentralbank verfolgt nach der Vorgabe der Verträge von Maastricht und Amsterdam eine auf die Preisniveaustabilität beschränkte Stabilitätspolitik.

Das Wort Stabilität und damit auch Stabilitätspolitik werden emotional und kognitiv positiv wahrgenommen. Doch es handelt sich um eine leere Hülse. Es muss jeweils konkretisiert werden, was stabilisiert werden soll. Deshalb kann auch nicht von der, sondern nur jeweils von einer Stabilitätspolitik die Rede sein. Die Zielsetzungen einer Stabilitätspolitik spiegeln Wertvorstellungen und die damit verbundenen Interessen wider. Die sinnvolle Unterscheidung zwischen allgemeinen Mehrheits- und globalen Menschheits-Interessen einerseits und Partialinteressen, seien es imperialistische, nationalistische, kapitalistische, schichten- und klassenspezifische etc. andererseits, fordert der Klarheit halber, Stabilitätspolitik jeweils näher zu charakterisieren. Wesentlich ist jedoch, den (a)moralischen und interessenbestimmten, also politischen Charakter jeglicher Konzeption von Stabilitätspolitik deutlich zu machen und der häufigen ideologischen Verschleierung von Partialinteressen als solche der Allgemeinheit, gar der Menschheit zu begegnen und darüber aufzuklären.

Die skizzierte Interessenabhängigkeit und Werturteilshaltigkeit des Begriffs erfordert und berechtigt dazu, eine an den → Menschenrechten ausgerichtete Konzeption von Stabilitätspolitik zu entwickeln und anhand dieses Referenzmodells die praktizierte Stabilitätspolitik eines Landes bzw. einer Regierung, einer supranationalen Institution wie z.B. der Europäischen Union, internationaler Institutionen wie des IWF oder der Weltbank usw. zu beurteilen. Analog zu den erwähnten wirtschaftspolitischen Zielkonflikten wird auch bei der Formulierung eines Zielkatalogs globaler, auf die Menschenrechte gegründeten Konzeption von Stabilitätspolitik zu achten sein, d.h., dass solche Widersprüche nicht von einer harmonistischen Ideologisierung zugedeckt werden dürfen. Beispielsweise sollten zu einer »globalen, humanen Stabilitätspolitik« das Nachhaltigkeitsgebot (→ Nachhaltige Entwicklung), aber auch das unabdingbare Existenzrecht aller heute lebenden Menschen gehören. Ob hier ein Zielkonflikt besteht, wie und gemäß welcher Prioritäten er zu bewältigen ist, gehört daher ebenfalls in einen umfassenden Entwurf »fortschrittlicher« Stabilitätspolitik.

Karl Georg Zinn

Zum Weiterlesen

Pätzold, Jürgen (1998): Stabilisierungspolitik – Grundlagen der nachfrage- und angebotsorientierten Wirtschaftspolitik, 6., vollständig überarbeitete und aktualisierte Auflage, Bern.

Zinn, Karl Georg (1999): Sozialstaat in der Krise, Berlin.

Zinn, Karl Georg (2003): Wie Reichtum Armut schafft. Verschwendung, Arbeitslosigkeit und Mangel, Köln.

Standort

In der öffentlichen Diskussion über → Arbeitslosigkeit und Krisenerscheinungen des → Sozialstaates spielt der Begriff »Standort D« seit vielen Jahren eine Hauptrolle. Damit werden Massenentlassungen und Rationalisierungsmaßnahmen des Kapitals ebenso legitimiert wie politische Entscheidungen, die der Gewinnsteigerung dienen. Man suggeriert, Deutschlands Position als »Exportweltmeister« sei dadurch gefährdet, dass andere Wirtschaftsstandorte zunehmend in der Lage seien, bei (annähernd) gleicher Qualität billiger zu produzieren. Das einheimische Kapital sei aufgrund der Standortvorteile (→ Standortwettbewerb) anderer Länder gezwungen, dort zu investieren und Arbeitsplätze hier abzubauen. Ähnliches gelte für Sozial-, Umwelt- und Lohnstandards, die in der Bundesrepublik Deutschland viel zu hoch seien und internationale Anleger eher abschreckten. Dabei zeigen die deutschen Rekordexportüberschusse (2004: 156,7 Milliarden Euro), wie schwach das Hauptargument des → Neoliberalismus selbst innerhalb der Standortlogik ist.

Ursprünglich wurde das Wort Standort für eine Garnison benutzt. Diese Herkunft verweist auf einen militärischen Hintergrund, der in dem (wirtschafts)politischen Kampfbegriff »Standort D« nachwirkt. In der Raumwirtschaftslehre bezeichnet der Standort den geografischen Punkt, an dem sich ein Unternehmen, Betrieb oder Betriebsteil befindet. Heute wird dieser Begriff beinahe inflationär benutzt, unabhängig davon, um welche Gesellschaftsbereiche es sich handelt.

In der Standortdebatte prallen unversöhnliche Positionen aufeinander: Die Kapitalseite sieht den eigenen Wirtschaftsstandort schwächeln und leitet daraus Forderungen nach weiterer → Liberalisierung, → Deregulierung und → Flexibilisierung ab. Demgegenüber verweisen ihre KritikerInnen auf das beständige → Wachstum des Bruttoinlandsprodukts und die Rekordgewinne in vielen Branchen. Die »deutsche Standortschwäche« resultiert nach Auffassung der Unternehmerverbände aus zu hohen (gesetzlichen) Lohnnebenkosten. Sie verkennen jedoch, dass diese durch die im Vergleich mit anderen Ländern höhere Arbeitsproduktivität kompensiert werden, wie es die relativ niedrigen und für unternehmerische Standortentscheidungen allein relevanten Lohnstückkosten ausweisen. Bangladesh und Burkina Faso mit Lohnnebenkosten nahe Null müssten sonst zu den ökonomisch erfolgreichsten Ländern der Welt gehören.

Im Mittelpunkt der neoliberalen Standortlogik/-politik steht nicht der Mensch, sondern der Markt. Wenn ganze Gesellschaften als bloße »Wirtschaftsstandorte« fungieren, deren → Wettbewerbsfähigkeit über das Wohlstandsniveau ihrer BürgerInnen entscheidet, kann das Soziale keine (große) Rolle mehr spielen. Tatsächlich bedeutet die Herrschaft des Marktes aber mitnichten, dass Abschied vom (Wohlfahrts-)Staat genommen wird. Vielmehr werden die Beziehungen zwischen Ökonomie und Politik nur anders justiert, die Staatsapparate umstrukturiert sowie Ziele und Aufgaben staatlicher Politik modifiziert.

Betrachtet man die Bundesrepublik Deutschland nur noch oder primär als »Wirtschaftsstandort«, stehen ökonomische Kennziffern im Vordergrund. Soziale und kulturelle Gegebenheiten finden dann höchstens als »weiche Standortfaktoren« Berücksichtigung. Standortvorteile und -nachteile werden aus der beschränkten, auf die Profitmaximierung im Unternehmerinteresse bezogenen Perspektive des Kapitals und nicht aus der Interessenlage einer Mehrheit der Bevölkerung bestimmt.

Das neoliberale Projekt einer Standortpolitik bezweckt eine Neuverteilung von Reichtum, Macht und Lebenschancen. Was als → Modernisierung daherkommt, beinhaltet die Rücknahme demokratischer und sozialer Reformen bzw. Regulierungsmaßnahmen, mit denen vor allem westeuropäische Staaten das Kapital nach 1945 einer gewissen Kontrolle unterwarfen. Heute geht es um die Ökonomisierung (fast) aller Lebensbereiche, einen Umbau der Gesellschaft nach dem Vorbild des Marktes sowie die Verallgemeinerung von betriebswirtschaftlichen Effizienzkriterien (→ Effizienz) und Konkurrenzmechanismen. Die neoliberale Standortlogik steht aber der Entwicklung einer humanen Gesellschaft entgegen und fördert stattdessen gesellschaftliche Aggressivität nach innen und außen.

Christoph Butterwegge

Zum Weiterlesen

Butterwegge, Christoph (2005): Krise und Zukunft des Sozialstaates, Wiesbaden.

Butterwegge, Christoph/Hickel, Rudolf/Ptak, Ralf (1998): Sozialstaat und neoliberale Hegemonie. Standortnationalismus als Gefahr für die Demokratie, Berlin.

Immerfall, Stefan/Franz, Peter (1998): Standort Deutschland. Stärken und Schwächen im weltweiten Strukturwandel, Opladen.

Müller, Stefan/Kornmeier, Martin (2000): Internationale Wettbewerbsfähigkeit: Irrungen und Wirrungen der Standort-Diskussion, München.

Simons, Rolf/Westermann, Klaus (Hrsg.) (1997): Standortdebatte und Globalisierung der Wirtschaft, Marburg.

Standortwettbewerb

Mit der fortschreitenden Globalisierung ist die Idee entstanden, nicht nur Unternehmen, sondern auch Staaten stünden im Wettbewerb miteinander, nämlich um den besten Standort für die international agierenden Investoren und um die Verbesserung für die Bedingungen der heimischen exportierenden Unternehmen. Diese Idee ist äußerst problematisch. Unternehmen und Staaten erfüllen weder den gleichen Zweck noch funktionieren sie nach der gleichen Logik. Zwar sind die Vorteile unternehmerischer Konkurrenz bei der Produktion privater Güter unbestritten, die Idee lässt sich aber nicht einfach auf den Wettbewerb zwischen Staaten übertragen. Zudem ist die Gefahr des Missbrauchs von Wettbewerb, das heißt des unlauteren Wettbewerbs, zwischen Staaten wesentlich größer als bei Unternehmen.

Ein Unternehmen, das seine Preise für ein bestimmtes Produkt drastisch senkt, um seine Mitkonkurrenten aus dem Markt zu verdrängen, setzt sich selbst gewissen Risiken aus. Es muss in anderen Geschäftsfeldern stark genug sein, um die Verluste für eine Zeit tragen zu können, schwächt also seine Position kurzfristig, um langfristig Erfolg haben zu können. Bei Staaten gibt es diesen Fall auch. Verzichtet etwa eine Regierung auf den Ausbau der öffentlichen Infrastruktur, um die Steuern für Unternehmen international attraktiv zu machen, mag sie kurzfristig erfolgreich sein, auf lange Sicht kann dadurch aber der Standort nachhaltig geschwächt werden.

Staaten verfügen jedoch über weitergehende Mittel, wenn es darum geht, Arbeitsplätze im Inland zu fördern. Regierungen können die Bevölkerung davon überzeugen, dass es notwendig ist, den eigenen Lebensstandard dauerhaft einzuschränken, um Exporterfolge erzielen zu können. Dabei stehen Regierungen in der Regel nicht unter einem raschen Erfolgszwang wie Unternehmen, weil die internationale Mobilität der Bevölkerung, im Vergleich zur Bewegungsfreiheit des Kapitals nur gering ist. Lebt ein Land folglich weit unter seinen Verhältnissen, kann es sehr nachhaltig in die internationalen Märkte eingreifen und diese zu seinen Gunsten manipulieren. Erstaunlicherweise werden unlautere Mittel des Standortwettbewerbs laut beklagt, wenn es um staatliche Subventionen geht. Bei Steuerdumping oder nationalem Lohndumping hört man solche Klagen kaum.

Wettbewerb von Nationen hat nichts mit echtem unternehmerischen Wettbewerb zu tun. Wenn ein Unternehmer eine Idee hat, wie man Arbeit und Kapital auf eine effizientere Art und Weise miteinander kombinieren kann, ist er in der Lage, seine Produkte billiger als bisher anzubieten. Alle Mitspieler haben dann auf die eine oder andere Weise höhere Einkommen. Der echte unternehmerische Wettbewerb ist gesamtwirtschaftlich fast immer positiv zu bewerten, auch wenn er dem Einzelnen Anpassungen abverlangt.

In welchem Wettbewerb aber stehen Nationen? Sind Nationen innovativ, haben sie neue Ideen, erfinden sie neue Produktionsverfahren und neue Produkte? Wer würde das von der Mehrzahl der Maßnahmen behaupten wollen, die im Wettbewerb der Nationen ausschlaggebend sind? Steuersenkung beispielsweise, die beliebteste Maßnahme im globalen Wettstreit, ist sicher nicht innovativ, sondern zwingt nur die eine Nation das zu tun, was die andere schon getan hat. Dass dabei weltweit ein besseres Steuersystem herauskommt, ist nicht belegbar. Überziehen die Regierungen in diesem Kampf der Nationen, verlieren am Ende alle, da die Staaten nicht mehr in der Lage sind, ihre ureigensten Aufgaben in Bildung und Infrastruktur zu erfüllen.

Das zweite Missverständnis betrifft die Frage der Reaktion des Mitbewerbers. Unternehmen können sich zum Ziel setzen, ein anderes Unternehmen endgültig vom Markt zu verdrängen, entweder durch Kostensenkung im Sinne von Dumping oder durch unternehmerische → Innovation. Setzt sich ein innovatives Unternehmen durch, ist das volkswirtschaftliche Gesamtergebnis sicher positiv. Staaten hingegen können mit wirtschaftlichen Mitteln andere Staaten nicht verdrängen. Der zunächst unterlegene Staat muss versuchen, Antworten auf die Herausforderung finden. Gelingt ihm dies nicht, muss der überlegene Staat ihn mit Transfers finanziell unterstützen, um nicht die Absatzmärkte für seine Exporte zu zerstören.

Unternehmerischer Wettbewerb um Innovationen ist der Motor der wirtschaftlichen Entwicklung und damit des gesellschaftlichen Wohlstandes. Der neo-merkantilistische Ansatz des Standortwettbewerbs vieler westlicher Staaten, deren Politik einseitig auf die Verbesserung der Wettbewerbsfähigkeit ihres Landes ausgerichtet ist, muss scheitern. Es besteht die Gefahr eines ruinösen »race to the bottom« zwischen den Staaten, wodurch letztlich auch die Standortqualität vermindert wird. Selbst wenn sich einige Staaten als vermeintliche Gewinner erweisen sollten, zahlen diese einen hohen Preis für den Sieg, nämlich die dauerhafte Alimentierung der Verlierer.

Heiner Flassbeck (mit Dank an Johann Jäckel)

Zum Weiterlesen

Husson, Michel (2003): Exploding the Myth of Competitiveness. www.globalpolicy.org.
Krugman, Paul (1994): Competitiveness – A Dangerous Obsession. Journal of Foreign Affairs, 73 (2).

Steuern

Steuern sind, wie es in § 3 Abs. 1 der Abgabenordnung steht, »Geldleistungen, die nicht eine Gegenleistung für eine besondere Leistung darstellen und von einem öffentlich-rechtlichen Gemeinwesen zur Erzielung von Einnahmen auferlegt werden, bei denen der Tatbestand zutrifft, an den das Gesetz die Leistungspflicht knüpft...« Die Höhe der der privaten Wertschöpfung entzogenen Steuern bildet die entscheidende Basis für die Finanzierung der öffentlichen Ausgaben und damit der Handlungsfähigkeit des Staates auf den Ebenen Bund, Länder und Kommunen.

Zwei Entwicklungen kennzeichnen das deutsche Steuersystem. Erstens ist der Anteil der gesamtwirtschaftlichen Steuern (2004 über 442 Mrd. Euro) am Bruttoinlandsprodukt auf die im internationalen Vergleich niedrige Quote von 22% (nach der Volkswirtschaftlichen Gesamtrechnung) gegenüber 24,4% in 2000 zurückgefallen. Läge heute die Steuerquote noch auf dem Niveau von 2000, würden 60 Mrd. Euro mehr den öffentlichen Kassen zur Verfügung stehen. Durch die Rückführung der Steuerquote ist einerseits der Druck auf Ausgabenkürzungen erhöht worden. Andererseits erfolgte die Flucht in Aufnahme öffentlicher Schulden.

Zweitens hat sich die Last der Steuerverteilung durch die Steuerpolitik der rot-grünen Regierung massiv verschoben. Der Anteil der Massensteuern – also der Lohn- und Mehrwertsteuer – am gesamten Steueraufkommen lag 2004 bei 71,6%. Das Gewicht der Steuern auf Gewinne und Vermögen hat sich von 20,2% 1991 auf 15,2% reduziert.

Die neoliberale Rechtfertigung dieser Steuergeschenke an die Unternehmen erweist sich als falsch: Steigende Nettogewinne sind nicht in die Finanzierung arbeitsplatzschaffender Investitionen geflossen. Im Gegenteil, auch durch die erzwungenen Ausgabenkürzungen beim Staat ist allgemein die binnenwirtschaftliche Nachfrage reduziert und sind die öffentlichen Investitionen in die Zukunft massiv gekürzt worden. Daher muss sich eine alternative Steuerpolitik auf die ausreichende Finanzierbarkeit staatlich erforderlicher Aufgaben konzentrieren und zugleich die Steuerlast gerecht verteilen. Zu einer am Prinzip der ökonomischen Leistungsfähigkeit ausgerichteten Steuerpolitik gehören die Erhöhung des Spitzensteuersatzes der Einkommensteuer von derzeit 42% auf 47% sowie des derzeitigen Körperschaftsteuersatzes von 25% auf 35% (ohne Gewerbesteuer) und die Einführung einer verfassungskonformen Vermögensteuer. Damit die gesetzlich gewollten Tarife am Ende auch bezahlt werden, müssen die vielfältigen Steuerprivilegien bei der

Ermittlung der Bemessungsgrundlage für Unternehmenseinkommen abgebaut werden.

Die nationale Steuerpolitik steht jedoch auch unter dem wachsenden Druck durch die internationale Konkurrenz um Unternehmensstandorte. So konkurrieren beispielsweise viele osteuropäische Staaten neben Billiglöhnen mit Niedrigsteuern um die Ansiedlung neuer Unternehmen. Dieser Jobexport wird dazu noch durch die Gewährung steuerpolitischer Vorteile in Deutschland unterstützt. Die Steuerpolitik muss zur Verhinderung dieses Wettbewerbs um Standorte (→ Standortwettbewerb) durch Niedrigsteuern europäisiert werden. Ein erster wichtiger Schritt gilt der Festlegung einer Mindestbesteuerung in der EU. Längerfristig geht es um die Harmonisierung der Unternehmensbesteuerung im Binnenmarkt der EU. Immerhin ist in der EU mit der Umsetzung der 2005 in Kraft getretenen Richtlinie zur Besteuerung von Zinseinkünften ein wichtiger Schritt zum Austrocknen von → Steueroasen eingeleitet worden. Das Ziel, mit Steuern gegen Fehlentwicklungen durch die → Globalisierung anzugehen, gewinnt an Bedeutung. Vorrangig einzuführen sind globale Steuern. Dazu gehören die → Tobin-Steuer, mit der weltweit Devisentransaktionen besteuert werden, sowie eine Steuer auf Kerosin und ökologische Abgaben. Hierbei steht der Lenkungszweck mit Steuern im Vordergrund. Auch Mindestregeln der weltweiten Besteuerung sind einzuführen.

Rudolf Hickel

Zum Weiterlesen

Hickel, Rudolf (2004): Der Staat muss endlich wieder gestalten – Eine aktive Finanzpolitik für Arbeit, Umwelt und Gerechtigkeit, in: Hebel, Stephan/Kessler, Wolfgang (Hrsg.): Zukunft sozial. Wegweiser zu mehr Gerechtigkeit, Oberursel.

Hickel, Rudolf (2004): Die solidarische Einfachsteuer – Wie Attac und ver.di der Expertokratie Paroli bieten, in: Blätter für deutsche und internationale Politik 7.

Sachverständigenrat zur Begutachtung der gesamtwirtschaftlichen Entwicklung (2003): Jahresgutachten 2003/2004 (»Staatsfinanzen konsolidieren – Steuersystem reformieren«, insbesondere Abschnitt »Steuerpolitik: Vom Chaos zum System« im fünften Kapitel), Bundestagsdrucksache 15/2003 vom 14.11. 2003.

Sachverständigenrat zur Begutachtung der gesamtwirtschaftlichen Entwicklung (2004): Jahresgutachten 2004/05 (»Erfolge im Ausland – Herausforderungen im Inland«), Bundestagsdrucksache 15/4300 vom 18.11.2004.

Schratzenstaller, Margit (2002): Die Steuerreform der rot-grünen Bundesregierung 1998-2000, in: Eicker-Wolf, Kai (Hrsg.): »Deutschland auf den Weg gebracht« – Rot-grüne Wirtschafts- und Sozialpolitik zwischen Anspruch und Wirklichkeit, Marburg.

Steueroasen

Steueroasen sind Staaten und Territorien, die genutzt werden, um Steuern in einem anderen Staat in erheblichem Umfang zu hinterziehen oder zu vermeiden. Die OECD nennt als weitere Kriterien zur Identifikation von Steueroasen den Mangel an effektivem steuerlichem Informationsaustausch, Mangel an Transparenz des Rechts- und Verwaltungssystems sowie das Fehlen realer wirtschaftlicher Aktivitäten, etwa bei »Scheingeschäften« oder »Briefkastenfirmen«.

Die OECD erstellte im Jahr 2000 eine Liste von 35 Steueroasen, darunter Andorra, die Kaiman-Inseln, Jersey, Liechtenstein, die Britischen und die US-Jungferninseln und die Bahamas. Diese Liste greift aber zu kurz: Alle international genutzten Finanzzentren dienen im obigen Sinne als Steueroasen, darunter Zürich, New York, London, Tokio, Singapur, Luxemburg, Hongkong, Paris und Frankfurt. Einkommen aus Spareinlagen und aus anderen Kapitalanlagen von Steuerausländern bleiben faktisch meist steuerfrei. Einen effektiven Informationsaustausch mit deren Heimatfinanzämtern gibt es nicht. Einige Finanzzentren garantieren ihren Kunden zudem ein strenges steuerliches Bankgeheimnis.

Privatpersonen und transnationale Unternehmen nutzen die Steueroasen, damit ihre Spareinlagen und Wertpapiere steuersparend verwaltet werden. Die Gründung eigener Banken ist bei niedrigen Regulierungsstandards (»Offshore-Banking«) möglich, ebenso wie die Auflegung von Investmentfonds. Oasen-Firmen, Trusts oder andere spezialisierte Rechtsformen erlauben Eigentumsverhältnisse zu verschleiern. Schließlich bieten konzerninterne Oasen-Versicherungen »Captives«, Versicherungsprämien, die nach steuerlichen Erwägungen frei zu gestalten sind.

Der Begriff Steueroasen ist irreführend, weil er suggeriert, dass sie nur dem Vermeiden von Steuerzahlungen dienen. Tatsächlich aber werden sie auch benutzt, um juristische Regelungen von Staaten auszuhebeln. Es handelt sich also vielmehr um »Rechtsoasen«. Jede bietet einen eigenen Mix an Rechtsumgehungsmöglichkeiten an. Dazu gehören vor allem: Zuarbeit für die kriminelle Ökonomie, indem Einnahmen aus Korruption, Waffen-, Frauen- und Drogenhandel (→ Menschenhandel) etwa durch Briefkastenfirmen gewaschen werden (→ Geldwäsche); Umgehung von gesetzlichen Regeln der Finanzaufsicht oder des Datenschutzes; Ausweichen auf Billigflaggen im Schiffsverkehr mit miserablen Arbeitsbedingungen für das Personal und großen Gefahren für die Umwelt usw.

Der steuerliche Verlust durch die Steueroasen ist schwer bestimmbar. Er wird auf mindestens 255 Milliarden US-Dollar pro Jahr geschätzt, davon mindestens 50 Mrd. US-Dollar in Entwicklungsländern.

Angesichts der zunehmenden Globalisierung der → Finanzmärkte schränken Steueroasen den Regulierungsspielraum von Nationalstaaten wesentlich ein. Die Nationalstaaten selbst jedoch waren es, die die massive Nutzung von Steueroasen durch die → Liberalisierung des Kapitalverkehrs möglich machten. So dienen sie heute als scheinbarer Sachzwang, um den weiteren Abbau von Regelungen zu begründen (→ Deregulierung), die den Interessen von Kapitalanlegern zuwider laufen.

Seit den 1920er Jahren gibt es international koordinierte Maßnahmen, um die Probleme in den Griff zu bekommen. Auf Druck der OECD haben sich inzwischen die meisten Oasenländer von der OECD-Liste grundsätzlich bereit erklärt, auf Einzelanfrage steuerliche Informationen mit anderen Staaten auszutauschen. Unkooperativ in diesem Sinne zeigen sich dagegen Liberia, Liechtenstein, die Marshall-Inseln und Monaco. In der Praxis ist dieser Regulierungsversuch ähnlich wirkungslos geblieben wie die Bemühungen der EU. Das ist erstaunlich, sind doch die Oasenländer juristisch, politisch und wirtschaftlich abhängig. Ohne problemlosen Zugang zu den internationalen Finanzmärkten sind die Steueroasen zur Finanzanlage gänzlich ungeeignet. Es wäre für die Behörden der größten Finanzzentren ein Leichtes, die Steueroasen zu schließen. So gelang es den USA 2001 und 2002 auf der Suche nach Terrorgeldern problemlos, auch von den Ländern mit dem strengsten Bankgeheimnis Informationen zu bekommen. Die Drohung, sie komplett vom internationalen Finanznetz abzuschneiden, war völlig ausreichend.

Steueroasen sind ein Ergebnis politischen Handelns und keine ökonomischen Sachzwänge. Ohne die Tolerierung der mächtigsten Nationalstaaten sind sie nicht funktionsfähig.

Sven Giegold

Zum Weiterlesen

Giegold, Sven (2003): Steueroasen: trockenlegen!, AttacBasisTexte 4, Hamburg.

Giegold, Sven (2004): Symbolische Politik. Die Multilaterale Regulierung von Steuerflucht, WSI-Mitteilungen 12/2004.

Internationales Netzwerk Steuergerechtigkeit: www.taxjustice.net

OECD (1998): Harmful tax competition – an emerging global issue, Paris.

OECD Steuerabteilung: www.oecd.org/taxation

Oxfam (2000): Tax havens – releasing the hidden billions for poverty eradication, Oxford.

Tax Justice Network (2005): The price of offshore, http://www.taxjustice.net/e/press/Price_of_Offshore.pdf.

Strukturanpassung

Strukturanpassung bezeichnet das zentrale Paradigma, das sich seit Anfang der 1980er Jahre durchgesetzt und mehr oder weniger keynesianisch (→ Keynesianismus) inspirierte Vorstellungen der globalen Umverteilung von Nord nach Süd, verbunden mit Ansätzen der Grundbedürfnisbefriedigung und Armutsbekämpfung (McNamara, Eppler), verdrängt hatte. Wurde die nord-süd-politische Debatte bis dahin durch die Leitfrage bestimmt, wie weltwirtschaftliche Strukturen zu Gunsten der Entwicklungsländer verändert werden könnten (→ Weltwirtschaftsordnung), so galt seither die Maxime, dass sich die Länder des Südens den Erfordernissen der herrschenden Weltwirtschaftsordnung anzupassen hätten.

Möglich wurde die nahezu flächendeckende Durchsetzung dieses Konzepts im Süden (mit der Ausnahme weniger »weißer Flecken« etwa in Ostasien) vor dem Hintergrund der Schuldenkrise, die 1982ff. immer mehr Länder der Dritten Welt erfasste (und schwächte). Wesentliches Durchsetzungsinstrument wurde die durch den IWF und die Weltbank (→ Bretton-Woods-Institutionen) vertretene Strukturanpassungspolitik (SAP) und die damit einher gehende Strukturanpassungskonditionalität. Zu ihrer Einhaltung müssen sich diese Länder bis heute in umfänglichen »Letters of Intent« oder »Letters of Development« gegenüber dem IWF und der Weltbank verpflichten, um den Zugang zu den privaten Kapitalmärkten aufrechtzuerhalten. Vor allem dem IWF kommt hier eine »Gütesiegel«-Funktion zu.

Inhaltlich fasste Anfang der 1990er Jahre der britische Wirtschaftswissenschaftler John Williamson die wirtschafts- und gesellschaftspolitischen Grundsätze der SAP im so genannten → Washington Consensus zusammen. Wenngleich konzeptionell etwas breiter gefasst, wurde diese Politik doch im Wesentlichen durch den neoliberalen Dreiklang von → Privatisierung, → Liberalisierung und → Deregulierung bestimmt.

Ihre Umsetzung in den Schuldnerländern hatte wirtschaftspolitisch nur mäßige Erfolge aufzuweisen. Zwar gelang vor allem in Lateinamerika eine Eindämmung der Inflation, die Wachstumsraten und vor allem das Pro-Kopf-Wachstum waren in den 1990er Jahren jedoch oft negativ (teilweise als »Gesundschrumpfen« von Volkswirtschaften sogar erwünscht) oder stagnierten, während industriepolitisch eine weitgehende »Denationalisierung« der Ökonomien stattfand.

Besonders verheerend gestalteten sich die sozialen Konsequenzen der SAP: Erneute Zunahme der Massenarmut, wachsende Einkommenspolarisierung und sozialer Zerfall waren Folgen einer Politik, die sich schonungslos nur an monetären Größen ausrichtete.

Als Reaktion auf die offenkundigen Misserfolge der SAP wurde zunächst versucht, diese immanent durch eine zweite und dritte Generation von Strukturanpassungsprogrammen zu reformieren. Seit Anfang der 1990er Jahre rückte namentlich die Weltbank eine Strategie der Armutsbekämpfung in den Mittelpunkt ihrer Politik. Seit der Jahrhundertwende (Weltentwicklungsbericht 2000/1) vertritt die Bank ein mehrdimensionales Armutskonzept, das neben Einkommensarmut auch auf die Schaffung von mehr Möglichkeiten und das Empowerment für Arme sowie auf mehr soziale Sicherheit zielt.

Es ist jedoch irreführend, diese Modifikationen der SAP bereits als Politik des »Post-Washington-Consensus« zu bezeichnen. Statt dieser mit dem Namen des vorübergehenden Chefökonomen der Weltbank, Joseph Stiglitz, verbundenen Orientierung auf eine Überwindung der traditionellen SAP hat sich nach dessen Rücktritt vielmehr eine Art erweiterter Washington Consensus als Grundlage der SAP durchgesetzt, die voll an den neoliberalen makroökonomischen Stabilitätskriterien festhält und soziale Maßnahmen nur als nachgeordnete Ergänzung ansieht.

Das Scheitern der SAP und die oft mit ihrer Umsetzung verbundenen sozialen Unruhen (»Brotaufstände«) haben schon bald zur Frage nach Alternativen zur Strukturanpassung geführt. Wichtige Meilensteine dieser Diskussion waren die Orientierung auf eine »Strukturanpassung mit menschlichem Antlitz« (UNICEF), die Veröffentlichung eines Alternativrahmens zur orthodoxen SAP durch die UN-Wirtschaftskommission für Afrika Anfang der 1990er Jahre oder auch die heterodoxen wirtschaftspolitischen Ansätze im Rahmen des »Nuevo-Cepalismo« in Lateinamerika. Stärker auf die Partizipation von unten zielen die Alternativkonzepte, die → NROs entwickelt haben.

Rainer Falk

Zum Weiterlesen

Falk, Rainer (2004): Abschied von der Strukturanpassung? Die neue Vergabepolitik der Weltbank, in: Widerspruch. Beiträge zu sozialistischer Politik, Heft 47, Zürich.

Informationsbrief Weltwirtschaft & Entwicklung (W&E), monatlicher Dienst, fortlaufend, siehe www.weltwirtschaft-und-entwicklung.org

Kuczynski, Pedro-Pablo/Williamson, John (eds.) (2003): After the Washington Consensus. Restarting Growth and Reform in Latin America, Institute for International Economics, Washington D.C.

SAPRIN, 2004: Structural Adjustment: The SAPRI Report. The Policy Roots of Economic Crisis, Poverty and Inequality, London.

Tobin-Steuer

Mit der nach dem Wirtschaftsnobelpreisträger James Tobin (1918-2002) benannten Steuer sollen Devisentransaktionen besteuert werden. Tobin machte seinen Vorschlag 1972 vor dem Hintergrund des Zusammenbruchs des Systems der festen Wechselkurse, das seit Ende des Zweiten Weltkriegs die Grundlage des internationalen Finanzsystems war. Er befürchtete – zu Recht, wie sich zeigte –, dass mit der Freigabe der Wechselkurse die Währungsspekulation dramatisch anwachsen würde. Damit würden Finanzmittel absorbiert, die bei Realinvestitionen fehlen, zudem würden die Volatilität (Schwankungsintensität der Kurse) und die systemischen Risiken erhöht. Mit der Steuer sollte »Sand ins Getriebe« geworfen und Spekulation eingedämmt werden.

Die Spekulation wuchs tatsächlich explosionsartig. Heute werden börsentäglich Transaktionen in Billionenhöhe – 2005 ca. 1,9 Billionen (1.900 Mrd.) US-Dollar – getätigt. Weniger als 3% dienen der unmittelbaren Finanzierung von Handel und Investitionen, ca. 20% der Absicherung von realwirtschaftlichen Geschäften gegen das Wechselkursrisiko. Die übrigen 80% sind Arbitrage- oder Spekulationsgeschäfte. Bei letzteren geht es darum, auf Wechselkurs-, Zins- und Wertpapierkursschwankungen zu spekulieren. Beim Einsatz von Geldmassen in der Größenordnung von Hunderten von Millionen wirft eine Wechselkursveränderung von einem Basispunkt (das entspricht 0,01%) bereits einen Profit in Millionenhöhe ab. Es ist hier eine Möglichkeit entstanden, hohe Gewinne zu machen, die ihren Ursprung genuin in der → Globalisierung, d.h. der → Liberalisierung und → Deregulierung der → Finanzmärkte haben.

Bereits eine geringfügige Besteuerung würde einen Teil der Transaktionen unrentabel machen. Die Steuer fiele sowohl beim Kauf als auch beim Verkauf an, d.h. ein einmaliger Hin- und Rücktransfer (Round trip) würde bei einem Steuersatz von 0,25% mit einem halben Prozent besteuert. Die Anzahl der Transaktionen, die Überliquidität und die Volatilität gingen zurück. Das aus gesamtwirtschaftlicher Sicht schädliche »hot money« würde abgeschreckt, ohne dass die Kapitalströme gänzlich unterbunden werden. Die Steuer wirkt also wie ein Filter, denn für Realinvestitionen und Handel, für deren Abwicklung eine Devisentransaktion nur einmal notwendig ist, fällt die Steuer nicht ins Gewicht. Überdies sinken die Kosten für die Absicherung gegen das Wechselkursrisiko (hedging → Hedge-Fonds).

Da die Tobin-Steuer zu niedrig ist, um auch bei spekulativen Attacken zu wirken, vertreten die meisten ihrer Befürworter inzwischen die Variante des deutschen Finanzwissenschaftlers Spahn. Demnach besteht die Steuer aus zwei Teilen: der Tobin-Steuer und einer Wechselkursstabilisierungsabgabe. Die erste Stufe mit einem sehr geringen Steuersatz von einem Basispunkt greift bei normalen Wechselkursschwankungen, die sich innerhalb eines Korridors tolerierter Schwankungen bewegen. Wenn die Kursausschläge den Korridor überschreiten, tritt die zweite Stufe in Kraft. Der über den Normalkurs hinausgehende Spekulationsgewinn wird völlig weggesteuert. Der Mittelkurs des Korridors ergibt sich aus dem Durchschnitt der vorherigen Monate.

Die Erhebung folgt vollautomatisch über die bestehenden Zahlungsausgleichsysteme wie das der Continuous Link Settlement Bank. Umgehungsversuche sind unwahrscheinlich, da sie teurer kommen als die Steuer. Eine unilaterale Einführung in Europa wäre möglich. Bei einem Steuersatz von 0,02% wie ihn das belgische Gesetz zur Tobin-Steuer vorsieht, würde ein Aufkommen von 30 Mrd. Euro entstehen. Verteilungspolitisch trifft die Steuer nur institutionelle Anleger und reiche Privatpersonen. Das Steueraufkommen soll in einen von der UN verwalteten Fonds fließen und für Umwelt und Entwicklung verwendet werden.

Die Steuer findet zunehmend politische Unterstützung. Nach einem Beschluss der französischen Nationalversammlung 2001 hat das belgische Parlament 2004 ein Gesetz für die Steuer beschlossen. Beide allerdings unter der Voraussetzung, dass sich die übrigen EU-Mitglieder anschließen. Auch die »Enquête-Kommission Globalisierung« des Bundestages befürwortet die Tobin-Steuer und plädiert für eine unilaterale Einführung in Europa, solange kein internationaler Konsens zu erzielen ist, denn vor allem die USA sind vehementer Gegner der Steuer. Im Rahmen der Diskussion um die Entwicklungsfinanzierung ist die Steuer auch in der UNO im Gespräch. Prominente Unterstützer sind u.a. der französische Staatspräsident Jacques Chirac, der Großspekulant George Soros und der Wirtschaftsnobelpreisträger Joseph Stiglitz. Die Forderung nach der Steuer war 1998 Anlass für die Gründung des globalisierungskritischen Netzwerks Attac.

Peter Wahl

Zum Weiterlesen

Landau, Jean Pierre (2004): Les nouvelles contributions financières internationales, Rapport au Président de la République, Paris.

Spahn, Paul Bernd (2002): Zur Durchführbarkeit einer Devisentransaktionssteuer, Studie im Auftrag des BMZ, Bonn und Frankfurt/M.

Wahl, Peter/Waldow, Peter (2002): Tobinsteuer: Kapital braucht Kontrolle, AttacBasisTexte 3, Hamburg.

Tourismus

Der Tourismus gilt in ökonomischer wie kultureller Hinsicht als Vorreiter der → Globalisierung: Die frühen Handelswege folgten den Routen der Pilger und Expeditionsreisen, der kolonialen Eroberung des Südens ging die geografische und ethnologische Aneignung der Fremde voraus. Immer schnellere Transportmittel verdichten Raum und Zeit, ohne menschliche Mobilität sind kulturelle Austauschprozesse kaum denkbar. Als weltweit größter Wirtschaftssektor mit knapp 760 Millionen grenzüberschreitenden Reisen in 2004 und einer Steigerungsrate von 10% (der höchsten seit 20 Jahren) propagieren Entwicklungsagenturen den Tourismus als Instrument zur Bekämpfung der → Armut und zur Finanzierung von Naturschutz.

Schon in den 1960er Jahren galt die »Weiße Industrie ohne Schornsteine« als Devisenbringer für den Süden – so wurde Tourismus gefördert, nicht zuletzt, um die Schuldendienste bedienen zu können. Doch erweisen sich Investitionen in den Tourismus langfristig oft als Schuldenfalle. Die Rückflüsse (Leakages) in Form von Importen von Luxusgütern oder Leistungen durch nicht ortsansässige Anbieter erreichen je nach Destination eine Größenordnung von 50-80%. Die oft über Kredite finanzierten Vorleistungen (Straßen, Flug- und Yachthäfen, Wasser- und Energieversorgung, Sicherungsdienste) belasten die Staatskassen. Die Tendenz zur Konzentration von Transport, Unterkunft und Reiseleitung bei einem Unternehmen und die Zunahme an All-inclusive-Reisen vermindern die Verdienstmöglichkeiten von KleinhändlerInnen in den Zielländern. Mit der touristischen Erschließung von Küsten und Bergen oder alten Stadtzentren gingen auch → Privatisierung und Vertreibung einher – und damit eine Vernichtung von Arbeitsplätzen im Subsistenzbereich infolge eingeschränkter Landnutzungsrechte der lokalen Gemeinden. Der Transfer von Gewinnen in die Herkunftsländer der TouristInnen und der Kontrollverlust der Bevölkerung über öffentliche Güter sorgten für eine Zunahme sozialer Disparitäten selbst in boomenden touristischen Regionen.

Seit 1995 haben über 120 der 148 Mitgliedsstaaten der → WTO mindestens eine der vier im → GATS definierten Reisedienstleistungen liberalisiert, was zu einem globalen Überangebot an touristischen Dienstleistungen und so zu verschärfter Konkurrenz und Austauschbarkeit gerade der Ziele im Süden untereinander geführt hat. Nicht ausgelastete Hotelkapazitäten sind der Grund für die Last-minute-Schnäppchen. Das Preisdumping wird an die lokalen Anbieter (Zulieferer, Reiseleiter, Hotelbesitzer) weitergegeben. Die Arbeitsbedingungen sind prekär und die Löhne liegen bis zu 20% unter dem

Durchschnitt anderer Tätigkeiten. Die Krisenanfälligkeit des Sektors für Naturkatastrophen, Terroranschläge, SARS und Vogelgrippe verschärfen diese ökonomischen Zwänge.

Indessen verspricht sich die Branche von einer Inwertsetzung kultureller Differenzen Wettbewerbsvorteile. Die ökonomisch motivierte Suche nach Nischenprodukten bewirkte die Integration randständiger Regionen in die touristische Wertschöpfungskette. Der (post)koloniale Charakter dieser Strategie äußert sich in einem »Pick-and-mix«-Verhalten der Veranstalter, aber auch der Reisenden. Schließlich leben Fernreisen von dem Versprechen, Globalisierung erfahrbar zu machen oder die eigene Biografie mit einem kulturellen Mehrwert zu versehen. Die Begegnung mit »fremden Kulturen« wird idealisiert und die Warenförmigkeit der Beziehung zwischen Reisenden und touristischen DienstleisterInnen, meist Strand- und StraßenhändlerInnen, Prostituierte, Restaurantbesitzer, FremdenführerInnen und Taxifahrer, verkannt. Sicher mag deren relative Autonomie und auch ihre Mobilität – viele von ihnen sind migrantische Arbeitskräfte von transnationaler Herkunft und leben in kulturellen Mehrfachbezügen – die ehemals weit verbreitete Kritik der Kulturzerstörung durch Tourismus und die Sicht auf die »Bereisten als Opfer« widerlegen. Doch damit ist das Machtverhältnis keineswegs gebrochen. Der hegemoniale Charakter des Tourismus trat deutlich hervor, als die (meist burmesischen) SexarbeiterInnen in Thailand, das mit dem Slogan vom Land des Lächelns wirbt, nach dem Tsunami von Hilfeleistungen ausgeschlossen und abgeschoben wurden. Die zum touristischen Blick passenden Fischergemeinden erhielten indessen in medial inszenierten Übergabeaktionen Boote und Spendengelder, während sie andernorts vertrieben und das Land an touristische Investoren vergeben wurde. Die »Reise als Spende für den Wiederaufbau« steht angesichts des Vertuschens dieser Realitäten symptomatisch für das diskursive und materielle Machtverhältnis im Ferntourismus.

Martina Backes

Zum Weiterlesen

Backes, Martina/Goethe, Tina/Günther, Stephan/Magg, Rosaly (Hrsg.) (2002): Im Handgepäck Rassismus. iz3w, Freiburg.

FernWeh/Asienhaus Essen (2005): Ready for Tourism? Wiederaufbau nach dem Tsunami in Südthailand, Essen.

Peripherie 89 (2003): Tourismus, Münster.

Stock, Christian (1997): Trouble in Paradise. Freiburg.

Urry, John (1990): The tourist gaze, London.

TRIPS

Das Abkommen über »handelsbezogene Aspekte der Rechte am geistigen Eigentum« (Trade-Related Aspects of Intellectual Property Rights – TRIPs) ist neben dem Allgemeinen Zoll- und Handelsabkommen (GATT) und dem Abkommen über den Handel mit Dienstleistungen (→ GATS) das dritte multilaterale Abkommen unter dem Dach der Welthandelsorganisation → WTO. Es beinhaltet Mindeststandards für den Schutz geistigen Eigentums und trat 1995 in Kraft.

Geistiges Eigentum kann durch verschiedene Rechtsformen geschützt werden. Einen sehr starken und langfristigen Schutz bietet das Patent, ein Schutzrecht für neue Erfindungen. Es gestattet dem Inhaber die gewerbliche Verwertung seiner Erfindung und schließt andere hiervon aus. Patente sind etwa für Pharma-Unternehmen von Bedeutung. Im Software- und Medienbereich spielt das Urheberrecht (Copyright) eine wichtige Rolle, insofern es die Vervielfältigung von Computer-Programmen, Texten oder Musik verbietet. Ferner wird geistiges Eigentum durch Markenrechte, Sortenschutzrechte und Rechte an geografischen Angaben in Produktnamen (z.B. »Champagner«) geschützt.

Vor Inkrafttreten des TRIPs-Abkommens schützten mehrere von der Weltorganisation für geistiges Eigentum (World Intellectual Property Organization – WIPO) verwaltete Abkommen mit unterschiedlichen Teilnehmerkreisen das geistige Eigentum auf internationaler Ebene. Von diesen unterscheidet sich das TRIPs-Abkommen dadurch, dass es den Schutz geistigen Eigentums für alle WTO-Mitglieder verbindlich und gleichzeitig einklagbar macht. Denn im Unterschied zur WIPO verfügt die WTO über einen Streitschlichtungsmechanismus mit der Möglichkeit, Sanktionen zu verhängen.

Hier liegt denn auch der Grund dafür, dass die für ein Handelsabkommen eigentlich sachfremde Materie der IPRs (Intellectual Property Rights) in der WTO verankert wurde: In der so genannten Informationsökonomie gewinnen die »immateriellen« Bestandteile eines Produkts, d.h. das in einer Ware oder Dienstleistung vergegenständlichte Wissen, an Bedeutung. Ihre Erzeugung kann sehr aufwändig sein (siehe die Entwicklung eines neuen Medikaments oder die Züchtung einer Pflanzensorte), ihre Reproduktion ist dagegen oft ohne Probleme in vergleichsweise kurzer Zeit möglich (siehe die Herstellung eines Generikums oder die Vermehrung einer Pflanzensorte). Dies wurde für Unternehmen z.B. der Pharma- und Saatgutindustrie umso mehr zum Problem, wie sie mit ihren Produkten nicht nur die eigentumsrechtlich bestens geschützten Märkte der Industrieländer, sondern auch die Märkte der Entwicklungs- und Schwellenländer zu durchdringen versuchten, auf denen oft weit weniger rigide IPRs existierten. Diese Unternehmen waren es denn auch, die sich über die Regierungen der Industrieländer und gegen den Widerstand der Entwicklungsländer erfolgreich für das Zustandekommen des TRIPs-Abkommens einsetzten.

Starke IPRs werden als Voraussetzung für die Entwicklung und Verbreitung neuer Technologien betrachtet. Dem lässt sich entgegen halten, dass sie den Zugang zu Informationen verhindern bzw. verteuern und dadurch ebenso zum Innovationshemmnis (→ Innovation) werden können. Außerdem ist die Erzeugung von Wissen ein hochgradig vergesellschafteter Prozess. Es ist schwierig bis unmöglich, die Beiträge einzelner Akteure an einer Erfindung zu quantifizieren. So betrachtet erscheinen IPRs als ein besonders perfides Instrument der privaten Aneignung gesellschaftlich produzierten Reichtums.

Die Einwände gegen das TRIPs-Abkommen machen sich z.B. an dem umstrittenen Artikel 27.3 (b) fest. Dieser regelt den Schutz geistigen Eigentums an lebender Materie. Zahlreiche NROs und soziale Bewegungen aus Süd und Nord, aber auch viele Regierungsvertreter aus Entwicklungsländern, sehen in ihm einen Türöffner für die Biopiraterie, d.h. für die private Aneignung und Kommerzialisierung von genetischen Ressourcen des Südens. Im Zuge der 1999 begonnenen Verhandlungen zur Revision des Artikels artikulieren sich Forderungen wie die nach einem generellen Verbot von Patenten auf Leben oder nach einer Stärkung kleinbäuerlicher Rechte deutlicher als zuvor. Von Seiten einiger Industrieländer wird deshalb versucht, weitere Schritte zu einer Verschärfung des geistigen Eigentumsschutzes auf internationaler Ebene nunmehr wieder auf dem weniger politisierten, scheinbar »technischen« Terrain der WIPO zurückzulegen.

Markus Wissen

Zum Weiterlesen

Bödeker, Sebastian/Moldenhauer, Oliver/Rubbel, Benedikt (2005): Wissensallmende. Gegen die Privatisierung des Wissens der Welt. AttacBasisTexte 15, Hamburg.

Correa, Carlos (2000): Intellectual Property Rights, the WTO and Developing Countries. The TRIPs Agreement and Policy Options. London/New York.

May, Christopher (2000): A Global Political Economy of Intellectual Property Rights. The New Enclosures? London/New York.

Wissen, Markus (2003): TRIPs, TRIPs-plus und WIPO. Konflikte um die Eigentumsrechte an genetischen Ressourcen, in: Ulrich Brand/Christoph Görg: Postfordistische Naturverhältnisse. Konflikte um genetische Ressourcen und die Internationalisierung des Staates, Münster, S. 128-155.

Unternehmensverantwortung

Seit Anfang des 20. Jahrhunderts gibt es Debatten über eine soziale und ethische Verantwortung der Unternehmen. Aktualität erhielt diese Diskussion in den 1980er und besonders im Verlauf der 1990er Jahre, seitdem die Unternehmen der Industrieländer verstärkt Direktinvestitionen in Entwicklungsländern tätigen und den Aufbau von transnationalen Produktionsnetzen bzw. Zuliefernetzwerken forcieren. Unterschiedliche Gruppen der → Zivilgesellschaft kritisieren, dass → Multinationale Konzerne zu Niedriglohnbedingungen in den Ländern des globalen Südens produzieren lassen und niedrigere Auflagen in den nationalen Arbeits- und Umweltrechtsnormen ausnutzen oder nationale Gesetzgebung missachten. Sie stellen die Frage nach einheitlichen Standards für unterschiedliche Produktionsstandorte und fordern neue Formen der politischen Regulation von Arbeits-, Sozial- und Umweltstandards auf der internationalen Ebene. Dies ist freilich ein heiß umkämpftes Terrain: Traditionelle Formen der politischen Regulation befinden sich im Umbruch, nationalstaatliches Recht greift nicht weit genug für multinational agierende Unternehmen. International verbindliche rechtliche Instanzen wurden jedoch bislang kaum entwickelt. Vor diesem Hintergrund ist eine Verschiebung staatlicher Rechtsverpflichtungen auf private Akteure zu beobachten, die zunehmend auf freiwillige Vereinbarungen wie Verhaltenskodizes setzen.

Die politische Rolle klassischer Regulierungsinstanzen wie der Internationalen Arbeitsorganisation (ILO) ist damit in Frage gestellt. Diese setzt sich für die weltweite Durchsetzung von Sozialstandards und deren Umsetzung in nationales Recht ein und reagierte auf den deutlichen Rückgang der Ratifizierung neuer Konventionen seit den 1980er Jahren mit der Definition von acht Kernarbeitsnormen. Die Gewerkschaften forderten die Einbindung dieser Normen in die Handelsverträge der → WTO, scheiterten jedoch mit diesem Projekt. Rechtsverbindliche Sozialklauseln fanden allerdings Eingang in regionale Handelsabkommen.

Internationale Organisationen wie UNO, OECD oder ILO versuchten in den letzten Jahren, Arbeits- und Sozialstandards durch die Formulierung von Handlungsleitsätzen für Unternehmen zu regulieren. Die Kernarbeitsnormen sind dafür ein wichtiger Bezugspunkt, etwa für den Global Compact, ein von der UNO gegründetes internationales Netzwerk, das mittlerweile von 1300 Unternehmen unterzeichnet wurde. Es hat allerdings keinerlei bindende Wirkung. Bedeutender sind die OECD-Leitsätze. Die Leitsätze beinhalten Themen wie → Menschenrechte, Arbeitsnormen, Umweltschutz, Korruptionsbekämpfung, Wettbewerb, Verbraucherinteressen und Besteuerung. Für die Unternehmen gilt zwar auch hier das Prinzip der Freiwilligkeit, allerdings haben sich die Regierungen verpflichtet, die Implementierung voranzutreiben. Dafür wurden u.a. nationale Kontaktstellen eingerichtet, an denen Unternehmensverbände, Gewerkschaftsverbände und → NGOs beteiligt werden können. Die Kontroll- und Sanktionsmöglichkeiten sind beschränkt.

Die Unternehmen sperren sich überwiegend gegen einheitliche internationale Regeln, viele setzen dagegen auf so genannte Verhaltenskodizes. Das sind freiwillige, individuelle Selbstverpflichtungserklärungen zu sozialer und ökologischer Verantwortung. Davon zu unterscheiden sind Modellkodizes und Rahmenvereinbarungen, die von Gewerkschaften und NGOs bzw. durch Kooperation mit Teilen der Zivilgesellschaft entwickelt wurden. Solche Kodizes haben sich vor allem in der Textil- und Bekleidungsbranche, dem Handel sowie der Chemie- und Lebensmittelindustrie verbreitet (z.B. der Modellkodex, den die Kampagne Saubere Kleidung ausgehandelt hat).

Auseinandersetzungen gibt es insbesondere über die Einbeziehung von Tochtergesellschaften bzw. der Zulieferketten in die Verpflichtungen sowie über die Umsetzungskontrolle der Kodizes und Sanktionsverfahren. Das Spektrum reicht von unternehmenseigenem Monitoring über externe Auditoren wie professionelle Zertifizierungsunternehmen bis hin zum Einbezug unabhängiger Akteure wie Gewerkschaften, NGOs oder staatliche Organe.

Die Nützlichkeit und Reichweite von Verhaltenskodizes wird bei Gewerkschaften und NGOs kontrovers diskutiert. Während einige sie als wichtiges Instrument befürworten und auf Beispiele einer erfolgreichen Umsetzung verweisen, halten sie andere für vage Absichtserklärungen, die kaum zu kontrollieren sind. Diese stellen die Notwendigkeit einer breiten Kampagne gesellschaftlicher Gruppen zur Durchsetzung von besseren Beschäftigungsbedingungen und ökologischen Standards in den Mittelpunkt und fordern insbesondere das Recht auf Organisation der Beschäftigten selbst.

Martina Sproll

Zum Weiterlesen

Musiolek, Bettina (Hrsg.) (1999): Gezähmte Modemultis. Verhaltenskodices: ein Modell zur Durchsetzung von Arbeitsrechten? Eine kritische Bilanz, Frankfurt/M./Wien.

OECD (Hrsg.) (2004): Annual Report on the OECD Guidelines, Paris.

Scherrer, Christoph/Greven, Thomas/Frank, Volker (1998): Sozialklauseln, Schriftenreihe Hans Böckler Stiftung, Münster.

Urminsky, Michael (2001): Self-regulation in the workplace: Codes of conduct, social labelling and socially responsible investment, ILO, MCC Working Paper No. 1, Geneva.

Wachstum

Bis zum Ende des 18. Jahrhunderts betrug das Wirtschaftswachstum ca. 0,2% im Jahr; es beruhte in allererster Linie auf der Zunahme der Bevölkerung. Seit der industriellen Revolution jedoch ist Wachstum vor allem eine Folge der Steigerung der Produktivität der → Arbeit. Deren Grundlagen sind die systematische Nutzung von Wissenschaft und Technik, die soziale Organisation der kapitalistischen Mehrwertproduktion und last not least der Einsatz der fossilen Energieträger. Kohle und später Erdöl und Erdgas erlauben die Vervielfachung der biotischen Energien. Jeder Arbeiter erhält nun Hunderte von »Energiesklaven« oder »Pferdestärken« zugeordnet. Die industrielle Revolution ist daher zugleich eine fossile Revolution. Der Reichtum an fossilen Energiereserven wird in eine Steigerung des Wohlstands der Nationen umgesetzt. Von 1820 bis 1998 kann das Wachstum der Pro-Kopf-Einkommen auf jahresdurchschnittlich 2,21% verzehnfacht werden.

In Westeuropa beträgt das durchschnittliche Pro-Kopf-Einkommen im Jahre 1998 17.921 US-Dollar, in den USA und Kanada liegt es bei 26.146 US-Dollar. In Asien (ohne Japan) beträgt es aber nur 2.936 US-Dollar, und Afrika hinkt mit 1.368 US-Dollar hinterher. Der Wohlstand hat zugenommen. Doch die Ungleichheit der Verteilung ist ebenfalls größer geworden.

Die klassische Ökonomie beschäftigte sich mit dem Wohlstand und seiner Verteilung, nicht aber mit Wachstum. Die Ausführungen von Marx zur erweiterten Reproduktion werden später eine der Quellen moderner Wachstumstheorie. Doch eine Beschäftigung mit Wachstumsproblemen sucht man bei Marx vergeblich. Auch die Neoklassik des 19. Jahrhunderts und die Wohlfahrtstheorie des frühen 20. Jahrhunderts gehen auf Fragen des Wachstums allenfalls am Rande ein. Die Verteilung des Kuchens ist ihnen wichtiger als dessen Größe.

Wachstum wird erst in den Debatten der 1920er Jahre über die Planung in der frühen Sowjetunion thematisiert, und nicht zufällig stammt eine der ersten expliziten Wachstumstheorien von einem Sowjetökonomen, von G.A. Feldman. Nach der keynesianischen (→ Keynesianismus) makroökonomischen Wende kommt die Wachstumsfrage auch in der ökonomischen Theorie auf die Agenda, zumal inzwischen der »Systemwettbewerb« ausgebrochen ist. Wachstum wird zum Fetisch, dessen Lebenssaft aus fossilen Energieträgern besteht. So lange das Erdöl fließt, werden auch die unter Ökonomen verbreiteten absurden Annahmen über endloses und »triumphierendes« Wachstum eine gewisse Plausibilität für sich beanspruchen können. Der Wachstumsbegriff setzt sich durch. Er ist heute so selbstverständlich, dass niemand ihn hinterfragt, zuallerletzt die Ökonomen. Freilich stößt Wachstum an Grenzen. Es ist ja das Resultat eines realen Prozesses von Energie- und Stofftransformationen, für die harte thermodynamische Gesetze gelten. Weil Erdöl, das Antriebsmittel des westlichen Wohlstandsmodells, knapp wird, sind erstens Konflikte um die Verfügung über die knappen Reserven unvermeidlich, es sei denn, es wird in Richtung eines anderen Energiemodells umgesteuert. Zweitens führt die Verbrennung der fossilen Energieträger zum Treibhauseffekt, der bedrohliche Dimensionen annehmen kann. Um die Aufheizung der Erdatmosphäre anzuhalten, muss von Wachstum und Beschleunigung in Richtung »Entschleunigung« umgesteuert werden. Diese Strategie verlangt nicht nur eine andere technische Infrastruktur, sondern auch eine Umgestaltung der Ökonomie und Gesellschaft.

Es gibt neben den ökologischen auch finanzielle Grenzen des Wachstums. Die »harte Budgetrestriktion« der Zinsen erzwingt sehr hohes Wachstum, stellt aber zugleich eine so extreme Überforderung dar, dass wachstumswirksame Investitionen in der realen Wirtschaft gar nicht oder nur unzureichend finanzierbar sind. So wird infolge der Abhängigkeit von Investitionen von der Rentabilität und wegen der Beeinflussung der Rentabilitätskalkulation durch Renditen auf globalen Finanzmärkten das Gegenteil dessen erreicht, was mit Investitionen beabsichtigt wird: statt positivem Wachstum dessen Stagnation. Es ist also davon auszugehen, dass die Zeiten hohen Wachstums vorbei sind. Dieser Sachlage haben sich die Diskurse aber noch gar nicht angepasst. Noch immer wird Wachstum als Lösung aller Probleme betrachtet und nicht als auslösender Prozess vieler Probleme, mit denen sich die Menschheit beschäftigen muss.

Elmar Altvater

Zum Weiterlesen

Altvater, Elmar (2002): The Growth Obsession, in: Panitch, Leo/Leys, Colin (ed.): Socialist Register 2002: A World of Contradictions, London, S. 73-92

Luks, Fred (2001): Die Zukunft des Wachstums. Theoriegeschichte. Nachhaltigkeit und die Perspektiven einer neuen Wirtschaft, Marburg.

Maddison, Angus (2001): The World Economy: A Millennial Perspective, Paris.

Mishan, E.J. (1980): Die Wachstumsdebatte. Wachstum zwischen Wirtschaft und Ökologie, Stuttgart.

Müller-Plantenberg, Urs (1998). Zukunftsverbrauch. Probleme internationaler Verteilung und sozialer Gerechtigkeit, in: Heinrich, Michael/Messner, Dirk (Hrsg.): Globalisierung und Perspektiven linker Politik, Münster, S. 321-340.

Politische Ökologie, 18. Jg., Heft 66, August/September 2000: Jenseits des Wachstums.

Währungspolitik

Seit Beginn der 1990er Jahre sehen sich Entwicklungs- und Schwellenländer zunehmendem Druck ausgesetzt, weit reichende → Liberalisierungen ihrer Märkte vorzunehmen. Im Bereich der internationalen Handelspolitik wurde dieser Prozess vorangetrieben durch multilaterale Verhandlungen und die Einbindung der Länder in das komplexe multilaterale Regelwerk der Welthandelsorganisation (→ WTO). Auf die mindestens ebenso dringende Frage nach der Einbindung in ein geeignetes Währungssystem werden den Entwicklungs- und Schwellenländern jedoch weiterhin lediglich unilaterale Lösungsvorschläge angeboten. Die in den 1990er Jahren gängige These, dargeboten etwa vom ehemaligen US-Finanzminister Larry Summers, stellt lapidar fest, dass nur solche Währungssysteme krisensicher sind, die sich in den »Ecken« des möglichen Kontinuums zwischen absolut festen Wechselkursen (hard pegs) und frei schwankenden Kursen (floating) befinden.

Diese Ecklösungen (corner solutions) stellen vor allem auf die Stabilität der Finanzbeziehungen zwischen Schuldner und Gläubiger ab und ignorieren die Bedeutung von fundamentalen Ungleichgewichten für das Entstehen von Krisen und Verschuldung. Konkret: Die Ecklösung absolut fester Wechselkurse mag den Einfluss spekulativer Kapitalströme in Entwicklungs- und Schwellenländern minimieren. Die andere »Ecke« flexibler Kurse mag helfen, die »Einladungen« an Spekulanten im Sinne sicherer Wetten in Krisensituationen in Grenzen zu halten. Wie aber diese Länder unter den Bedingungen der → Globalisierung ihre → Wettbewerbsfähigkeit, im Sinne der Konstanz des realen Wechselkurses, erhalten, Jobs und → Wachstum schaffen sowie Konvergenz bei der internen Geldentwertung (Inflation) gegenüber den Industrieländern erreichen sollen, können die corner solutions nicht beantworten. Im Gegenteil, da die Empfehlung, eine Ecke zu wählen, nicht mit Rücksicht auf die geografische Lage des Landes und das Währungssystem der Nachbarn gegeben wird, entstehen durch das Nebeneinander beider Systeme Widersprüche und Konflikte, die, wie Brasilien und Argentinien gezeigt haben, Handel und Entwicklung in erheblichem Maße beeinträchtigen. Ecklösungen stellen daher keine geeignete Empfehlung für Entwicklungsländer dar.

Man kann sich des Eindrucks nicht erwehren, dass die Motive für die Präferenz der Ecklösungen bei den großen Ländern weniger in einem wirtschaftlichen als in einem politischen Kalkül liegen. Beide Varianten bieten nämlich scheinbar eine nationale Lösung für ein internationales Problem. Bei beiden Ecken kann das betroffene Entwicklungs- oder Schwellenland der Theorie nach seine Grenzen vollständig für Kapital jeder Fristigkeit öffnen, ohne dass es der Mithilfe anderer Staaten wie der großen Reservewährungsländer bedürfte.

Doch so einfach ist die Welt leider nicht. Der Wechselkurs einer Währung ist kein unilaterales, sondern per Definition ein multilaterales Phänomen. Sinkt irgendwo auf der Welt der reale Wert einer Währung und hilft einem Land, seine Exporte zu steigern und seine Importabhängigkeit zu verringern, geschieht logischerweise woanders genau das Gegenteil, ob das in die wirtschaftspolitische Strategie des betroffenen Landes passt oder nicht. Gehen Wechselkursänderungen weit über die Inflationsdifferenzen zwischen Ländern hinaus, wird der Handel zwischen ihnen massiv beeinträchtigt, gute Unternehmen im aufwertenden Land müssen aufgeben, schlechte im abwertenden überleben, das Realeinkommen sinkt weltweit. Wer Länder in die Ecke absolut fester oder absolut flexibler Kurse drängt, will mit diesen unilateralen Varianten vielleicht nur ablenken von der Verantwortung, die er bei jedem anderen multilateral organisierten System übernehmen müsste. Bei allen vernünftigen Mittel- und Verbindungswegen wie zum Beispiel einem Ankersystem mit multilateraler Überwachung nach Vorbild des Europäischen Währungssystems (EWS) müssen nämlich auch die Reservewährungsländer eine gewisse Verantwortung für die Funktionsweise des gesamten Systems übernehmen und damit explizit zugestehen, dass es für niemanden geldpolitische Autonomie in einer offenen Weltwirtschaft geben kann.

Solange eine globale Lösung für das Währungssystem außer Reichweite ist, wäre schon viel gewonnen, wenn es in Teilen der Welt zur Kooperation von Ländergruppen mit dem Ziel käme, einheitliche Währungsverhältnisse zu schaffen. Nur wenn das gelingt und die dann entstehenden großen Währungsblocks auch untereinander ihre Wechselkurse stabilisieren, können die globalisierten Märkte die Vorteile bringen, die man versprochen hat.

Heiner Flassbeck (mit Dank an Johann Jäckel)

Zum Weiterlesen

Summers, Larry (2000): International Financial Crises: Causes, Prevention, and Cures. American Economic Review, 90 (2), S. 1-16.

UNCTAD (2001): Trade and Development Report: Global Trends and Prospects – Financial Architecture.

UNCTAD (2004): Trade and Development Report: Policy Coherence, Development Strategies and Integration into the World Economy.

Washington Consensus

Der Begriff des Washington Consensus bezieht sich auf das wirtschaftspolitische Fundament der hochumstrittenen → Strukturanpassungspolitik, mit der die → Bretton-Woods-Institutionen (BWI) in mehr als 80 Ländern des Südens ein exportorientiertes Entwicklungsmodell durchgesetzt haben.

John Williamson vom Institute for International Economics (Washington) brachte den Begriff 1989 in die Diskussion ein. Er wollte damit den wirtschaftspolitischen Konsens auf den Punkt bringen, der sich in Reaktion auf die Schuldenkrise der 1980er Jahre bei den einflussreichen finanz- und wirtschaftspolitischen Eliten Washingtons sowie bei Regierungen anderer Industrieländer gebildet hatte. Die hohen Inflationsraten und die hohe Verschuldung der öffentlichen Hand, mit denen Schuldnerländer wie Brasilien und Mexiko in den 1980er Jahren zu kämpfen hatten, wurden als Ergebnis fehlgeleiteter staatlicher Intervention angesehen. Williamson identifizierte zehn zentrale »Politikempfehlungen« des Washington Consensus, mit denen die Schuldnerländer die Schuldenkrise überwinden sollten: Herstellung fiskalpolitischer Disziplin durch die Verringerung staatlicher Ausgaben; Umstrukturierung der öffentlichen Ausgaben zu Gunsten von Gesundheitsvorsorge, Bildung und Infrastruktur; eine auf die Senkung der Progression und eine Verbreiterung der Steuerbasis ausgerichtete Steuerreform; → Liberalisierung der Zinssätze, marktbestimmter Wechselkurs; Importliberalisierung; Liberalisierung ausländischer Direktinvestitionen; → Privatisierung, → Deregulierung sowie die Sicherung der Eigentumsrechte (→ Eigentum).

Auch wenn sich der Washington Consensus in seiner von Williamson geprägten »Originalfassung« lediglich auf die spezifische Situation der lateinamerikanischen Staaten in der Schuldenkrise bezog, entwickelte sich der Begriff in den 1990er Jahren zum Synonym des neoliberalen »One-size-fits-all«-Ansatzes der BWI.

Unabhängig von den Bedingungen in den einzelnen Empfängerländern verordneten IWF und Weltbank ein Standard-Reformpaket, das auf die Zurückdrängung staatlicher Interventionen in Wirtschaftsabläufe, die Öffnung der Märkte für ausländische Konkurrenz sowie die Herstellung makroökonomischer Stabilität zielte. Damit sollten die Voraussetzungen für eine effiziente Ressourcenallokation und stabiles und hohes → Wachstum geschaffen werden. Zur Liberalisierung des Kapitalverkehrs sollte der Wechselkurs entweder völlig flexibel oder fest an eine Hartwährung angebunden sein. Besonderes Gewicht wurde auf die Inflationsbekämpfung, eine rasche und weitgehende Privatisierung, die Einschränkung staatlicher Ausgaben sowie Preis- und Handelsliberalisierung gelegt. Damit wurde der Washington Consensus vor allem an den Interessen der Finanz- und Wirtschaftseliten aus den Industrieländern ausgerichtet, um die Rückzahlung der Schulden und den Zugang zu den Märkten der Länder des Südens zu sichern. Eine aktive Arbeits- und Beschäftigungspolitik fehlte ebenso wie die Berücksichtigung von Verteilungseffekten. Der erwartete Anstieg des Wachstums sollte in einem »Trickle-down«-Prozess schließlich auch den Armen zugute kommen.

Doch die Rezepte des Washington Consensus hatten eine dramatische Verschlechterung der sozialen Lage weiter Teile der Bevölkerung zur Folge und führten weder zu anhaltendem Wachstum noch zu einem soliden Entwicklungspfad der Entwicklungsländer. Der Washington Consensus wurde selbst zum Entwicklungshemmnis: neoliberale Musterschüler wie Argentinien wurden von einer massiven Finanzkrise erfasst, während Länder wie China, die sich nicht an die Standardrezeptur gehalten hatten, hohe Wachstumsraten und eine Verminderung der Armut für sich verbuchen konnten.

Durch das offensichtliche Scheitern wurde Ende der 1990er eine schrittweise Modifikation eingeleitet. Die Forderung nach einem Post-Washington-Consensus wurde laut, die vor allem die Rolle von Institutionen im Entwicklungsprozess und die aktive Rolle des Staates zur Förderung von Wirtschaftswachstum betonte. IWF und Weltbank reagierten Ende der 1990er Jahre mit der Einführung von Armutsbekämpfungsstrategien (PRSPs) und nahmen einige Modifikationen der Strukturanpassungskredite vor. Am Kerngehalt der Strukturanpassungsmaßnahmen hat sich durch die neue Armutspolitik jedoch wenig geändert, der IWF hält nach wie vor an seinem Konzept von makroökonomischer Stabilität fest. Insofern ist weniger der Post-Washington-Konsens für die derzeitige wirtschaftspolitische Grundlage der Politik der BWI kennzeichnend, als ein Washington-Consensus-Plus.

Daniela Setton

Zum Weiterlesen

Burchardt, Hans-Jürgen (2003): Poverty Reduction Strategy Papers und internationale Sozialfonds: Neue Impulse für die globale Armutsbekämpfung? In: IIK working paper 13.

Bundesministerium für wirtschaftliche Zusammenarbeit und Entwicklung (BMZ) (2004): Post-Washington-Consensus – Einige Überlegungen. Diskussionspapier.

Führmann, Bettina (2003): Abkehr vom Washington Consensus? Die wirtschaftspolitische Strategie der Weltbank zur Armutsbekämpfung, INEF-Report, Heft 71.

Priewe, Jan/Herr, Hansjörg (2005): The Macroeconomics of Development and Poverty Reduction. Strategies Beyond the Washington Consensus, Baden-Baden.

Weltwirtschaftsordnung

Weltwirtschaftsordnung im engeren Sinne bezeichnet den institutionellen Rahmen der internationalen Wirtschaftsbeziehungen, im weiteren Sinne auch die eine bestimmte Epoche kennzeichnenden Strukturen der internationalen Arbeitsteilung. Mit der Entwicklung des UN-Systems (einschließlich der → Bretton-Woods-Institutionen Weltbank und IWF) sowie des General Agreement on Tariffs and Trade (GATT) in der Nachkriegszeit sollte eine neue verlässliche Basis der internationalen Wirtschaftsbeziehungen geschaffen werden. GATT und IWF (zur Abwehr von Zahlungsbilanzkrisen) sollten einen neuen Protektionismus und einen erneuten Zusammenbruch des Welthandels als Folge von Wirtschaftskrisen vermeiden.

Die Hoffnungen der Länder des Südens auf erfolgreiche nachholende Entwicklung wurden nicht erfüllt, da sich die Strukturen der internationalen Arbeitsteilung zwischen Industrie- und Rohstoff-Exportländern verfestigten und sich die Terms of Trade (Verhältnis der Export- zu den Importpreisen eines Landes) für die Rohstoffexporteure verschlechterten. Ab Mitte der 1960er Jahre wurden Forderungen nach einer »Neuen Weltwirtschaftsordnung (NWWO)« laut, die vor allem von der 1964 gegründeten UNCTAD formuliert wurden und den Nord-Süd-Konflikt der 1970er Jahre prägten. Mehr Kooperation von Seiten des Nordens sowie die Stärkung dirigistischer Elemente der Weltwirtschaftsordnung (Integriertes Rohstoffprogramm) wurde verlangt. Dies erwies sich angesichts der fehlenden Bereitschaft des Nordens zu effektiven Zugeständnissen, aber auch des zunehmenden Drucks neoliberaler Kräfte als nicht durchsetzbar.

Anfang der 1980er Jahre brachte die Verschuldungskrise eine grundlegende Wende in den Reformkonzepten der Weltwirtschaftsordnung mit sich. Für die dominanten Kräfte des Kapitals stand die Schaffung der Voraussetzungen »postfordistischer Globalisierung« (→ Postfordismus) auf der Tagesordnung. Mit dem Ausbau des GATT-Systems zur WTO, den Konditionen der Strukturanpassungsmaßnahmen von IWF und Weltbank sowie der Schwächung und schließlich dem Zusammenbruch des sozialistischen Weltsystems konnten Prozesse der → Deregulierung und der → Liberalisierung der internationalen Wirtschaftsbeziehungen durchgesetzt werden.

Entwicklungsländern wurden im Rahmen der WTO-Verträge zwar Präferenzen in Form längerer Fristen für den Zollabbau und andere Anpassungsprozesse (etwa des Patentrechts im → TRIPS-Abkommen) zugestanden, doch bestehen die Industrieländer selbst gerade dort auf protektionistischen Maßnahmen, wo die Entwicklungsländer über Wettbewerbsvorteile verfügen (Agrarhandel, Textilien und Bekleidung). Inzwischen haben Allianzen zwischen Ländern des Südens zwar zu einer Stärkung ihrer Verhandlungsposition geführt (siehe das Scheitern der Ministerkonferenz in Cancún) – die EU und die USA versuchen ihre Interessen nun jedoch verstärkt durch den Abschluss bilateraler und regionaler Freihandelsabkommen (→ Freihandel) durchzusetzen. Diese ermöglichen punktuelle Zugeständnisse, schließen aber häufig einen Schutz vor negativen Auswirkungen der Abkommen (safeguards) rigoroser aus als die WTO-Abkommen selbst.

Zentral für die neoliberale Weltwirtschaftsordnung ist die Liberalisierung der → Finanzmärkte. Sie hat zu einem explosionsartigen → Wachstum der internationalen Finanzströme und zu periodischen Krisen geführt, die erhebliche soziale Probleme und ökonomische Verluste für die betroffenen Länder, aber auch latente Gefahren für das internationale Finanzsystem insgesamt mit sich bringen. Während der IWF eine Reduktion der Risiken primär durch eine Kontrolle der Spekulation in den Entwicklungsländern selbst erreichen will, bevorzugen diese meist Kapitalverkehrskontrollen, um einen plötzlichen Abfluss von Devisen verhindern zu können. In den vergangenen Jahren hat auch die Idee einer Besteuerung internationaler Finanzströme im Sinne der → Tobin-Steuer an Einfluss gewonnen, zumal diese nicht nur kurzfristige Kapitalströme stärker belasten und damit weniger interessant machen würde, sondern auch eine finanzielle Grundlage für einen umfangreicheren globalen sozialen Ausgleich schaffen würde.

Globalisierungskritiker wenden sich gegen die sozial ungerechten und ökologisch nicht nachhaltigen Implikationen der bestehenden Weltwirtschaftsordnung. Alternative Forderungen einer gerechten Weltwirtschaftsordnung gehen von unterschiedlichen Konzepten aus; sie fordern etwa kleinräumigere Wirtschaftseinheiten, eine stärkere Internalisierung ökologischer Kosten, eine größere Chancengleichheit in der internationalen Wirtschaftsordnung und ein stärkeres Gewicht sozialer Gerechtigkeit im Rahmen von → Global Governance.

Wolfgang Hein

Zum Weiterlesen

Altvater, Elmar/Mahnkopf, Birgit (1997): Grenzen der Globalisierung. Ökonomie, Ökologie und Politik in der Weltgesellschaft, Münster.

Hein, Wolfgang/Vögeli, Wolfgang (Hrsg.) (2004): GATS und globale Politik, Hamburg.

Sautter, Hermann (2004): Weltwirtschaftsordnung. Die Institutionen der globalen Ökonomie, München.

Wettbewerbsfähigkeit

Im Prozess der Globalisierung verschärft sich der ökonomische Wettbewerb. Staatliche Beschränkungen des Wettbewerbs werden dereguliert (→ Deregulierung), denn sie behinderten die Wettbewerbsfähigkeit der leistungsfähigsten Unternehmen. Nur die Unternehmen, die (in kurzer Zeit) höchste Rendite für ihre Anteilseigner erwirtschaften, gelten als wettbewerbsfähig. Unternehmen oder Betriebe, die zwar Gewinn erwirtschaften, aber unterhalb der international geforderten Profitrate beziehungsweise eines entsprechenden → Shareholder Values bleiben, wird die Wettbewerbsfähigkeit abgesprochen. Sie geraten unter Druck, müssen kurzfristig Kosten einsparen, Löhne senken, Beschäftigte entlassen.

Das ökonomische Prinzip des Wettbewerbs unterschiedlicher Einzelkapitale oder Unternehmen wird im Rahmen neoliberaler Globalisierung mit dem Begriff der Wettbewerbsfähigkeit ideologisch verallgemeinert und als vermeintlich überlegenes Rationalitätsprinzip auf die Gesellschaft übertragen. In einer globalen Standortkonkurrenz ringen die einzelnen Gesellschaften um eine vorteilhafte Positionierung am Weltmarkt. Wer die günstigsten Verwertungsbedingungen zur Verfügung stellen kann, hat gute Chancen, das »scheue Reh« Kapital anzulocken. Zu den Elementen der Wettbewerbsfähigkeit zählen eine stabile Rechtsordnung (insbesondere bezogen auf Vertragsrecht und Gewährleistung privater Eigentumsrechte), günstige Steuertarife, niedrige Lohn- und Lohnnebenkosten, flexible Arbeitsmärkte, ein attraktives Flächenangebot, eine stabile Währung und günstige Kredite, Infrastrukturen, ein breites Reservoir hochqualifizierter Arbeitskräfte (→ Humankapital), ein innovatives Milieu, sozialer Frieden, kulturelle Attraktivität etc.

Es geht um die Freisetzung der Marktkräfte, das »Fitmachen« vermeintlich verkrusteter gesellschaftlicher Strukturen. Für neoliberale Vordenker wie Friedrich August von Hayek dient der Wettbewerb als Entdeckungsprinzip der jeweils überlegenen Verhaltensmuster. Entsprechend soll ein staatlicher Regimewettbewerb als Auslesemechanismus einer best practice dienen. Die alte keynesianische Form der Regulierung (→ Keynesianismus), dort korrigierend oder kompensierend einzugreifen, wo Marktkräfte versagen, wird durch De- und Reregulierung ersetzt (→ Deregulierung), in denen sich die Steuerungsfunktionen des Staates mit den Optimierungsfunktionen der Wirtschaft treffen und sich zu einer gleichgerichteten Kraft verbinden. Gegenüber klassischen Steuerungsformen wird diese neue Form später als Modell des »aktivierenden Staates« bezeichnet. Tatsächlich basiert dieses Modell auf der alten neo- bzw. ordoliberalen Forderung des »Eingreifens in genau der entgegengesetzten Richtung, als in der bisher eingegriffen worden ist, nämlich nicht entgegen den Marktgesetzen, sondern in Richtung der Marktgesetze«, sozusagen »ein liberaler Interventionismus«, wie Alexander Rüstow dies 1932 nannte.

Insbesondere kleinräumige »industrial districts« wie das Silicon Valley entwickeln kooperative und innovative Milieus, die auf eine »systemische Wettbewerbsfähigkeit« zielen. Die Orientierung auf Harmonisierung der Lebensverhältnisse wird zu Gunsten einer Differenzierung regionaler → Standorte abgelöst. Die Zunahme sozialer und räumlicher Ungleichheiten ist funktionaler Bestandteil einer neoliberalen Strategie zur Differenzierung der Angebotsbedingungen im Prozess der → Glokalisierung. Regionale, nationale und/oder betriebliche Sozialpakte im Sinne eines Wettbewerbskorporatismus rücken stärker in den Vordergrund. Über die Anrufung »imaginärer Gemeinschaften« wie Nation, Region, Volk werden widersprüchliche gesellschaftliche Interessenlagen in räumliche Gegensätze transformiert. Die ökonomische Entgrenzung führt zur Etablierung neuer Grenzen, bringt verschärften Nationalismus und Rassismus mit sich. Die Ideologie der Wettbewerbsfähigkeit fungiert auf unterschiedlichsten räumlichen Ebenen bislang erfolgreich als »Allgemeininteresse« und bietet damit eine breite Projektionsfläche für die unterschiedlichsten Interessen, sichert die Bearbeitung aufbrechender gesellschaftlicher Konflikte nach neoliberalen Prinzipien.

Anders als in der klassisch-liberalen Rationalität definiert überwacht der Staat nicht länger den freien Wettbewerb, letzterer wird selbst zum organisierenden Prinzip des Staates. Sozialpolitik wird dabei den Erfordernissen der Arbeitsmarktflexibilität bzw. den Zwängen der internationalen Konkurrenz untergeordnet – eine Reorganisation vom Wohlfahrts- zum Wettbewerbsstaat, in welchem die Einlösung sozialer Rechte den disziplinierenden Restriktionen der Wettbewerbsfähigkeit und des Kostendrucks unterliegt. »Soziale Kohäsion« ist dann nur noch »ein Element der Wettbewerbsfähigkeit« (so der EU-Ratspräsident auf dem Gipfel in Lissabon von 2000).

Mario Candeias

Zum Weiterlesen

Altvater, Elmar/Mahnkopf, Birgit (1996): Grenzen der Globalisierung, Münster.
Candeias, Mario (2004): Neoliberalismus – Hochtechnologie – Hegemonie, Berlin/Hamburg.
Hayek, Friedrich August von (1980): Recht, Gesetzgebung, Freiheit, Bd. 3, Landsberg a. Lech.
Porter, Michael (1990): The Competitive Advantage of Nations, New York.

Wettbewerbsstaat

Konkurrenz ist ein wesentliches Merkmal bürgerlich-kapitalistischer Gesellschaften. Sie ermöglicht ökonomische Dynamik, denn der Wettbewerb zwischen Kapitalen wie auch die Kämpfe um das gesellschaftliche Mehrprodukt zwingen die Unternehmen unter normalen Bedingungen, produktiver zu produzieren. Konkurrenz findet auch zwischen Standorten statt, um Investitionen anzuziehen und ökonomisches → Wachstum zu erreichen. Wettbewerb hat aber häufig negative Auswirkungen auf die Lebens- und Arbeitsbedingungen von Menschen oder auf die → Natur.

Hier spielt der Staat eine wichtige Rolle. Er kann versuchen, gegen negative Auswirkungen anzugehen, indem Konkurrenz eingehegt wird (etwa gegen die freie Konkurrenz der Löhne auf dem Arbeitsmarkt). Der Staat fördert Konkurrenz und sichert sie nach innen (etwa über Wettbewerbspolitik) wie nach außen (über »Standortpolitik«) ab. Er ist schon deshalb an einer prosperierenden Ökonomie interessiert, weil diese seine zentrale materielle und legitimatorische Grundlage darstellt. Insofern ist der Staat immer Wettbewerbsstaat. Und dennoch verändert er sein »Gesicht« – diese Veränderungen sind nicht zuletzt Teil sozialer Auseinandersetzungen und Kräfteverhältnisse.

Die Regulierung ökonomischer Konkurrenz und Vermeidung von Krisen gelang nach dem Zweiten Weltkrieg und führte zu einer relativen Stabilisierung und hohen Wachstumsraten. Dies gelang – unter dem Druck der ArbeiterInnenbewegung – durch Staaten, die in die Wirtschaft intervenierten. International war man im Schatten des Ost-West-Konflikts und antikolonialer Bewegungen an wirtschaftspolitischer Kooperation interessiert. Wettbewerb war nicht abgeschafft, aber gesellschaftlich eingebettet. Konkurrenz sollte für schwächere Gruppen und Länder keine ruinösen Auswirkungen haben.

Der Begriff des »nationalen Wettbewerbsstaates« wurde von Joachim Hirsch geprägt. Er will damit auf die Tatsache hinwiesen, dass der Staat im Globalisierungsprozess nicht verschwindet, sondern sich tiefgreifend verändert. Sozialpolitische Funktionen werden zurückgedrängt, wettbewerbspolitische gewinnen an Bedeutung. Gesellschaftliche Gestaltung wird aufgegeben zu Gunsten einer am »ökonomisch Machbaren« orientierten Realpolitik. Die politische Klasse bringt das auf den Punkt: »Deshalb muss internationale Wettbewerbsfähigkeit der erste, klarste Bezugspunkt für nationale Politik sein«, so der deutsche Wirtschaftsminister Wolfgang Clement am 12. Juni 2005. Sinkende Steuereinnahmen und das Dogma, dass »der Markt« es besser könne, führen zudem zu → Privatisierung vormals öffentlicher Unternehmen und der → Daseinsvorsorge. Die Politik des Wettbewerbsstaates reduziert die Demokratie tendenziell darauf, zur Herstellung einer internationalen → Wettbewerbsfähigkeit beizutragen.

Auch in der Migrations-, Militär- oder Sicherheitspolitik ist eine Zunahme von Regulierung zu beobachten. Es geht also nicht pauschal um verringerte Regulierungskompetenzen der nationalstaatlichen politischen Institutionen, sondern um spezifische – und weiterhin umkämpfte – Veränderungen staatlicher Politik, die zuvorderst den Interessen dominanter Gruppen nutzen. Dazu gehört auch eine gut ausgebildete und vom Globalisierungsprozess profitierende Mittelklasse in allen Ländern. Für sie bringen die Produktivitätsgewinne, internationale Arbeitsteilung, ethnisch, klassen- und geschlechtspezifisch segmentierte Arbeitsmärkte materielle Vorteile. Der neoliberale Gesellschaftsumbau wird – abgesichert durch die Medien – von vielen aktiv unterstützt oder als alternativlos hingenommen. Teilweise wird die Schwächung materieller Verteilungsspielräume des nationalen Wettbewerbsstaates durch rassistische, chauvinistische und populistische Diskurse auszugleichen versucht.

Teil des Wettbewerbsstaates ist seine Internationalisierung. Auch das internationale Institutionensystem ist wesentlich damit befasst, Akkumulations- und Konkurrenzprozesse politisch-institutionell abzusichern – allerdings weniger zur Einhegung von Konkurrenz im Sinne der Schwächeren, sondern zur Sicherung der Interessen der Starken. Liberale Verfassungsvorstellungen sollen international gelten, was sich im Entwurf der EU-Verfassung oder in Institutionen wie der → WTO zeigt. Die Vorstellung, dass Demokratie mehr bedeutet als eine weitere Ressource im Standortwettbewerb, und den Versuch unternimmt, ungleiche Lebensverhältnisse anzugleichen und → Herrschaft einzuhegen, besteht weiterhin. Gerade dieser Sachverhalt wird von der globalisierungskritischen Bewegung aufgegriffen. Eine globalisierungskritische Perspektive hinterfragt das scheinbare Dogma internationaler Wettbewerbsfähigkeit – und die damit verbundenen staatlichen Politiken wie Lohndumping, Sozialabbau oder umweltpolitische → Deregulierungen.

Ulrich Brand

Zum Weiterlesen

Candeias, Mario (2004): Neoliberalismus, Hochtechnologie, Hegemonie. Berlin/Hamburg.

Hirsch, Joachim (2005): Materialistische Staatstheorie. Transformationsprozesse des kapitalistischen Staatensystems, Hamburg

Hirsch, Joachim/Jessop, Bob/Poulantzas, Nicos (2001): Die Zukunft des Staates, Hamburg.

Sauer, B. (2001): Die Asche des Souveräns. Staat und Demokratie in der Geschlechterdebatte, Frankfurt/M. u.a.

WTO

Mit der Gründung der Welthandelsorganisation WTO (World Trade Organization) zum 1. Januar 1995 erhielten die Regelungen des weltweiten Handels mit Waren, Dienstleistungen und Eigentumsrechten ein gemeinsames organisatorisches Dach. Die WTO verwaltet das seit Ende des Zweiten Weltkrieges in zahlreichen Welthandelsrunden mehrfach erweiterte allgemeine Zoll- und Handelsabkommen (GATT) mit den 1994 vereinbarten Abkommen zu Dienstleistungen (→ GATS) und geistigen Eigentumsrechten (→ TRIPS).

Die WTO überwacht die Einhaltung dieser Abkommen, vermittelt bei Handelsstreitigkeiten zwischen Mitgliedstaaten (Stand 2005: 148), beruft gegebenenfalls ein Schiedsverfahren ein und betreibt weitere Handelsliberalisierungen. Die WTO-Vertragswerke sind geprägt von den Prinzipien der Meistbegünstigung (Handelsprivilegien müssen allen gewährt werden), der Inländerbehandlung (Gleichbehandlung von in- und ausländischen Anbietern) und der Reziprozität (Gegenseitigkeit) aller handelspolitischen Maßnahmen.

Durch den Zollabbau für die meisten Industrieprodukte bis Ende der 1970er Jahre gerieten andere Handelshemmnisse in den Blick: technische Standards, Subventionen, Patentrechte, Wettbewerbsregeln, Investitionsauflagen etc. Zudem wurde deutlich, dass die dynamisch wachsenden Dienstleistungen grenzüberschreitend erbracht werden können, diese Möglichkeiten wegen nationaler Gesetze aber kaum ausgenutzt werden. Insbesondere Kreditkartenunternehmen und Versicherungen drängten auf die Aufnahme der Dienstleistungen in das multilaterale Handelssystem. Softwarehersteller und die Pharmaindustrie setzten sich für TRIPS-Abkommen ein.

Die Gründung der WTO ist Ausdruck des Scheiterns der armen Länder, eine »Neue Weltwirtschaftsordnung« durchzusetzen, die zu Gunsten ihrer Entwicklungschancen zahlreiche Abweichungen vom Prinzip des → Freihandels und vom Vorrang für → Investoren vorsah. Stattdessen werden mit den WTO-Verträgen die Rechte der Besitzer von Eigentumstiteln an Waren, Dienstleistungen und geistigen Produkten gegenüber nationalstaatlichen Zielen geschützt, sodass ein neuer Konstitutionalismus (Sicherung privaten Eigentums per Verfassung) auf globaler Ebene entsteht. Die Belange der Produzenten der Waren bzw. der Umwelt im Produktionsprozess werden hingegen aufgrund der handelspolitischen Doktrin der »Gleichheit« (»likeness«) der Waren unter Absehung ihrer Entstehungsbedingungen nicht berücksichtigt.

Formal gesehen ist die WTO demokratischer als die meisten anderen internationalen Wirtschaftsorganisationen, bei denen die Stimmen der Mitgliedsländer nach Finanzkraft u.ä. gewichtet sind. Abstimmungen basieren auf dem Prinzip »ein Mitglied – eine Stimme«, doch es fanden noch keine statt. Stattdessen beruhen WTO-Entscheidungen auf Verhandlung und Konsens. Das Konsensprinzip erhöht die Verhandlungsmacht kleinerer Länder, denn es verleiht diesen faktisch Vetomacht. Gleichwohl dominieren die großen Handelsmächte, sodass die WTO zu Recht als undemokratisch und intransparent kritisiert wird. Da es bei den WTO-Verhandlungen vor allem um Marktzugang geht, befinden sich die reichen Länder in einer starken Position, da deren Märkte wesentlich attraktiver für Exportinteressen sind als die von kleinen armen Ländern. Die Verhandlungsmacht hängt somit vom Anteil am Welthandel, der relativen Abhängigkeit vom Außenhandel und von der absoluten Kaufkraft ab. Dies erklärt das starke Gewicht der USA und der Europäischen Union, aber auch die zunehmende Macht aufstrebender Marktökonomien wie China, Indien und Brasilien.

Kleinen armen Ländern fehlen zudem die Ressourcen, um bei allen Verhandlungen präsent zu sein und sich die Kompetenz teurer Experten für das komplexe Handelsrecht einzukaufen. Ferner nutzen die QUAD-Länder (USA, Kanada, Japan und die EU) Verfahrenstricks, um unter Ausschluss der anderen WTO-Mitglieder in »green rooms« richtungsweisende »deals« zu treffen. Sie setzen ferner ihren Einfluss auf anderen Ebenen, z.B. bei der Entwicklungshilfe, zum Gefügigmachen ihrer Verhandlungspartner ein. Für eine Verschiebung der Kräfteverhältnisse zu Gunsten der ärmeren Länder bedarf es somit neben einer kritischen Weltöffentlichkeit einer strategischen Allianzbildung. Auf der Ministerkonferenz der WTO 2004 in Cancún wurden die Potenziale eines solchen Bündnisses sichtbar, als unter der Führung Brasiliens die so genannten G20-Länder die Agrarverhandlungen scheitern ließ. Die Gefahr besteht allerdings, dass die reichen Länder ihre Freihandelsinteressen bilateral geltend machen. Gegenüber einzelnen Ländern können sie ihre Forderungen besser durchsetzen und die Kritiker der neoliberalen → Globalisierung verlieren durch die Masse der Abkommen ihren Kristallisationspunkt.

Christoph Scherrer

Zum Weiterlesen

Fritz, Thomas/Scherrer, Christoph (2002): GATS: Zu wessen Diensten? Öffentliche Aufgaben unter Globalisierungsdruck, AttacBasisTexte 2, Hamburg.

George, Susan (2002): WTO: Demokratie statt Drakula – für ein gerechtes Welthandelssystem, AttacBasisTexte 1, Hamburg.

Scherrer, Christoph/Frank, Volker/Greven, Thomas (1998): Sozialklauseln. Arbeiterrechte im Welthandel, Münster.

Zivilgesellschaft

In die Sprache deutscher JournalistInnen und PolitikerInnen geriet die Rede von »ziviler Gesellschaft«, oft auch von »civil society« vor allem über die polnische Bürgerbewegung, in die Sprache linker Theorie über die kritische Ausgabe von Antonio Gramscis Gefängnisheften, in der »società civile« nicht mehr wie bisher mit bürgerliche Gesellschaft, sondern mit Zivilgesellschaft übersetzt wurde. Im Sozialismus stalinscher Prägung hatte der Staat alle formelle gesellschaftliche Selbstorganisation erstickt. In der Spätphase dieser Gesellschaftsformation griffen die politischen Intellektuellen auf ein Konzept zurück, das die revolutionäre Bourgeoisie einst von antiken Politiktheoretikern übernommen und gegen den Feudalabsolutismus gerichtet hatte: »koinonía politiké« (politische Gemeinschaft), lateinisch »societas civilis«. Es reklamierte die Freiheit der Mitgestaltung der Verhältnisse – beschränkt auf Männer, die Eigentum und Bürgerrecht besaßen.

Ins Deutsche kam es als bürgerliche Gesellschaft, für Kant die konkrete Utopie der Herrschaft des Rechts und der Unantastbarkeit der Bürgerrechte. Kant inspirierte sich an Fergusons Civil Society, aus der die Kapitalisten ausgeschlossen sind, weil sie ihre Interessen dem Gemeinwesen überzustülpen drohen. Hegel füllte bürgerliche Gesellschaft mit dem, was Ferguson ausgeschlossen hatte. Dabei sah er, dass die Polarisierung in Arm und Reich die Gesellschaft zerstören würde und beauftragte den Staat, dem entgegenzuwirken. »Bürgerlich« war von nun an »bourgeois«; für den revolutionären citoyen oder citizen gibt es im Deutschen kein Wort. Hier hatte keine bürgerliche Revolution stattgefunden, und deren unerledigtes Erbe blieb auf ein Fremdwort angewiesen: Zivilgesellschaft.

Utopisch aufgeladen wurde es in Gramscis Gefängnisheften, doch davon wusste die osteuropäische Bürgerbewegung so wenig wie die westliche Bourgeoisie. Bei Gramsci bezeichnet es das Gewimmel gesellschaftlicher Selbstorganisationen (Assoziationen), in denen sich die Auffassungen von richtiger gesellschaftspolitischer Gestaltung herausbilden und die Hegemoniekämpfe (→ Hegemonie) stattfinden. Gegen das vulgärmarxistische Verständnis vom Staat als dem Instrument der Bourgeoisie zur Unterdrückung des Proletariats und gegen idealisierend-legitimatorische Staatskonzeptionen vom demokratischen Reich von Freiheit und Gleichheit setzt er Staat = politische Gesellschaft + Zivilgesellschaft, das heißt Hegemonie, gepanzert mit Zwang. Der staatliche Zwang trägt Uniform, der gesellschaftliche Konsens kleidet sich zivil. Der Kampf gegen Gewalt und Unrecht verdichtet sich dort, wo sich der

Konsens entscheidet, in der Zivilgesellschaft. Sie ist nicht an sich links, tendiert dennoch zur Demokratie, weil in ihr der Anspruch zuhause ist, dass man ein Wort mitzureden habe. So erklärt sich, dass – wie zuvor die mexikanischen Zapatisten – eine der klarsten Stimmen des gegenwärtigen Protests gegen die Auswirkungen der neoliberalen Globalisierung, Arundhati Roy, an die »widerspenstige Zivilgesellschaft« appelliert, die »sich über nationale Grenzen hinweg die Hände reicht«.

Der Begriff steht hier nicht für folgenloses Schönreden und »nicht nur für die Artikulation einer widersprechenden Auffassung, sondern auch das effektive Erzwingen von Veränderungen«. Die wachsende Bedeutung international tätiger → Nichtregierungsorganisationen hat zusammen mit der Tatsache, dass die weltweite globalisierungskritische Bewegung der Bewegungen sich zu einer Bewegung für eine andere Globalisierung von unten (Altermondialisten) entwickelt hat, der Frage nach der internationalen oder globalen Zivilgesellschaft Auftrieb gegeben und die strategisch-politische Bedeutung eines kritischen Begriffs derselben sprunghaft gesteigert.

Wolfgang Fritz Haug

Zum Weiterlesen

Brand, Ulrich (2004): »Internationale Zivilgesellschaft«, in: Historisch-kritisches Wörterbuch des Marxismus, Bd. 6/II, Hamburg, S. 1413-23.

Gramsci, Antonio (1991-2002), Gefängnishefte, kritische Ausgabe in 10 Bänden, hrsg. v. Deutschen Gramsci-Projekt unter der Leitung von Klaus Bochmann u. Wolfgang Fritz Haug, Hamburg.

Haug, Wolfgang Fritz (1999): Aussichten der Zivilgesellschaft. Zur »Ökologie« von Demokratie unter Bedingungen neoliberaler Globalisierungspolitik, in: ders.: Politisch richtig oder richtig politisch. Linke Politik im transnationalen High-Tech-Kapitalismus, Hamburg, S. 44-64.

Roy, Arundhati (2004): »John Kerbush oder George Berry. Die Macht der Zivilgesellschaft in einer imperialistischen Zeit«, in: Sand im Getriebe 38, S. 3-10.

Autorinnen und Autoren

Elmar Altvater, Dr., Professor i.R. für Politikwissenschaft am Otto-Suhr-Institut der Freien Universität Berlin. Mitglied im Wissenschaftlichen Beirat von Attac.

Martina Backes, Dr., Biologin und Journalistin, seit 1999 Mitarbeiterin im iz3w mit den Arbeitsschwerpunkten Tourismus, gesellschaftliche Naturverhältnisse.

Jens Badura, Dr., Philosoph und Autor, Geschäftsführer von »durchdenker.de – agentur für reflexive wissenschaft und praxis« und Leiter der Forschungsinitiative »Philosophie der Mondialisierungen«. Mitglied im Wissenschaftlichen Beirat von Attac.

Hans-Jürgen Bieling, Dr., Juniorprofessor am Institut für Politikwissenschaft der Philipps-Universität Marburg; Forschungsschwerpunkte: Internationale Politische Ökonomie, Europäische Integration sowie Politik-, Staats- und Gesellschaftstheorie. Mitglied im Wissenschaftlichen Beirat von Attac.

Adelheid Biesecker, Dr., Professorin i.R. am Fachbereich Wirtschaftswissenschaft der Universität Bremen. Arbeitsgebiete: Ökonomische Theorie aus sozial-ökologischer Perspektive, Zukunft der Arbeit, Feministische Ökonomie. Mitglied im Wissenschaftlichen Beirat von Attac.

Ulrich Brand, Dr., Hotelfachmann und Politikwissenschaftler, seit 2001 Hochschulassistent am Fachgebiet Globalisierung und Politik der Universität Kassel, Mitglied in der Bundeskoordination Internationalismus (BUKO) und im Wissenschaftlichen Beirat von Attac.

Claudia von Braunmühl, Dr., unabhängige Gutachterin und Honorarprofessorin für Internationale Politik an der FU Berlin. Mitglied im Wissenschaftlichen Beirat von Attac.

Achim Brunnengräber, Dr., Politikwissenschaftler am Fachbereich Politik- und Sozialwissenschaften der Freien Universität Berlin. Leiter des interdisziplinären Forschungsprojekts »Global Governance und Klimawandel«. Mitglied im Wissenschaftlichen Beirat von Attac.

Christoph Butterwegge, Dr., Professor und Leiter der Abteilung für Politikwissenschaft an der Universität zu Köln. Mitglied im Wissenschaftlichen Beirat von Attac.

Mario Candeias, Dr., wissenschaftlicher Mitarbeiter an der Friedrich-Schiller-Universität Jena und Mitglied des Berliner Instituts für kritische Theorie (InkriT).

Christian Christen, Wirtschaftswissenschaftler und Publizist, z.Zt. Promotionstipendiat der Hans-Böckler-Stiftung. Mitglied im Wissenschaftlichen Beirat von Attac.

Christina Deckwirth, Politikwissenschaftlerin, Germanistin und Anglistin, arbeitet im Bereich internationale Handels- und Investitionspolitik bei Weltwirtschaft, Ökologie und Entwicklung (WEED e.V.) und ist aktiv in der AG Welthandel und WTO von Attac.

Heinz Düx, Dr., Rechtsanwalt in Frankfurt/M., zahlreiche Veröffentlichungen zu Wirtschafts- und Sozialstaatsrecht im Rahmen der Globalisierung. Mitglied im Wissenschaftlichen Beirat von Attac.

Eva Ebenhöh, Doktorandin am Institut für Umweltsystemforschung an der Universität Osnabrück. Mitglied im Wissenschaftlichen Beirat von Attac.

Rainer Falk, freier Publizist in Luxemburg, Herausgeber des Informationsbriefs Weltwirtschaft & Entwicklung.

Heiner Flassbeck, Dr., geschäftsführender Direktor der Division on Globalization and Development Strategies der United Nations Conference on Trade and Development (UNCTAD) in Genf.

Thomas Fritz, freier Gutachter und Publizist mit den Arbeitsschwerpunkten Welthandel, Privatisierung und Liberalisierung. Mitglied des Vorstands der Berliner Landesarbeitsgemeinschaft Umwelt und Entwicklung (BLUE 21).

Thomas Gebauer, Dipl.-Psychologe, Geschäftsführer von medico international in Frankfurt/M.

Heide Gerstenberger, Dr., Professorin an der Universität Bremen für das Gebiet »Theorie des Staates und der Gesellschaft«. Mitglied im Wissenschaftlichen Beirat von Attac.

Sven Giegold, Wirtschaftswissenschaftler und Sprecher der Attac-AG Steuerflucht und Steuerpolitik sowie Vorsitzender des Internationalen Netzwerks Steuergerechtigkeit (www.taxjustice.net).

Daniela Gottschlich, Dr., Politikwissenschaftlerin, Lehrbeauftragte an der Universität Osnabrück, Mitarbeit im Euregio-Projekt »Leben ist nicht nur Erwerbsarbeit«. Mitglied im Wissenschaftlichen Beirat von Attac.

Gerhard Hauck, Dr., Professor für Soziologie im Ruhestand, Forschungsschwerpunkte: Allgemeine Soziologische Theorie, Ethnosoziologie, Entwicklungssoziologie.

Frigga Haug, Dr., bis 2001 Professorin an der Hamburger Universität für Wirtschaft und Politik; Mitherausgeberin und Redakteurin der Zeitschrift Das Argument, des Historisch-Kritischen Wörterbuchs des Marxismus, Redakteurin des Forums Kritische Psychologie. Mitglied im Wissenschaftlichen Beirat von Attac.

Wolfgang Fritz Haug, Dr., bis 2001 Prof. für Philosophie an der FU Berlin, gibt seit 1959 die Zeitschrift Das Argument heraus und seit 1994 das Historisch-kritische Wörterbuch des Marxismus. Mitglied im Wissenschaftlichen Beirat von Attac.

Simon Hegelich, Dr., Koordinator der Graduate School of Politics (GraSP) am Institut für Politikwissenschaft an der Westfälischen Wilhelms-Universität Münster.

Wolfgang Hein, Dr., Wissenschaftlicher Referent am Deutschen Übersee-Institut und Professor am Institut für Politische Wissenschaften der Universität Hamburg, Mitglied der Redaktion der Zeitschrift Peripherie und im Wissenschaftlichen Beirat von Attac.

Rudolf Hickel, Dr., Professor für Finanzwissenschaft in Bremen, Direktor des Instituts Arbeit und Wirtschaft (IAW). Mitglied im Wissenschaftlichen Beirat von Attac.

Uwe Hoering, Dr., freiberuflicher Journalist und Fachautor in Bonn, Arbeitsschwerpunkte u.a. internationale Entwicklungs und Umweltpolitik.

Jörg Huffschmid, Dr., Professor für politische Ökonomie und Wirtschaftspolitik in Bremen, Mitglied im Wissenschaftlichen Beirat von Attac und in der Euro-Memorandum-Gruppe.

Hartwig Hummel, Dr., Professor für Europapolitik und Internationale Beziehungen an der Universität Düsseldorf, von 2002 bis 2004 Vorsitzender von WEED. Mitglied im Wissenschaftlichen Beirat von Attac.

Christine Katz, Dr., Biologin, Gutachterin und Forscherin im Bereich Gender, Nachhaltigkeit und Naturverständnis von Natur- und Umweltschutzakteuren, Gastprofessorin an der Uni Lüneburg. Mitglied im wissenschaftlichen Beirat von Attac.

Klaus Peter Kisker, Dr., Professor für Volkswirtschaftslehre an der Freien Universität Berlin; Arbeitsgebiete: Marxistische Theorie, Internationalisierung des Kapitals.

Ansgar Klein, Dr., Geschäftsführer des Bundesnetzwerk Bürgerschaftliches Engagement und Mitherausgeber des Forschungsjournal Neue Soziale Bewegungen.

Harald Klimenta, Dr., Autor, Publizist und Referent u.a. zu den Themen Globalisierung, Privatisierung und Sozialpolitik. Mitglied im Wissenschaftlichen Beirat von Attac.

Reinhart Kößler, Dr., Professor am Institut für Soziologie der Universität Münster. Mitglied im Wissenschaftlichen Beirat von Attac.

Hans-Jürgen Krysmanski, Dr., em. Professor für Soziologie an der Universität Münster. Mitglied im Wissenschaftlichen Beirat von Attac.

Ingrid Kurz-Scherf, Dr., Professorin für Politikwissenschaft an der Philipps-Universität Marburg mit den Schwerpunkten Politik und Geschlechterverhältnis, Arbeitspolitik. Mitglied im Wissenschaftlichen Beirat von Attac.

Claus Leggewie, Dr., Professor für Politikwissenschaft und Direktor des Zentrums für Medien und Interaktivität an der Universität Gießen. Mitglied im Wissenschaftlichen Beirat von Attac.

Stephan Lessenich, Dr., Professor für Soziologie an der Friedrich-Schiller-Universität Jena mit dem Schwerpunkt Vergleichende Gesellschafts- und Kulturanalyse. Mitglied im Wissenschaftlichen Beirat von Attac.

Peter Lock, Dr., Koordinator der European Association for Research on Transformation e.V. und freier Sozialwissenschaftler. Spezialgebiete: Militär und Gesellschaft, Schattenglobalisierung.

Bettina Lösch, Dr., wissenschaftliche Assistentin der Abteilung für Politikwissenschaft des Seminars für Sozialwissenschaften an der Universität zu Köln. Mitglied im Wissenschaftlichen Beirat von Attac.

Jens Martens, Dipl.-Volkswirt, Geschäftsführer von Global Policy Forum Europe und Mitglied im internationalen Koordinationsausschuss von Social Watch.

Lutz Mez, Dr., Hochschullehrer am Otto-Suhr-Institut für Politikwissenschaft und Geschäftsführer der Forschungsstelle für Umweltpolitik, Freie Universität Berlin. Mitglied im Wissenschaftlichen Beirat von Attac.

Urs Müller-Plantenberg, Dr., lange Jahre am Lateinamerika-Institut der Freien Universität Berlin, jetzt Professor für Soziologie am Zentrum für Lateinamerika-Studien der Warschauer Universität. Mitglied im Wissenschaftlichen Beirat von Attac.

Wolfgang Neef, Dr., Soziologe, Vizepräsident der TU Berlin 1989 bis 1993, Leiter der »Zentraleinrichtung Kooperation« der TU Berlin. Mitglied im Wissenschaftlichen Beirat von Attac.

Norman Paech, Dr., pensionierter Professor für öffentliches Recht an der Hamburger Universität für Wirtschaft und Politik, Vertrauensdozent der Rosa Luxemburg Stiftung, u.a. Mitglied in den wissenschaftlichen Beiräten von IALANA, IPPNW und FIAN.

Tobias Pflüger, Mitglied im Vorstand der Informationsstelle Militarisierung (IMI) e.V. und Abgeordneter im Europäischen Parlament (parteilos, gewählt auf der Liste der PDS). Mitglied im Wissenschaftlichen Beirat von Attac.

Ralf Ptak, Dr., Hochschullehrer für Volkswirtschaftslehre in der Abteilung Wirtschaftswissenschaft des Seminars für Sozialwissenschaften an der Universität zu Köln; Arbeitsschwerpunkte: Ökonomische Theoriegeschichte, Wirtschafts- und Sozialpolitik. Mitglied im Wissenschaftlichen Beirat von Attac.

Werner Rätz, Informationsstelle Lateinamerika in Köln, Mitglied im Koordinierungskreis von Attac und Mitarbeit im Schwerpunkt »Es ist genug für alle da«.

Jörg Reitzig, Dr., Wirtschafts- und Sozialwissenschaftler in Berlin. Mitglied im Wissenschaftlichen Beirat von Attac.

Edelbert Richter, Dr., Theologe, bis 2002 Bundestagsabgeordneter der SPD, Mitglied im Wissenschaftlichen Beirat von Attac.

Rainer Rilling, Dr., Hochschullehrer an der Universität Marburg, wissenschaftlicher Referent im Bereich Politikanalyse der Rosa-Luxemburg-Stiftung (Berlin). Mitglied im Wissenschaftlichen Beirat von Attac.

Jürgen Roth, freier Schriftsteller in Frankfurt/M. Spezialgebiet: Organisiertes Verbrechen.

Roland Roth, Dr., Professor für Politikwissenschaft am Fachbereich Sozial- und Gesundheitswesen der Hochschule Magdeburg-Stendal. Mitglied im Wissenschaftlichen Beirat von Attac.

Werner Rügemer, Dr., Publizist, Lehrbeauftragter an der Universität zu Köln zum Thema »Kommune und Globalisierung«.

Detlef Sack, Dr., Wissenschaftlicher Assistent an der Universität Kassel, Fachgebiet Politische Theorie und Methodologie. Mitglied im Wissenschaftlichen Beirat von Attac.

Christoph Scherrer, Dr., Professor für »Globalisierung & Politik« an der Universität Kassel, verantwortlich für den Masterstudiengang Global Political Economy. Mitglied im Wissenschaftlichen Beirat von Attac.

Ingo Schmidt, Dr., Assistant Professor, University of Northern British Columbia, Arbeitsschwerpunkte: Transatlantische Beziehungen, Europäische Integration, Geschichte sozialer Bewegungen. Mitglied im Wissenschaftlichen Beirat von Attac.

Herbert Schui, Dr., bis 2005 Professor an der Hamburger Universität für Wirtschaft und Politik, Schwerpunkte: Beschäftigung, Entwicklung, Geschichte der ökonomischen Lehrmeinungen. Mitglied im Wissenschaftlichen Beirat von Attac.

Daniela Setton, Dipl. Politologin, Projektreferentin bei WEED in Berlin, Arbeitsbereiche: Internationale Finanzinstitutionen, Verschuldung, Exportkreditagenturen.

Martina Sproll, Dipl.-Soz., wissenschaftliche Mitarbeiterin am Institut für Sozialforschung, Frankfurt/M.

Peter Strotmann, Dipl.-Volkswirt, Autor, Berufschullehrer, Redakteur der deutschsprachigen elektronischen Attac-Zeitschrift »Sand im Getriebe«.

Stefan Thimmel, freiberuflicher Journalist und entwicklungspolitischer Gutachter in Berlin, Arbeitsschwerpunkte: Soziale Bewegungen, Jugend, Partizipation, Stadtentwicklung.

Dagmar Vinz, Dr., Dipl.-Politologin mit den Arbeits- und Forschungsschwerpunkten Globalisierung, Nachhaltigkeit und Gender, sozial-ökologische Zeitpolitik, Nachhaltigkeit von Konsum und Ernährung. Mitglied im Wissenschaftlichen Beirat von Attac.

Peter Wahl, Mitarbeiter der Nichtregierungsorganisation WEED – Weltwirtschaft, Ökologie & Entwicklung und Mitglied im Koordinierungskreis von Attac.

Heike Walk, Dr., Politikwissenschaftlerin am Zentrum Technik und Gesellschaft der Technischen Universität Berlin. Co-Leiterin der interdisziplinären Nachwuchsgruppe Global Governance und Klimawandel. Mitglied im Wissenschaftlichen Beirat von Attac.

Isidor Wallimann, Dr., Professor für Soziologie, Volkswirtschaftslehre und Sozialpolitik an der Hochschule für Pädagogik und Soziale Arbeit Basel und Dozent für Sozialpolitik an der Universität Fribourg. Mitglied im Wissenschaftlichen Beirat von Attac.

Christa Wichterich, Dr., Soziologin, Publizistin und Beraterin in der Entwicklungszusammenarbeit, Bonn. Arbeitsschwerpunkte: Globalisierung und Gender, Frauenbewegungen, internationale Frauenpolitik. Mitglied im Wissenschaftlichen Beirat von Attac.

Markus Wissen, Dr., wissenschaftlicher Mitarbeiter am Institut für Regionalentwicklung und Strukturplanung (IRS) in Erkner und Mitglied in der Bundeskoordination Internationalismus (BUKO).

Brigitte Young, Dr., Professorin am Institut für Politikwissenschaft, Universität Münster, mit dem Schwerpunkt Internationale/Vergleichende Politökonomie. Mitglied im Wissenschaftlichen Beirat von Attac.

Karl Georg Zinn, Dr., emeritierter Professor der Volkswirtschaftslehre an der Rheinisch-Westfälischen Technischen Hochschule in Aachen.